金融集聚影响区域民营经济成长的机理与实证研究

张 玄／著

中国经济出版社
CHINA ECONOMIC PUBLISHING HOUSE
北 京

图书在版编目(CIP)数据

金融集聚影响区域民营经济成长的机理与实证研究／张玄著．
—北京：中国经济出版社，2020.4
ISBN 978-7-5136-6041-9
Ⅰ.①金… Ⅱ.①张… Ⅲ.①区域金融-影响-区域经济-民营经济-经济增长-研究-中国
Ⅳ.①F121.23
中国版本图书馆 CIP 数据核字（2020）第 024985 号

责任编辑　赵立颖
责任印制　马小宾
封面设计　任燕飞设计工作室

出版发行　中国经济出版社
印 刷 者　北京建宏印刷有限公司
经 销 者　各地新华书店
开　　本　710mm×1000mm　1/16
印　　张　12.75
字　　数　202 千字
版　　次　2020 年 4 月第 1 版
印　　次　2020 年 4 月第 1 次
定　　价　58.00 元
广告经营许可证　京西工商广字第 8179 号

中国经济出版社 网址 www.economyph.com **社址** 北京市东城区安定门外大街 58 号 **邮编** 100011
本版图书如存在印装质量问题，请与本社销售中心联系调换（联系电话：010-57512564）

前言 PREFACE

本书是关于金融集聚与区域民营经济成长关系问题的研究。中国民营经济已经成为国民经济的发展动力和重要组成部分，支撑着经济增长速度和市场化进程，在繁荣城乡经济、增加财政收入、扩大社会就业、改善人民生活、优化经济结构、促进经济发展方面具有重要意义。民营经济的成长离不开金融业的支持。而金融集聚已经成为现代金融业发展的趋势之一，是金融产业在某个特定地理区域内高度集中，金融产业资本要素在空间范围内不断汇聚的过程和结果，既能促进金融总量的增长，又能促进金融结构的优化。作为特殊的产业集群，金融集聚不仅可强化金融业的基本功能，还可通过集聚效应，来提升金融系统的融资分配效率，通过增加可用资本总额和改善融资环境为企业扩大生产规模、研发生产技术和提升管理能力提供更多资金支持，从而促进民营经济成长；而民营经济成长也通过企业资本增加为金融集聚提供承载空间，通过投融资服务的需求增长为金融集聚提供动力源泉。系统研究金融集聚与民营经济成长的关系具有非常重要的理论价值和现实意义。

1. 研究的主要内容

(1) 构建了金融集聚与民营经济成长的理论分析框架。厘清了金融集聚和民营经济的相关概念，丰富了其内涵；分析了金融集聚通过集聚效应和扩散效应对区域内和周边区域民营经济成长的影响；并确定了金融集聚度和民营经济成长水平的测度指标。

(2) 统计分析了中国金融集聚和民营经济成长的现状及问题。基于省际面板数据，运用主成分分析法计算了省际金融集聚度，分析了民营经济成长的现状，并分时间和区域维度分析了金融集聚和民营经济成长的特征，以及两者间的相关性。并基于统计数据，全面分析了金融集聚和民营经济成长的问题。

(3)运用面板误差修正模型和门槛效应模型，实证研究了金融集聚对区域民营经济成长的总体影响；然后运用静态和动态空间面板杜宾模型，分别实证研究了金融集聚对区域民营经济规模水平和生产效率的影响。

(4)基于论文实证研究结论，并结合中国当前金融业和民营经济发展的现实情况，设计了金融集聚促进区域民营经济成长的协同机制，并提出了发挥金融集聚效应促进区域民营经济成长的政策建议。

2. 研究的主要结论

(1)中国金融集聚和民营经济区域发展不平衡，且有向东部集聚的趋势。样本区间(2004—2014 年)内，中国金融集聚水平表现出较强的区域差异，即东部明显高于中、西部地区。民营经济成长迅速，各地区基本维持了两位数的年增长率，且同样表现出较强的区域差异：东部民营经济成长水平明显高于中、西部地区，但东部民营经济增长率却低于中、西部地区；民营经济成长的区域差异主要源自三大地区内部，而非三大地区之间，而三大地区内部的差异，又主要源于东部地区民营经济成长的差异。

(2)金融集聚对区域民营经济成长的促进作用具有门槛效应。面板误差修正模型的回归结果显示无论长期或短期，东部地区金融集聚显著促进民营经济成长；而中、西部地区金融集聚对民营经济成长均没有显著促进作用。面板门槛模型的回归结果显示金融集聚对区域民营经济成长的影响具有非线性，即门槛效应，中、西部地区金融集聚没有达到门槛值，因此没有发挥显著作用。

(3)从全国来看，中国金融集聚未能显著有效促进区域民营经济规模增长，且区域发展并不平衡。静态和动态空间杜宾模型的回归结果显示东部地区金融集聚比较成熟，“涓流效应”开始显现，促进区域内和周边区域民营经济规模和全要素生产率 TFP 提升；中、西部地区金融集聚尚处初期，“极化效应”比较明显，既不能促进区域内民营经济规模增长，还对周边区域民营经济规模增长有一定负向影响。

(4)从全国来看，中国金融集聚尚未显著有效促进民营经济生产效率提升，且区域发展并不平衡。金融集聚主要通过促进民营企业生产技术进步而非经营管理能力提升，来促进区域民营经济生产效率的提升。但是民营企业生产技术进步以经营管理能力提升为基础：东部地区民营经济已经比较成熟，经营管理能力较强，民营经济 TFP 提升主要源自生产技术进步；中、西部地区民营经济还处于发展初期，经营管理能力较弱，民营经济 TFP 没有提升；西部民营企业还偏重于投资规模的扩张，中部民营企业已经开始偏重于管理和技术的提升。

(5) 要充分发挥金融集聚对区域民营经济成长的促进作用，需要从资金有效供给、风险防范化解、金融产业合作和外部环境优化方面构建协同机制。资金有效供给机制从银行业、证券业和金融租赁业方面进行了阐释；风险防范化解机制从保险业和民间金融方面进行了阐释；外部环境优化机制从财政政策和货币政策方面进行了阐释。

3. 研究的重要观点

(1) 民营经济已经成为中国经济结构中的重要组成部分，民营经济发展能促进国民经济成长，优化所有制结构和产业结构，拓展民间投资和就业渠道。因此，促进民营经济成长意义重大。

(2) 金融集聚是金融产业在特定地区内集中，金融资本在该地区汇聚的过程和结果，既能促进金融总量的增长，又能促进金融结构的优化，既是特殊的产业集聚，又是金融发展的表现之一。金融集聚同时具备"集聚效应"和"扩散效应"：前者促进区域内民营经济成长，后者包括"极化效应"和"涓流效应"，对周边区域民营经济成长产生先抑制再促进的作用。

(3) 金融集聚能通过强化金融业的资源配置功能，促进资本积累和技术创新，从而促进民营经济成长。反过来，民营经济成长带来的投融资需求的增长，通过提供承载空间和动力源泉促进金融集聚。两者相辅相成，相互促进。

(4) 民营经济成长包括经济规模增长和生产效率提升，因此金融集聚对民营经济成长的促进作用需表现在规模增长和生产效率提升两个方面。

4. 研究的政策建议

(1) 完善金融市场体系，引进金融机构人才，促进金融服务创新，优化金融产业环境，以促进各区域金融资源的有效集聚。对于金融集聚水平较低的中、西部地区，还需国家层面政策倾斜，以及地方层面制定优惠政策，加强招商引资来促进金融资源的有效开发。

(2)推进金融市场化改革，通过加强金融行业的市场竞争来实现金融资源的有效配置。

(3)制定相关政策，成立相关机构，拓展民营企业的融资渠道，改善民营企业的融资环境；并因地制宜，通过相关政策引导发展本地民营企业，增强民营企业的融资能力。

(4)民营企业应转变发展观念，注重管理进步和技术创新，从投资拉动型向技术推动型发展方式转变。

(5)制定相关地方政府间合作措施，实现区域间金融资源的有效配置，缓解区域间由于争夺金融资源而对民营企业带来的融资困难；建立区域间相关行业的交流合作机制，促进区域间同行业民营企业的管理经验和生产技术交流，并制定相关政策，消除技术溢出的区域壁垒。

(6)构建金融集聚与民营经济成长的良性互动，各地区都应首先打破制约本地金融资源的行政约束，为民营企业提供必需的资金支持，促进区域民营经济的发展，并通过市场的力量吸引更多金融资源的汇聚，以此形成良性循环。

作者

2020年4月

目录 CONTENTS

第 1 章　绪　论 ………………………………………………………………（ 1 ）
1.1　研究的问题及背景 ………………………………………………………（ 1 ）
1.2　研究的目标及思路 ………………………………………………………（ 6 ）
1.3　研究的假设及方法 ………………………………………………………（ 8 ）
1.4　研究的内容及资料 ………………………………………………………（ 9 ）
1.5　研究的特色及创新 ………………………………………………………（ 10 ）
第 2 章　基础理论、文献回顾与实践经验 ………………………………（ 11 ）
2.1　相关理论借鉴 ……………………………………………………………（ 11 ）
2.1.1　经济增长理论……………………………………………………（ 11 ）
2.1.2　金融发展理论……………………………………………………（ 15 ）
2.1.3　产业集聚理论……………………………………………………（ 19 ）
2.2　相关研究综述 ……………………………………………………………（ 22 ）
2.2.1　金融集聚影响经济增长的机理研究……………………………（ 22 ）
2.2.2　金融集聚影响经济增长的实证研究……………………………（ 24 ）
2.2.3　相关研究述评……………………………………………………（ 26 ）
2.3　实践经验借鉴 ……………………………………………………………（ 28 ）
2.3.1　美国经验借鉴……………………………………………………（ 28 ）
2.3.2　日本经验借鉴……………………………………………………（ 29 ）
2.3.3　中国香港经验借鉴………………………………………………（ 30 ）
2.4　本章小结 …………………………………………………………………（ 31 ）
第 3 章　金融集聚与民营经济成长的理论框架 …………………………（ 32 ）
3.1　金融集聚与民营经济成长的概念界定 …………………………………（ 32 ）

3.1.1 金融集聚的概念界定…………………………………………………（32）
3.1.2 民营经济的概念界定…………………………………………………（37）
3.2 金融集聚与民营经济成长的关系原理 ……………………………（41）
3.2.1 金融基本功能影响民营经济成长……………………………………（41）
3.2.2 金融集聚效应影响核心区域民营经济成长…………………………（43）
3.2.3 金融扩散效应影响周边区域民营经济成长…………………………（49）
3.2.4 民营经济成长影响金融集聚…………………………………………（52）
3.2.5 金融集聚与民营经济成长的相互作用机理…………………………（54）
3.3 金融集聚与民营经济成长的测度指标 ……………………………（55）
3.3.1 金融集聚的测度指标体系……………………………………………（55）
3.3.2 民营经济成长的测度指标……………………………………………（59）
3.4 本章小结 ………………………………………………………………（61）
第4章 金融集聚与民营经济成长的现状及问题 ……………………（62）
4.1 中国金融集聚的现状及特征 ………………………………………（62）
4.1.1 金融集聚度评价………………………………………………………（62）
4.1.2 金融集聚度的特征……………………………………………………（70）
4.2 民营经济成长的现状及特征 ………………………………………（72）
4.2.1 民营经济成长的历程…………………………………………………（72）
4.2.2 民营经济成长的水平…………………………………………………（75）
4.2.3 民营经济成长的特征…………………………………………………（78）
4.3 金融集聚与民营经济成长的相关性 ………………………………（82）
4.3.1 相关性分析方法………………………………………………………（82）
4.3.2 相关性分析……………………………………………………………（83）
4.4 金融集聚与民营经济成长的问题 …………………………………（84）
4.4.1 金融资源区域分布不协调且金融资本“脱实向虚”显现 …（84）
4.4.2 民营经济区域发展不协调且民营企业发展严重受阻………（85）
4.4.3 国有与民营经济发展不协调且“国进民退”现象见端倪 …（87）
4.4.4 民营企业技术研发投入力度大但科技转化能力不足………（88）
4.4.5 金融行业经营风险加剧并且民营企业破产现象频发………（90）
4.5 本章小结 ………………………………………………………………（91）

第5章　金融集聚对区域民营经济成长的影响效应考察 …………………（93）
5.1　引言 ……………………………………………………………………（93）
5.2　金融集聚影响区域民营经济成长的理论分析 ………………………（94）
5.3　金融集聚影响区域民营经济成长的实证分析 ………………………（95）
5.3.1　研究设计……………………………………………………………（95）
5.3.2　样本数据的平稳性检验……………………………………………（100）
5.3.3　相关变量的协整关系检验…………………………………………（101）
5.3.4　误差修正模型分析结果……………………………………………（102）
5.4　金融集聚影响区域民营经济成长的门槛效应分析 …………………（105）
5.4.1　面板门槛模型构建…………………………………………………（105）
5.4.2　门槛效应检验………………………………………………………（106）
5.4.3　门槛值估计…………………………………………………………（107）
5.4.4　门槛效应分析结果…………………………………………………（108）
5.5　本章小结 ………………………………………………………………（110）
第6章　金融集聚对区域民营经济规模水平的影响 ………………………（112）
6.1　引言 ……………………………………………………………………（112）
6.2　金融集聚影响区域民营经济规模水平的理论分析 …………………（113）
6.3　金融集聚影响区域民营经济规模水平的实证分析 …………………（115）
6.3.1　研究设计……………………………………………………………（115）
6.3.2　空间相关性检验……………………………………………………（120）
6.3.3　空间杜宾模型分析结果……………………………………………（125）
6.4　本章小结 ………………………………………………………………（132）
第7章　金融集聚对区域民营经济生产效率的影响 ………………………（133）
7.1　引言 ……………………………………………………………………（133）
7.2　金融集聚影响区域民营经济生产效率的理论分析 …………………（135）
7.3　金融集聚影响区域民营经济生产效率的实证分析 …………………（138）
7.3.1　研究设计……………………………………………………………（138）
7.3.2　民营经济 TFP 测度 ………………………………………………（141）
7.3.3　空间杜宾模型分析结果……………………………………………（145）
7.4　本章小结 ………………………………………………………………（150）

第8章 金融集聚促进区域民营经济成长的机制设计 ……………… (152)
8.1 资金有效供给机制 ……………… (152)
8.1.1 银行业资金供给机制……………… (152)
8.1.2 证券业资金供给机制……………… (155)
8.1.3 金融租赁业服务机制……………… (156)
8.2 风险防范化解机制 ……………… (158)
8.2.1 保险业风险保障机制……………… (158)
8.2.2 民间金融规范化机制……………… (159)
8.3 金融产业合作机制 ……………… (161)
8.4 外部环境优化机制 ……………… (163)
8.4.1 财政政策服务机制……………… (164)
8.4.2 货币政策服务机制……………… (166)
8.5 本章小结 ……………… (169)
第9章 研究结论、政策建议及研究展望 ……………… (170)
9.1 研究结论 ……………… (170)
9.2 政策建议 ……………… (172)
9.2.1 促进各区域金融资源的有效集聚……………… (172)
9.2.2 实现各区域金融市场的有序竞争……………… (173)
9.2.3 加强各区域民营企业的融资能力……………… (174)
9.2.4 提升各区域民营企业的生产水平……………… (175)
9.2.5 形成区域间金融合作和技术交流……………… (176)
9.2.6 促进金融集聚与民营经济成长良性互动……………… (177)
9.3 研究展望 ……………… (178)
参考文献 ……………… (180)

第1章 绪 论

本书是关于金融集聚影响区域民营经济成长的机理与实证研究。本章作为全书的导入部分，主要介绍了研究的问题及背景、研究的目标及思路、研究的假设及方法、研究的内容及资料、研究的特色及创新，从总体上为全书勾画一个清晰的研究框架。

1.1 研究的问题及背景

中国民营经济发展与改革开放进程紧密相连，既是改革开放的重要成果，也是推进改革开放的重要动力。中国改革开放40年的历史，也是中国民营经济不断发展壮大的历史及中国社会主义市场经济体系建立和不断完善的过程。早在2013年，中国民营经济贡献的GDP就已超过总量的60%①。当前，中国民营经济早已成为国民经济发展的一支生力军和中国市场经济的重要组成部分。

除部分垄断行业外，中国绝大部分实体经济的命运掌握在民营企业手中。作为社会生产力和综合国力的体现，实体经济直接创造物质财富，还可通过提供就业岗位、改善人民生活以维护社会稳定，是立国之本、发展之基。实体经济增长，离不开金融产业支持。金融业发挥便利风险的交易、规避、分散和聚集，配置资源，监督经理人、促进公司治理，集聚储蓄，便利商品与劳务的交换等功能，通过促进资本积累和技术创新来影响实体经济增长（黄解宇和杨再斌，2006）。反之，金融产业深化，也离不开实体经济发展。实体经济为金融业的发展提供了资金基础和市场需求，否则金融市场将会成为无源之水，无根之木。金融发展与实体经济增长相互影响，相辅相成。

---

① 新华网. 2013年我国民营经济贡献GDP总量超过60%[EB/OL]. http://news.xinhuanet.com/2014-02/28/c_119558098.htm.

产业集聚是经济发展的必然现象，作为特殊的产业集聚，金融集聚成为金融业发展的必然趋势。金融聚集在节约交易成本、影响储蓄率、促进资本加速形成、提高资本配置效率以及为产业结构升级提供资金支持等方面，对区域民营经济成长具有重要作用；同时，区域民营经济成长在维护和改善金融生态、动员和累积金融资源等方面为金融业的集聚提供了动力。金融集聚与区域民营经济成长之间可能存在一种双向反馈效应（王婷和叶军，2012）。因此，关于金融集聚与区域民营经济成长的关系问题值得深入系统地研究。

近年来，随着中国经济增速放缓并将继续处于长周期的底部，中央提出"金融要为实体经济服务"，要引导金融资本"脱虚向实"；针对广大从事实体经济的中小民营企业融资难的问题，更是从降成本、助融资、促创新、拓市场、强保障多方面颁布了一系列政策措施，致力于改善民营经济成长的内外部环境。在助融资方面，国家要求加快丰富和创新民营企业金融服务方式，降低民营企业融资成本，加大对民营企业金融服务的政策支持力度，营造良好的民营金融发展环境。2019 年，全国"两会"政府工作报告再一次提出要灵活运用多种货币政策工具，疏通货币政策传导渠道，保持流动性合理充裕，有效缓解实体经济特别是民营和小微企业融资难、融资贵问题。然而，在金融政策促进民营经济成长的实践过程中逐渐暴露出诸多问题，明显影响了金融服务支持民营经济成长的质量和效率，具体表现为：金融资源区域分布不协调且金融资本"脱实向虚"显现；民营经济区域发展不协调且民营企业发展问题严重；国有与民营经济发展不平衡且"国进民退"现象见端倪；民营企业技术研发投入力度大，但科技转化能力不足；金融行业经营风险加剧，并且民营企业破产现象频发等。这些问题共同阻碍了金融资源流向民营经济，金融资源也无法通过技术创新转化为经济效益，从而促进民营经济成长。

在深入研究金融支持与民营经济成长关系之前，还需对当前中国的宏观经济背景有大致的了解，这有利于更充分地了解本研究所处的时代和区域特征。

（1）中国经济进入新常态。

2014 年底，中央首次提出中国经济发展进入新常态，即高效率、低成本、可持续发展的中高速增长阶段。经济新常态包含以下内涵和特征：①经济增长速度由高速向中高速转换，在 2020 年以前的底线是 6.5%。2003—

2011 年，中国 GDP 年增长率基本保持在 10%以上(2008 年、2009 年曾回落到 9.6%、9.2%)，而 2012—2014 年回落到 7.7%、7.7%、7.4%，2015 年、2016 年、2017 年、2018 年继续回落到 6.9%、6.7%、6.8%、6.6%，2019 年更是跌至 6.1%。虽然 GDP 增速有较大幅度下降，但仍居全球主要经济体第一。②以规模扩张为主的粗放型增长方式转为以效率提升为主的集约型增长方式，最终实现经济大国向经济强国的蜕变。转变经济增长方式，需要从增强创新驱动发展新动力，加快形成人力资本新优势，提升城市群发展新能级，激发体制机制新活力，培育开放型经济新优势等方面做出努力。③产业结构由中低端向中高端转换。2013 年中国产业结构首次出现历史性变化——第三产业增加值占 GDP 比重达 46.1%，首次超过第二产业，标志着中国经济正式迈入"服务化"时代。2014—2019 年第三产业持续增长，GDP 占比分别达到 48.1%、50%、51.6%、51.9%、52.2%、53.9%，而这将是一个长期趋势。④增长动力由要素驱动向创新驱动转换。随着生产要素(包括土地、劳动力等)价格上涨，迫切需要改变靠低成本要素驱动为靠技术创新驱动的经济发展方式。互联网金融、移动支付、信息消费快速发展，新行业、新技术、新业态、新模式、新产品的加速成长将成为中国经济未来的希望所在。⑤资源配置由市场起基础性作用向决定性作用转换。党的十八届三中全会公报中明确指出，"经济体制改革的核心问题是处理好政府和市场的关系，使市场在资源配置中起决定性作用和更好地发挥政府作用"。⑥经济福祉由非均衡型向包容共享型转换。具体表现为农村居民收入增速快于城镇居民，城乡二元结构向一元结构转型，中部、西部和东北地区经济增速逐步超过东部地区。

(2) 中国经济面临供给侧结构性改革。

为了应对中国经济的新常态，2015 年，中央提出供给侧结构性改革，即从提高供给质量出发，用改革的办法推进结构调整，矫正要素配置扭曲，扩大有效供给，提高供给结构对需求变化的适应性和灵活性，提高全要素生产率，更好满足人民群众的需要，促进经济社会持续健康发展。①产业结构方面：需加快推进科技体制改革，促进高技术含量、高附加值产业的发展；需加快生态文明体制改革，为绿色低碳产业发展提供动力；需通过金融体制改革、社会保障体制改革等去淘汰落后产能和"三高"产能等。②区域结构方面：需加快户籍制度改革、福利保障制度改革、土地制度改革等推进农民的市民化进程，提高户籍人口城镇化率；需推进行政管理体制改革、财税制度改革、区划体制改革等，加快建设全国统一市场，解决区域发展不平衡问题，使人口和各生产要素在不同地区自由流动、优化配置。③投入结构方面：需加快科技体制、教育人才体制等改革，优化要素投入结构，更多地实现创新驱动。④排放结构方面：需加快推进生态文明制度改革，缓解资源环境压力。⑤动力结构方面：更多地依靠制度变革、结构优化、要素升级(对应改革、转型、创新)，而不是投资、消费、出口，来提升全要素生产率，培育新的增长点，形成新的增长动力。⑥分配结构方面：需加快推进分配制度改革、社会福利制度改革、产权制度改革和财税制度改革等，促进收入分配的相对公平，缩小贫富差距。

(3) 中国经济呈现L型走势。

权威人士曾在2016年5月把脉中国经济时表示，经济运行将是L型走势，指中国经济由高速增长变成中高速增长，并将维持较长时间，是中国经济新常态的表现之一。“十三五”规划规定中国经济增速的合理区间是6.5%~7%，既不能出现明显失速，也不能出现强劲反弹。中国经济L型并不意味着经济滞胀，而是减速换挡、转型升级，并将带来更高质量的经济增长。①L型走势标志中国经济运行多年累积的“病症”进入治疗阶段，因为L型走势一方面保持就业稳定和人民生活改善所必需的经济增速，也可以使企业有起码的财力投入结构调整；另一方面又给企业形成一定的压力，倒逼企业苦练内功，努力完成“三去一降一补[①]”，加快适应经济新常态，不断进行科技创新，提高经济质量和效益。②L型走势有利于中国政府在多重约束条件下，采取更加灵活、精准、有效、及时的调控政策，使经济获得可持续的平衡增长。基于“合理区间”的宏观调控对经济社会发展进行了全盘考虑，表明中国政府正在以新的思路和方式追求健康、可持续、包容性的增长[②]，这对中国的改革攻坚和经济转型具有重要作用。

(4) 中国制造振兴实体经济。

2015年3月，中央提出实施制造强国战略的第一个十年行动纲领——

---

① 即去产能、去库存、去杠杆、降成本、补短板。

② 石建勋．正确理解中国经济的L型走势[EB/OL]．http://views.ce.cn/view/ent/201606/14/t20160614_12829231.shtml.

“中国制造2025”战略。制造业是实体经济的主体，是供给侧结构性改革的主战场；而实体经济是社会生产力的集中体现，是强国之本、兴国之基。振兴实体经济具有重大意义：是应对新一轮科技革命和产业变革、打造国际竞争新优势的战略选择；是适应把握引领经济发展新常态、加快新旧动能接续转换的重大举措；是全面建成小康社会、建成富强国家的必然要求。

面对当前金融资本“脱实向虚”的大趋势，为解决实体经济融资困境，2017年初中央明确提出“金融的首要任务是支持实体经济的发展”。①银行贷款促进经济增长的方式由规模增长转变为效率提升驱动，确保其投放到实体经济的重点领域和薄弱环节。②运用商投互动、投贷联动等方式促进高新技术产业和创新型企业的发展。③ 发展银行的小微金融业务，坚持服务小微企业。系统推进小微金融创新，实行贷款全流程一站式处理，建立小微信贷专家队伍，提高风控能力、融资效率和专业化服务水平；运用互联网技术对小微业务进行标准化改造，创新推广网络循环贷款产品，以契合小微企业短、频、急的资金需求特点。④发挥全球服务网络优势和境内外一体化联动功能，健全金融“走出去”业务体系[①]，支持国际产能合作、基础设施建设等“走出去”项目建设。⑤着眼于科技与金融的深度融合，全面打造智慧银行服务体系，更好地让互联网金融服务国计民生。

金融集聚是金融业发展的必然趋势，而民营资本在实体经济中占有绝对比重。基于以上研究背景，系统研究金融集聚对区域民营经济成长的影响机理和实际影响，对充分发挥金融集聚效应，促进民营经济成长，继而实现中国经济结构优化和持续健康发展具有重要的理论和实践意义。

（1）理论研究方面。

本书在全面梳理总结经济增长理论、金融发展理论和产业集聚理论，以及国内外在金融集聚与经济增长/企业成长相关领域研究成果，并厘清金融集聚与民营经济的概念和内涵，以及民营经济成长历程的基础上，阐释了金融集聚与区域民营经济成长的关系原理。不仅有助于系统了解相关领域的理论

① 易会满．金融要扛起支持实体经济振兴的重任[N]．学习时报，2017-01-18(001)．

和实证研究现状，而且可为发展金融产业、建设金融中心，以促进民营经济成长，进而促进中国经济结构优化和持续健康发展提供理论依据。

（2）实践意义方面。

本书在构建金融集聚度评价指标体系和寻找民营经济成长水平的替代指标的基础上，实证分析了金融集聚与区域民营经济成长的相关性、金融集聚对区域民营经济成长的影响特征，以及金融集聚对区域民营经济规模水平和生产效率的空间性影响。不仅为将来类似研究提供了实践经验借鉴，而且将其实证结果与理论分析相比较，找出差异并分析产生原因，进而对提出现有问题的解决策略，充分发挥金融集聚的融资功能促进区域民营成长，并设计发挥金融集聚效应以促进区域民营经济成长的协同机制提供现实依据。

1.2 研究的目标及思路

本书尝试运用科学的理论和方法，系统地探寻中国金融集聚对区域民营经济成长的作用效应和实际影响，两相比较发现存在的问题，并结合实际提出有效的协同机制和政策建议，为充分发挥金融集聚对区域民营经济的促进作用提供理论和实践依据。具体而言，包括以下阶段性目标：

（1）全面梳理并总结相关经典理论、国内外相关研究成果和发达地区先进经验，旨在为金融集聚与民营经济成长的关系研究提供理论和经验借鉴。

（2）在科学界定金融集聚和民营经济相关概念的基础上，分析金融集聚与民营经济成长的关系原理，并探寻金融集聚和民营经济成长的测度指标体系。

（3）从历史角度梳理中国民营经济的发展历程，并通过指标测度、异质性分析和相关性分析，反映金融集聚和民营经济成长的现状及问题。

（4）运用计量模型分时间和区域，从民营经济规模水平和生产效率方面，就金融集聚对区域民营经济成长的影响进行实证检验，发现存在的问题并分析产生的原因。

（5）设计金融集聚促进区域民营经济成长的协同机制，并提出发挥金融集聚效应以促进区域民营经济成长的政策建议。

本书的研究思路为：

(1) 在回顾和借鉴经济增长理论、金融发展理论和产业集聚理论的基础上，全面总结国内外关于金融集聚与经济增长/企业成长方面的研究成果，并探究境外金融中心支持中小企业成长的相关经验。

(2) 在准确界定金融集聚和民营经济相关概念的基础上，分析金融集聚与民营经济成长的关系原理。

(3) 在测度金融集聚水平并分析中国区域金融集聚特征，以及介绍中国民营经济成长历程并分析民营经济成长特征的基础上，分析金融集聚与民营经济成长在区域和时间层面的相关性，金融集聚影响区域民营经济成长的非线性，并从经济规模和生产效率方面分区域考察金融集聚与区域民营经济成长的不均衡性。

(4) 在理论和经验分析的基础上，设计金融集聚促进区域民营经济成长的协同机制，并结合中国实际提出充分发挥金融集聚效应促进区域民营经济成长的政策建议。

本书遵循从理论到实证再到政策的一般过程，具体研究技术路线见图1.1。

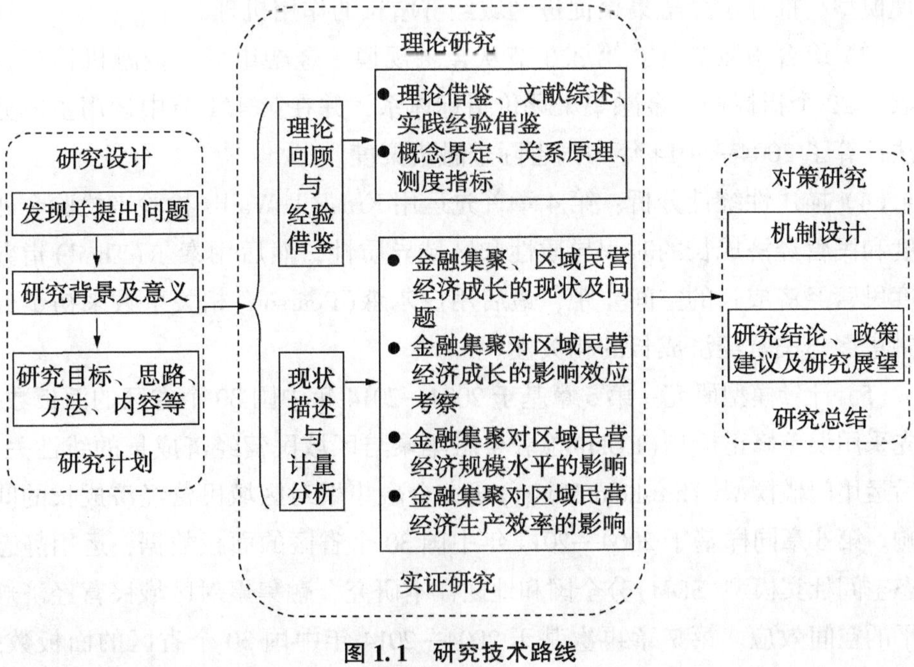

图1.1　研究技术路线

1.3 研究的假设及方法

本书的基本假设有：①金融集聚可通过强化金融的基本功能促进资本积累和技术创新，从而促进区域民营经济成长；②金融的集聚效应可强化金融业的资源配置功能，促进集聚区域内民营经济成长；③金融集聚可通过“极化效应”和“涓流效应”先抑制再促进集聚周边区域民营经济成长；④民营经济成长包括规模增长和生产效率提高两方面；⑤金融集聚对民营经济成长的促进作用主要通过提升民营企业的资本投入来实现。

本书运用的方法有：

（1）文献研究：第2章通过全面梳理整合与金融集聚和区域民营经济成长研究相关经典理论、现有研究成果及发达地区先进经验，意图了解与本书相关的基本理论和研究动态，借鉴现有文献的研究成果并弥补当前研究的不足，为进一步研究探寻方向。

（2）数理模型推导：在一系列假定条件下，第3.2节构建了金融集聚通过集聚效应影响核心区域经济增长，通过扩散效应影响周边区域经济增长的数理模型，推导了金融集聚促进区域经济增长的作用机理。

（3）综合指数测度：第3.3节从金融规模、金融市场、金融机构三方面选取了22个指标构建金融集聚评价指标体系，并在第4.1节中运用主成分分析法计算了2004—2014年中国省际金融集聚度。

（4）描述性统计分析：第4章首先运用Kruskal-Wallis检验来检验金融集聚度和民营经济成长的时间异质性和区域异质性，然后用泰尔（Theil）指数来测度民营经济成长的空间差距，最后用皮尔森（Pearson）相关系数来初步分析金融集聚与民营经济成长的相关性。

（5）计量模型研究：第5章基于2004—2014年中国30个省区的面板数据，首先采用误差修正模型（ECM）检验金融集聚与区域民营经济成长的线性关系，然后运用门槛模型（Threshold Model）研究金融集聚对区域民营经济成长的间接影响。第6章同样基于2004—2014年中国30个省区的面板数据，运用静态和动态空间杜宾模型（SDM）分全国和地区样本研究金融集聚对区域民营经济规模水平的空间效应。第7章再次基于2004—2014年中国30个省区的面板数据，用空间杜宾模型(SDM)分地区研究金融集聚对区域民营经济生产效率的空间效应。

1.4 研究的内容及资料

作为基于理论和实证的对策研究，金融集聚影响民营经济成长的研究包括绪论、理论研究、实证研究和对策研究四个部分。具体内容如下：

绪论部分为第 1 章，阐释本书的研究问题及背景、研究目标及思路、研究假设及方法、研究内容及资料、研究特色及创新。

理论研究部分包括第 2 章和第 3 章。第 2 章归纳总结与金融集聚影响区域民营经济成长相关的经典理论、国内外文献资料和境外先进实践经验。其中，理论基础包括经济增长理论、金融发展理论和产业集聚理论，境外先进经验包括美国、日本和中国香港三个发达国家或地区的实践经验。第 3 章在明确界定金融集聚和民营经济概念和内涵的基础上，分析金融集聚与民营经济成长相互间的影响机理，并探讨金融集聚和民营经济成长的测度指标。

实证研究部分包括第 4、第 5、第 6、第 7 章。第 4 章介绍中国金融集聚的现状及特征，民营经济成长的历程、现状及特征，并对两者之间的相关性和存在的问题进行了初步分析。第 5 章以相关数据为样本，运用面板误差修正模型实证研究金融集聚与区域民营经济成长的线性关系，再运用面板门槛模型研究金融集聚对区域民营经济成长的间接影响，这也从一个方面解释了前者关系的区域差异。第 6 章、第 7 章分别运用空间杜宾模型研究金融集聚对区域民营经济规模水平和生产效率的空间效应的不均衡性，是对第 5 章研究的深化。

对策研究部分是第 8 章，设计了金融集聚促进区域民营经济成长的协同机制，包括资金有效供给机制、风险防范化解机制、金融产业合作机制和外部环境优化机制。

第 9 章首先总结了本书的研究结论，其次以此为基础提出发挥金融集聚效应以有效促进区域民营经济成长的政策建议，最后指出本研究存在的问题及后续研究方向。

1.5 研究的特色及创新

（1）本书探索性地构建了金融集聚影响民营经济成长的理论分析框架。首先在梳理相关基础理论和研究文献的基础上，总结归纳金融发展、产业集聚和金融集聚对经济增长的影响机理，明确了各自的影响途径，为分析金融集聚对民营经济成长的影响机理提供理论借鉴；然后对金融集聚和民营经济的概念进行了明确界定，并丰富了其内涵；在一定程度上丰富了金融集聚通过金融基本功能、集聚效应和扩散效应对民营经济成长的影响机理，使之明晰化，并突破了单向分析的现状，阐释了民营经济成长对金融集聚的影响机理。

（2）由于缺乏关于民营经济的系统性统计数据，学界对民营经济成长的实证研究极少。本书将现有文献中关于金融集聚的测度方法和指标进行梳理比较，找到较优测度方法和指标体系，并选用规模以上非国有工业企业数据作为民营经济替代变量，运用中国省际面板数据，遵循从整体到具体的逻辑顺序，全方位研究了金融集聚对区域民营经济成长的影响，包括对民营经济规模水平和生产效率的影响。实证结果前后呼应，相互印证，有以下新的发现：①中国金融集聚和民营经济区域发展不平衡，且有向东部集聚的趋势；②从全国来看，中国金融集聚未能显著有效促进区域民营经济规模增长和生产效率提升，且区域发展不平衡。

（3）基于金融集聚与民营经济成长的现实问题及实证研究结论，本书从资金供给、风险防范、产业合作和外部环境方面设计金融集聚促进区域民营经济成长的协同机制，并从内外因两方面，包括促进金融有效集聚和市场有效竞争、提升民营企业融资能力和生产水平等，提出实现金融集聚对区域民营经济成长促进作用的政策建议。

第2章 基础理论、文献回顾与实践经验

本章旨在全面总结并借鉴前人关于金融集聚与民营经济成长研究相关的理论成果和实践经验，为后续章节的研究提供理论和实践基础。本章首先梳理、整合及阐述当前学者研究得出的相关理论，其次归纳、总结和述评与金融集聚和民营经济成长研究相关的文献，最后介绍金融中心支持中小企业成长的境外成功实践经验。

2.1 相关理论借鉴

金融集聚是区域经济由低级向高级发展进程在金融产业上的集体反映，是金融产业在某个特定地理区域内高度集中，金融产业资本要素在空间范围内不断汇聚的过程和结果，既能促进金融总量的增长，又能促进金融结构的优化(黄解宇和杨再斌，2006)。因此，金融集聚既是特殊的产业集聚，又是金融发展的表现之一。金融集聚对经济增长的影响机理可以同时参考金融发展或产业集聚对经济增长的影响。

2.1.1 经济增长理论

直到18世纪，经济增长现象才引起学界关注并成为研究课题。斯密(Smith)的经济理论是第一个系统的经济增长理论，把资本和劳动因素放在经济运行的核心位置，尤其强调资本的重要性。但是，他赋予了资本不同于现代的含义：在现代经济增长理论中，资本意味着生产中的一种投入，而斯密所说的资本则是一个很含糊的概念，把资本看成是资本家对生产所作的“预付”，即工资。李嘉图(Richard)与斯密一样，强调资本积累和生产率的增进对经济增长的决定意义，而他不再把资本看作某种“预付”，而是物质的生产资料。熊彼特(Schumpeter)强调企业家的创新活动是造成经济增长的主要原因，具体机制是：

创新刺激投资，从而引起信贷扩张，推动经济产出量的增长。尚未形成模型的古典经济理论强调经济增长取决于投入要素的质量和数量：资本的增加来自经济体的积累，积累的快慢在于储蓄率的高低；资本效率的提高取决于技术进步。

1870年以后，经济学家的关注点转向经济资源的配置，即由研究供给转向了需求，而经济增长领域受到冷落。直到20世纪中期，经济增长理论研究才开始复兴，以哈罗德—多马(Harrod-Domar)经济增长模型的出现为标志。哈罗德—多马模型强调物质资本对经济增长的重要性，且有四个外生因素：资本—产出比、储蓄率、技术进步速度和人口增长率。因此在哈罗德—多马模型中，经济不能自行纠正实际增长率相对于有保证的增长率的偏离，且还可能使其增大，即具有"刀刃"性质。在这之后，经济增长理论模型的发展基本上就是这四个外生变量的内生化过程。

1956年，索洛(Solow)开创了新古典经济增长理论，索洛模型假定资本、劳动和总产出之间的比例关系内生化，并假设资本与劳动可以相互替代使经济增长具有稳定性，但它的技术进步率和储蓄率依然由外生给定。新古典经济增长理论的第二步内生化，是把储蓄率的决定由外生给定转化为模型的内生变量。根据个人效用最大化分析中决策人做最优化考虑的时间范围，这种内生化按两个方向发展："无期限模型"和"世代交叠模型"。以未来无穷长时间内个人效用最大化为前提，拉姆齐—卡斯—库普曼斯(Ramsey-Cass-Koopmans)模型引入了动态最优化方法，将储蓄率内生化，但是没有消除人均产出长期增长率对外生技术进步的依赖。以在世时间内个人效用最大化为前提，戴蒙德(Diamond)模型强调每一代经济人都完全理性，但可能不存在经济增长的稳定路径，代表了凯恩斯主义经济学的观点：竞争性的市场经济可能是动态无效的，政府的宏观经济政策可以增加整个社会的福利。新古典经济增长理论依然将技术进步率看作是外生给定的参数，直到阿罗(Arrow)模型提出"干中学"思想：技术进步不是外生的，而是由资本积累所决定的。

1986年掀起的"新"经济增长理论或"内生"经济增长理论浪潮是把生产率(技术)因素内生化，而这在传统经济增长模型中被当作外生因素。生产率变动的内生化研究大致有三个方向：①把技术进步视为某些生产和投资行为的副产品，从而以生产或投资的外部性来解释技术的进步。阿罗模型中，知识水平作为一个生产要素参与了生产过程，而且由于知识的公共品性质，作为一个整体，经济具有收益递增的特点。②把技术进步视为专门的研究和开发活动的成果，以研发部门的活动来解释技术进步。罗默(Romer)模型中知识积累对于知识生产的规模报酬递增产生了知识的内生增长，促进了经济的长期增长。③将技术进步归结为人均“人力资本”的增加，通过建立人力资本形成内生化模型来说明生产率的提高。卢卡斯(Lucas)模型中的人力资本的外部效应使生产具有递增收益，成为经济增长的发动机(杨剑波和郭小群，2008)。

此外，“新”经济增长理论研究还致力于将人口增长率、劳动分工与专业化程度、政府开支因素内生化，比如Becker-Murphy-Tamura模型指出人力资本相对于物质资本的积累突破某一界限时，社会总的人力资本增长会达到一个高水平均衡，从而促进经济增长(陶军锋，2003)；Becker-Murphy模型将单个部门内部的劳动分工变成经济增长模型的内生变量；杨小凯—博兰德(Yang and Borland)模型把内生的产品生产专业化因素引入模型分析中，从劳动分工和专业化角度为经济增长提供了一个微观机制。托诺夫斯基(Turnovsky)模型指出只有当政府消费性支出水平超过了使社会福利水平最大的水平时，降低消费性政府支出才可在提高社会福利水平的同时提高经济增长率，这实际是将经济增长模型中的消费性政府支出水平内生化；巴罗(Barro)模型采用广义的资本概念并在假定报酬不变的内生增长模型的基础上，考虑用单一税收融资的政府支出提供的服务对私人部门的生产或效用产生的影响，从而将经济增长模型中的生产性政府支出内生化；FMS模型中政府公共投资形成公共资本存量，作为一种投入进入私人部门的生产函数，解释了生产性政府支出在经济中的作用(见表2.1)。

表2.1 经济增长理论梳理

类别/(时间)	理论	概述	特征
古典经济理论(18世纪)	斯密的经济理论	把资本和劳动因素放在经济运行的核心位置，尤其强调资本的重要性	强调经济增长取决于投入要素的质量和数量；资本的增加来自经济体的积累，积累的快慢在于储蓄率的高低；资本效率的提高取决于技术进步
	李嘉图的经济理论	强调资本积累和生产率的增进对经济增长的决定意义	
	熊彼特的经济理论	强调企业家的创新活动是造成经济增长的主要原因：创新刺激投资，引起信贷扩张，推动经济产出增长	

续表

类别/(时间)	理论	概述	特征
经济增长理论研究复兴(20世纪中期)	哈罗德—多马经济增长模型	强调物质资本对经济增长的重要性，且有四个外生因素：资本-产出比、储蓄率、技术进步速度、人口增长率	
新古典经济增长理论(1956年以后)	索洛模型	假设资本、劳动和总产出之间的比例关系内生化，资本与劳动可以相互替代使经济增长具有稳定性	将技术进步率看作外生给定的参数
	拉姆齐—卡斯—库普曼斯模型	引入动态最优化方法，将储蓄率内生化	
	戴蒙德模型	强调每一代经济人都完全理性，但可能不存在经济增长的稳定路径	
“新”经济增长理论或“内生”经济增长理论(1986年以后)	阿罗模型	知识水平作为一个生产要素参与了生产过程，且由于知识的公共品性质，经济具有收益递增的特点	把生产率(技术)因素内生化
	罗默模型	知识积累对于知识生产的规模报酬递增产生了知识的内生增长，促进了经济的长期增长	
	卢卡斯模型	人力资本的外部效应使生产具有递增收益，成为经济增长的发动机	
	Becker-Murphy-Tamura模型	人力资本相对于物质资本的积累突破某一界限时，社会总的人力资本增长会达到一个高水平均衡，从而促进经济增长	
	Becker-Murphy模型	将单个部门内部的劳动分工变成经济增长模型的内生变量	将人口增长率、劳动分工与专业化程度、政府开支因素内生化
	杨小凯—博兰德模型	把内生的产品生产专业化因素引入模型，从劳动分工和专业化角度为经济增长提供微观机制	
	托诺夫斯基模型	将经济增长模型中的消费性政府支出水平内生化	
	巴罗模型/FMS模型	将经济增长模型中的生产性政府支出内生化	

目前，经济增长理论模型的内生化进程已经取得了丰硕成果：哈罗德—多马模型中的四个外生因素——储蓄率、资本—产出比、技术进步速度和人口增长率都已成为经济增长模型中的内生变量。此外，劳动分工、专业化程度和结构、政府支出变量也在经济增长模型中内生化(见图 2.1)(左大培和杨春学，2007；佘时飞，2009)。

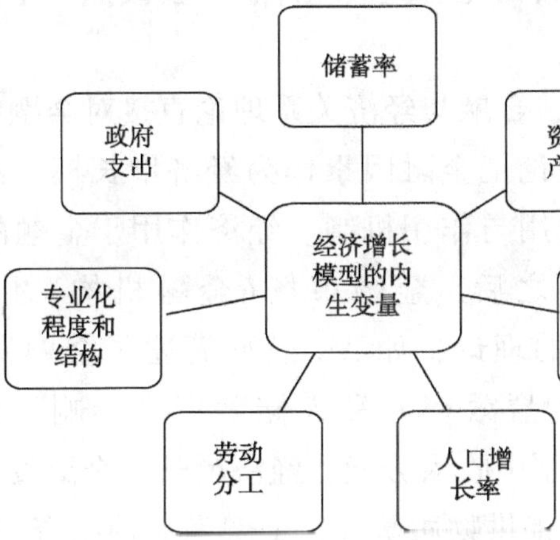

图 2.1　经济增长模型的内生变量

2.1.2　金融发展理论

综观经济增长理论的发展，经济学家所关注的大多是技术、资本与劳动投入。1955 年托宾(Tobin)第一次将货币因素引入经济增长的研究，实证了货币对经济增长的作用，认为当局可通过控制货币供应量来影响实体经济增长。

20 世纪 50 年代开始，金融与经济关系的理论研究从货币转向了金融。帕特里克(Patrick)提出金融与经济关系的“需求相随”和“供给领先”模式：前者强调经济主体在经济发展中对金融服务的需求，导致了金融机构和相关金融服务的出现，经济主体的金融服务需求促进了金融发展；后者认为金融机构和相关金融服务的供给先于需求，强调金融服务的外在供给对金融发展进而对经济发展的促进作用(温涛，2005)。戈德史密斯(Goldsmith)揭示了金融和经济关系的内在机制：金融不仅使储蓄和投资分离，而且还使其重新结合，解决资金占有和经营能力分布不对称不平衡的矛盾，促进经济增长(李敬，2007)；金融机构和金融工具提供的选择机会越多，人们的金融欲望越强，社会资金积累的速度越快(温涛, 2005), 金融活动越活跃, 资金使用效率越高, 开辟了金融结构论。麦金龙(Mckinnon)和肖(Shawn)提出的“金融深化论”认为市场机制的自发力量可以使金融部门实现帕累托最优, 放开利率管制、实现金融自由化是推动经济增长的重要途径, 但低于均衡的实际利率与高估的国内货币等形式的金融压抑阻碍了经济增长(李敬, 2007)。金融自由化次序理论认为发展中国家金融自由化有先后顺序, 只要按照一定的顺序进行就能保证经济发展的稳健性。

20 世纪 90 年代以来, 金融与经济关系理论直接对金融中介体和金融市场建模。内生金融发展理论把金融因素作为经济增长模型的内生变量, 研究金融在经济增长中的效用与作用机制。经济作用于金融的理论指出只有当经济发展到一定阶段之后, 金融市场(金融机构)才能形成(温涛, 2005)。金融作用于经济的理论, 如 AK 模型简述了金融发展通过提高储蓄—投资转化率、资本配置效率和私人储蓄率来影响经济增长的机制。Greenwood 和 Jovanovic 模型中收入分配、经济增长和金融发展紧密交织: 经济增长为金融中介的发展提供物质基础, 金融发展使投资期望收益率更高, 从而促进经济增长(周立, 2003)。金融阻滞论论述了金融机制对经济发展的消极作用, 从结构角度深化了对金融抑制的认识。金融功能论揭示了金融影响经济的微观机制, 认为金融在时间和空间上配置资源, 通过“资本积累”和“科技创新”来影响经济增长。莱文(Levine)指出金融发展通过以下渠道来促进经济增长: 便利商品和劳务的交换; 配置资源; 发现投资机会; 促进公司治理; 增加流动性并减少跨期风险等(Rault 等, 2013)。至此, 金融因素已经与技术、资本与劳动投入因素一样, 成为经济增长模型中的内生变量。

以上为西方经济学范畴。在马克思经济学中, 金融与经济关系的理论通过货币、信用和经济的关系来反映, 核心是“经济决定金融, 金融反作用于经济”。商品经济不仅决定了以货币、信用和银行制度为特征的“金融”产生, 还直接决定其规模、结构和发展速度。反过来, 一方面, 货币通过商品价值、商品交换、流通要素和资本运动反作用于经济; 另一方面, 信用通过替代货币流通、影响收入分配、变革等生产方式反作用于经济。在当代, 中国马克思主义学者认为, 金融是现代经济的核心。在静态上, 金融是国民经济的要害部门，辐射性强、灵敏度高、连带性大、脆弱易变；在动态上，金融是国民经济运转力的源泉和运作机制的出发点和归宿点。马克思的研究是以资本主义为背景，基于市场行为的货币信用与社会再生产的关系，因此政府行为没有纳入分析框架，也没有具体测定其关系的强弱(熊德平，2009)。

综上所述，金融发展可同时发挥货币功能和信用功能。一方面，金融是货币资金的融通，可通过发挥货币的贮藏功能提高私人储蓄率，实现资本积累；通过发挥货币的支付功能提高储蓄—投资转化率，提供充足资金；通过发挥货币的流通功能便利商品和劳务交换，增加流动性。另一方面，金融的基础是信用，可通过加速资金周转，减少跨期风险；可发现投资机会，在时间和空间上配置资源；可提高资本配置效率，最大限度地发挥资本作用。两方面功能共同作用，为企业提供资金支持和风险规避手段，促进企业科技创新和管理提升，最终促进经济增长(见图 2.2)。反过来，经济增长为金融发展提供市场需求和资金支持。金融发展与经济增长互为因果，相互促进。作为特殊的产业集群，金融集聚实际上是金融业的功能强化和效用升级，可以更好地发挥金融的基本功能为企业融资提供服务，而更多的资金有利于企业扩大规模和技术创新，从而促进实体经济增长(Merton & Bodie，1995；黄解宇和杨再斌，2006(见表 2.2))。

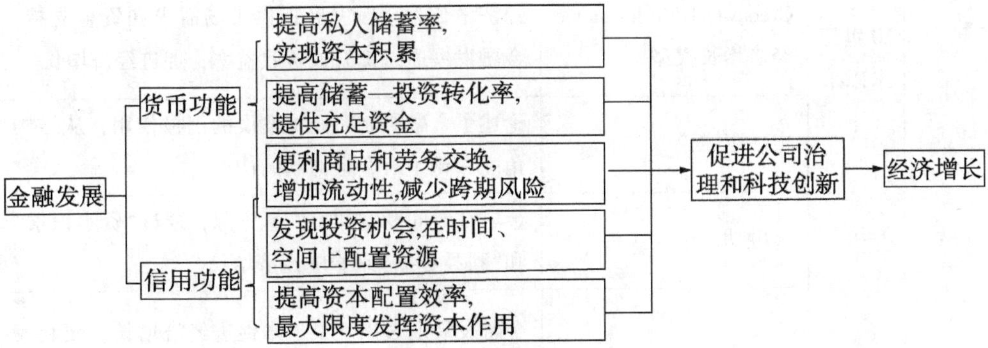

图 2.2　金融发展对经济增长的影响机理

表 2.2 金融发展理论梳理

类别	时间	理论	概述
西方经济学	1955 年	托宾的货币增长理论	强调经济增长过程的货币非中性，认为货币当局可以通过货币供应量来影响实体经济增长
	20 世纪中期以后	帕特里克提出的金融发展理论	“需求相随”模式强调经济主体的金融服务需求促进金融发展；“供给领先”模式强调金融服务的外在供给对金融发展进而对经济发展的促进作用
		戈德史密斯的金融结构论	金融不仅使储蓄和投资分离，而且还使其重新结合，解决资金占有和经营能力分布不对称不平衡的矛盾，促进经济增长
		麦金龙和肖的金融深化论与金融自由化次序理论	自由市场体制可使金融系统实现帕累托最优，而金融自由化是推动经济增长的重要途径
	20 世纪末以来	内生金融发展理论	把金融因素作为经济增长模型的内生变量，研究金融促进经济增长的作用机制
		AK 经济增长模型	金融发展通过提高储蓄—投资转化率、资本配置效率和私人储蓄率来影响经济增长
		Greenwood 和 Jovanovic 经济增长模型	经济增长为金融发展提供市场需求和资金支持，金融发展通过提升投资收益率，促进经济增长
		金融阻滞论	论述了金融机制对经济发展的消极作用，从结构角度深化了对金融抑制的认识
		金融功能论	金融在时间和空间上配置资源，通过“资本积累”和“科技创新”来影响经济增长
		莱文的金融功能论	金融发展通过以下渠道来促进经济增长：便利商品和劳务的交换；配置资源；发现投资机会；促进公司治理；增加流动性并减少跨期风险等

续表

类别	时间	理论	概述
马克思主义经济学	19 世纪中期以后	经典理论	经济决定金融，金融反作用于经济。商品经济不仅决定了以货币、信用和银行制度为特征的“金融”产生，还直接决定其规模、结构和发展速度。反过来，一方面，货币通过发挥价值尺度、流通手段、贮藏手段、支付手段和世界货币职能反作用于经济；另一方面，信用通过促进资金优化配置，加速资金周转和资本集聚，促进贸易和调整国民经济来反作用于经济
	当代		在动态上，金融是国民经济运转力的源泉和运作机制的出发点和归宿点

2.1.3　产业集聚理论

最早研究产业集聚的是新古典经济学奠基人马歇尔(Marshall)，他把“大规模生产”的规模经济区分为内部经济和外部经济：前者指国家的大部分企业集中在少数强大的公司手中，依赖于从事该工业的个别企业的资源及其经济管理的效率，得到分工上的经济；后者指大量种类相似的小型企业集中在同一地方，依赖于工业的一般发展，获得分工上充分的经济。但是，马歇尔的论述既没有建模，也没有形成严密的逻辑体系，在这之后很长一段时间，新古典经济学也中断了对产业集聚的研究。

杜能(Thunen)首创了农业用地模型，对一切经济活动的集聚规律都具有深刻启示，可誉为区位理论和经济地理学、城市经济学、区域经济学等学科的共同鼻祖。韦伯(Weber)提出了工业区位模型，分析了集聚和分散因素，并首次提出“集聚经济”概念。克里斯泰勒(Christaller)提出的中心地理论是对前两个模型的补充，把非生产性的服务业纳入研究范围，描述的中心地集聚现象和规模经济与运输成本之间的权衡有关。廖什(Losch)在前人的基础上，建立了具有动态特征的“市场区位论”，提出朝着集中方向起作用的经济力以专业化和大规模生产的利益为主，最终形成区域体系。

以古典区域理论为基础，各种与空间相关的经济理论纷纷出现。熊彼特

(Schumpeter)认为产业集聚有助于创新，创新也有助于产业集聚，而技术创新的产业集聚和增长的非同期性是经济波动的一个重要原因。胡佛(Hoover)首次将集聚经济分解为内部规模经济、局部化经济和城市化经济。艾萨德(Isard)指出产业集聚能因技术、生产和分配等多方面的联系而带来大量成本节约，产生聚集经济。缪尔达尔(Myrdal)提出了循环累积因果理论，对工业在空间上的集中性增长促进整个经济增长的过程进行了深入解析。而早前，佩鲁(Perroux)提出的增长极概念表达了类似的观点：发达地区产业集聚推动经济增长。

杨小凯和赖斯(Rice)代表的新兴古典经济学认为每种商品生产都可以因专业化分工而产生专业化经济，专业化程度越高，生产效率也越高；交易效率提高、分工演进、生产和交易的地理集中度提高等因素相互促进，并导致递增的聚集效应。新经济地理学指出循环累积因果机制是导致经济集聚的关键，而额外增长刺激下的集聚可能导致帕累托改进，并加快创新速度(殷广卫，2011)。

产业集聚理论大多从工业生产角度进行讨论(见表2.3)。产业集聚以大规模生产和专业化分工为基础。大规模生产可导致规模经济和范围经济，从而节约成本，产生集聚经济。专业化分工产生专业化经济，专业化程度越高，生产效率也越高；而不同的专业化分工聚集还可导致帕累托改进，并加快创新速度。集聚经济、专业化经济和技术创新共同作用促进经济增长(见图2.3)。作为特殊的产业集聚，金融集聚可发挥金融业的集聚效应，通过外部规模经济效益、网络效益、创新效益、加速技术进步效益和自我强化机制来提升金融系统的融资分配效率，通过增加可用资本总额和改善融资环境为企业扩大生产规模和生产技术研发及管理能力提升提供更多资金支持，从而促进实体经济增长。

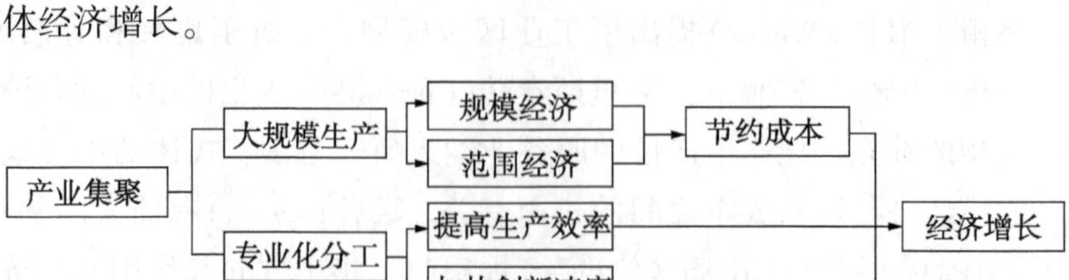

图2.3 产业集聚对经济增长的影响机理

表 2.3　产业集聚理论梳理

类别	理论提出者/理论	概述
新古典经济学	马歇尔的规模经济理论	把“大规模生产”的规模经济区分为内部经济和外部经济
古典区位理论	杜能的农业区位论	对一切经济活动的集聚规律都具有深刻启示
	韦伯的工业区位论	分析了集聚和分散因素，并首次提出“集聚经济”概念
	克里斯泰勒的中心地理论	指出中心地集聚现象和规模经济与运输成本之间的权衡有关
	寥什的市场区位论	提出朝着集中方向起作用的经济力以专业化和大规模生产的利益为主，最终形成区域体系
以古典区位理论为基础的空间经济研究	熊彼特的创新产业集聚论	产业集聚有助于创新，创新也有助于产业集聚，技术创新的产业集聚和增长的非同期性导致经济波动
	胡佛	将集聚经济分解为内部规模经济、局部化经济和城市化经济
	艾萨德	产业集聚能因技术、生产和分配等多方面的联系而带来大量成本节约，产生聚集经济
	缪尔达尔的循环累积因果理论	对工业在空间上的集中性增长促进整个经济增长的过程进行了深入解析
	佩鲁的增长极理论	发达地区产业集聚推动经济增长
新兴古典经济学	杨小凯和赖斯	交易效率提高、分工演进、生产和交易的地理集中度提高等因素相互促进，并导致递增的聚集效应
新经济地理学		额外增长刺激下的集聚可能导致帕累托改进，并加快创新速度

2.2 相关研究综述

2.2.1 金融集聚影响经济增长的机理研究

现有文献已经从金融集聚效应、金融扩散效应和金融基本功能三方面对金融集聚影响区域经济增长的机制原理进行了充分研究，并形成了一系列比较完整的理论体系：金融集聚论(黄解宇和杨再斌，2006)、金融资本集聚论(冉光和等，2007)、金融产业集聚论(孙兆斌，2008)和金融机构集聚论(陈铭仁，2010)。另外，刘红(2008a)、丁艺(2013)分别用LS模型和AK模型将金融集聚效应和金融扩散效应模型化，反映出金融集聚对核心区域经济的增长效应和对周边区域经济的辐射效应，进一步增强了金融集聚论的科学性。

金融集聚同时具有集聚效应和扩散效应。其中，集聚效应包括规模经济效益、网络效益、创新效益、技术进步效益、自我强化效益(黄解宇和杨再斌，2006)。

(1) 金融集聚是金融发展的趋势之一，而发达的金融系统能促进民间储蓄和投资(Rousseau & Vuthipadadorn，2005)，不仅缓解企业面临的外部融资约束(Levine，2005)，还提高投资效率(Ang，2008)；企业将获得的资金投入到生产活动中，最终促进经济增长(Bittencourt，2012)。在中国，金融发展还通过替代政府财政拨款和动员家庭储蓄来促进经济成长(Hao，2006)。

(2) 金融集聚通过提供大量有经验的专业人员、专门的机构、服务和公共产品，以及激励性的管理和政策来促进当地金融业发展，使金融机构能够发挥更大的技术效率，为实体经济提供更好的融资服务(Yee，2006；Marta等，2016)。

(3) 功能相似的金融机构集聚，激烈的市场竞争激发金融机构的市场潜力，在经验管理水平和金融产品研发上发力(Yee，2006；Ellison等，2007)，为企业提供更好的投融资服务，并降低融资成本(赵晓霞，2014)。

(4) 功能互补的金融机构集聚，有利于缩短业务联系链条，更好地相互监督和分工协作，不仅可以降低金融风险，还可节省周转资金余额(Krugman，1991)，加快资金流动，为企业提供更充足的融资保障(赵晓霞，2014)。

(5) 金融集聚有利于区域内知识溢出和信息交流(赵晓霞, 2014), 再通过知识转化为生产力, 促进集聚区域内的经济发展(王丹和叶蜀君, 2015)和产业结构升级(孙晶和李涵硕, 2012)。

(6) 金融集聚区同时也是企业集聚的区域, 而产业聚集的经济性源自金融产业的空间集中(Zheng, 2001)。产业集聚能够形成规模经济和范围经济效应(Lin, 2011; Hu 等, 2015), 节省相关成本(Lall 等, 2004), 并通过汇聚人力资源, 促进知识外溢(Ellison 等, 2007)等渠道, 提升企业的生产效率(Yang 等, 2013), 促进经济增长(Baldwin 和 Martin, 2004; Yang 等, 2015)。以上研究从投融资能力提升、技术效率提升、规模经济和范围经济、知识溢出、产业结构升级以及实体经济产业集聚方面, 对金融集聚影响实体经济成长的机理进行了深入的解释和论证。

金融扩散效应包括极化效应和涓流效应, 前者在集聚前期发挥主要作用, 后者在集聚后期占据主导。极化效应指由于工作效率和服务水平显著较高, 金融集聚区对外围地区金融资源产生虹吸效应, 使其金融业逐渐萎缩; 涓流效应指由于金融网络和服务的辐射效应, 金融集聚区逐渐带动周围地区金融业和实体经济发展(刘军等, 2007)(见图 2.4)。

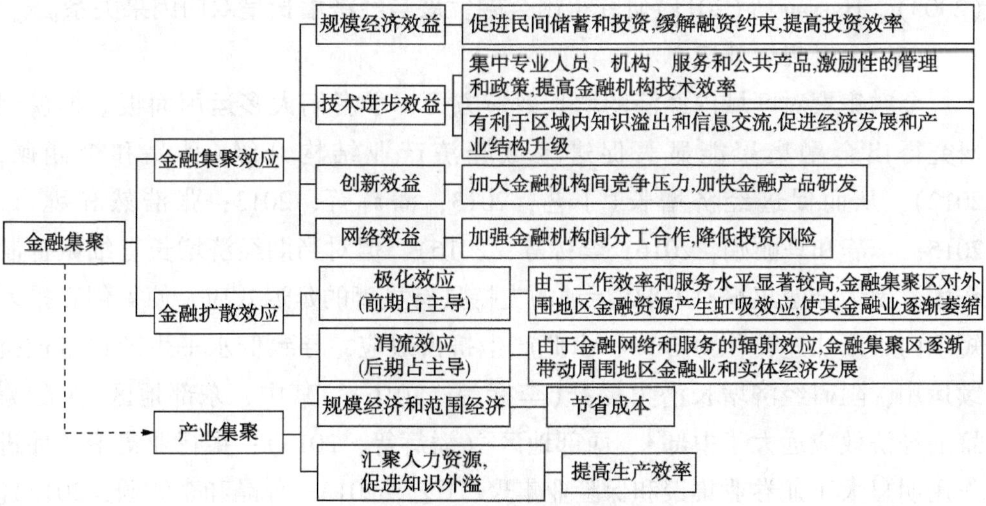

图 2.4 金融集聚对经济增长的影响机理

2.2.2 金融集聚影响经济增长的实证研究

与理论研究一致，现有文献除了从两者的相关性，还从金融集聚对区域内经济的增长效应和对邻近区域经济的辐射效应两方面进行了实证研究。

（1）金融集聚与经济增长的相关性。

金融集聚与区域经济增长的相关性研究方面，何宜庆等(2014)，颜洪平和陈平(2016)，成学真和岳松毅(2017)运用耦合协调模型分别对西北五省和中部六省金融集聚与经济发展的相关性进行了检验，发现西北五省金融集聚长期滞后于区域经济发展水平，而中部六省的耦合协调性也存在较大差异。孙武军(2013)运用格兰杰因果检验研究得出中国金融集聚是区域经济增长的引导因素。金融集聚导致区域内金融资本的汇集，而资本增加能促进经济的长期增长(Shahbaz，2017；Coskun 等，2017)，即金融发展与经济增长正相关(Hassan 等，2011；Zhang 等，2012；Narayan 等，2013)。具体而言，银行业、证券业和保险业发展均对经济增长有长期正向影响(Pradhan 等，2017b；Han 和 Cheng，2017)。Liang 和 Teng(2006)，Christopoulos 和 Tsionas(2004)分别研究得出金融发展与经济增长之间呈单向因果关系；而 Calderon 和 Liu(2003)，Hassan 等(2011)研究得出金融发展与经济增长呈双向因果关系。

（2）金融集聚效应。

金融集聚对区域内经济的增长效应方面，学者们大多运用面板数据模型研究得出金融集聚能显著促进区域经济产业结构升级(孙晶和李涵硕，2012)，从而促进经济增长(丁艺，2013；潘辉等，2013；张浩然和魏琳，2015；李静和马丽娟，2016；李标等，2016)，但对当期经济增长有细微抑制作用，因为金融集聚对 R&D 活动的支持具有显著的延迟效应，使得创新投入短期内难以快速转化为 GDP，由此产生挤占效应，导致低水平生产技术被持续运用，阻碍经济增长潜力提升(李标等，2016)。其中，东部地区①金融集聚的经济效应远大于中部②、西部地区③(潘辉等，2013)；银行业集聚的促进作用明显大于证券业集聚和保险业集聚(丁艺，2013；孙晶和李涵硕，2012)。

---

① 东部：京，津，冀，辽，沪，苏，浙，闽，鲁，粤，琼。
② 中部：晋，吉，黑，皖，赣，豫，鄂，湘。
③ 西部：蒙，桂，渝，川，黔，云，陕，甘，青，宁，新。

而在发达经济体中，相对于银行业，证券业发展更能促进经济增长(Peia 和 Roszbach，2015；Abdelhafidh，2013)；也有学者认为保险业发展对经济增长的促进作用最显著(Berkowitz 等，2014；Pradhan 等，2017a)。另外，金融集聚对区域经济增长并不总是成线性影响。张浩然和魏琳(2015)，Deltuvaite 和 Sineviciene(2014)运用面板门槛模型分别研究得出只有经济总量达到一定规模时，金融集聚才可促进区域经济增长；但这种效应并非一直持续，随着金融集聚度的提高，金融集聚的经济增长效应又呈现出先升后降的倒 U 形变化(Law 和 Singh，2014；Soedarmono 等，2016)。

(3) 金融扩散效应。

不仅对区域内经济具有增长效应，金融集聚还对邻近区域经济具有辐射效应(李红和王彦晓，2014；李宝礼和胡雪萍，2016)，可通过扩大金融规模以加速资本积累，提高金融效率以加快技术创新(孙志红和王亚青，2017)，从而提高周边地区经济的全要素生产率来促进经济增长(张浩然，2014)。但中国金融集聚的空间辐射能力有限(张浩然，2014)，且主要体现在银行业集聚，因为行政体制很大程度上制约了金融集聚辐射作用的发挥(李林等，2011)。银行业集聚和保险业集聚是促进经济增长的重要因素，而证券业由于发展处于初级阶段，其经济杠杆作用尚未充分发挥(黄德春和徐慎晖，2016)。在对长三角地区的研究中，李静霞和丁艺(2009)运用格兰杰因果检验研究得出上海金融集聚不仅对上海的经济起到了很大促进作用，且其银行业和证券业发展还对整个长三角地区起到了明显辐射作用，但江苏和浙江对上海金融发展的集聚作用不显著。在对京津冀地区的研究中，陆军和徐杰(2013)也运用格兰杰因果检验研究得出北京金融集聚对京津冀地区经济增长均有正向影响，但对天津、河北的集聚效应大于辐射效应，引致周边地区资本、资源向北京汇聚，加剧京冀经济发展的不平衡，且在银行业表现突出。徐晓光(2015)对深圳的研究结果显示保险业集聚对经济转型的促进效应最显著，银行业最不显著。

(4) 金融集聚对企业成长的影响。

市场经济体系的基本单位是企业。杨志群(2013)运用多层线性模型(HLM)研究发现金融集聚通过提升区域金融发展水平推动区域内企业的技术创新，其中，银行业集聚和证券业集聚促进金融市场化，银行业集聚和保险业集聚促进金融业竞争。且银行业质量提升有利于激发企业活动，从而促进经济增长（Han 和 Cheng，2017）。孙刚（2015）运用面板数据模型研究发现股权市场空间集聚能够显著促进区域内企业创新投入及其效率，对高融资需求、高科技含量行业的民营企业尤其明显，而信贷市场空间集聚对企业创新投入起到抑制作用，由于传统金融机构的风险规避特征及金融生态环境的扭曲扼杀了企业家创新投入积极性。但是，并不是所有企业都能同等享受金融集聚的增长效应。由于信息不对称、金融系统不健全、手续费和利率较高、申请程序复杂和附带要求苛刻等原因，中小企业很难享受银行信贷等外源性融资（Beck 和 Demirguc-Kunt，2006），而民营中小企业的融资约束更加明显，资金短缺阻碍了企业成长（Yao，2016），因此非正规金融对小微企业的促进作用更显著（Beck 等，2014）。张玄等（2016）运用面板数据模型研究得出金融集聚对制造业上市民营企业成长存在正向影响，但该促进作用主要体现在生产投资而非研发投入上。以上研究通过发现不同规模或不同所有制企业在融资方面的差异，为金融集聚的经济增长效应研究提出了新的方向：金融集聚对区域民营经济成长的影响。

实证研究大多用耦合协调模型或格兰杰因果检验研究金融集聚与经济增长的相关性；用面板数据模型研究金融集聚对区域经济的增长效应；由于金融集聚是空间现象，因此在对金融集聚和经济增长指标进行空间相关性检验的基础上，用空间效应模型检验金融集聚对核心区域的经济增长效应和周围区域的经济辐射效应；而后者还可用格兰杰因果检验或 VAR 模型来检验。通过对整体和分行业、区域样本的分析，实证结果大致符合金融集聚促进区域经济增长的理论，但也表现出一定的异质性：银行业集聚的经济增长效应最大，且东部地区金融集聚的经济增长效应最显著。有些与之相异的结论可能是受到样本量或区域差异等不确定性因素的影响。

2.2.3 相关研究述评

综上所述，国内外文献对于金融集聚与经济增长/企业成长之间的关系已经进行了深入研究，也为今后相关题目的研究提供了有价值的理论基础和实证经验。由于现有年鉴及各种资料都未将中国民营经济的统计数据完整系统列出来，所以专门研究金融集聚对于区域民营经济成长影响的文献凤毛麟角。

作为国民经济的重要组成部分，民营经济是否能从金融中心建设中受益，如何能取得更好的发展关系到社会就业、财政收入、固定资产投资和对外贸易增长，生产技术创新，产业结构优化，产权制度改革和市场繁荣等多方面因素，因此，研究金融集聚对民营经济成长的影响具有一定的现实必要性。未来的研究可从以下几个方面展开：

（1）由于实体经济的主力军是民营企业，因此可借鉴金融集聚与经济增长关系的理论框架，结合民营经济的特点进行改进，构建金融集聚与民营经济成长的关系原理。特别地，现有理论分析大多是关于金融集聚对经济增长的单向影响，由于金融发展与经济增长相辅相成，因此有必要对金融集聚与区域民营经济成长的双向影响进行完善。

（2）金融集聚和民营经济成长关系的研究对象需要探讨。现有文献中金融集聚变量选择方式众多，需在分析各种方式的利弊的基础上尝试建立一个比较科学的指标体系。另外，现有年鉴及各种资料都未将中国民营经济总产值单独列出来，国内缺乏对民营企业/民营经济的连续性统计数据，能查到的《中国改革开放 30 年民营经济发展数据》和《中国民营经济发展报告》(2003—2015)中，对民营经济的统计口径不一致，且统计数据不连续，给民营经济的实证检验带来了很大困难。现有研究中民营经济的统计数据，或者选择中国 A 股上市民营企业数据来替代，或者选择“个体和私营企业数据之和”“全部企业数据与国有及国有控股企业数据之差”来替代，且后者还受制于调查数据的可获得性而只能选择“规模及规模以上企业”或“工业和建筑业企业之和”，均与民营企业的外延出入较大，严格来说并不能反映民营经济的真实情况。实证研究民营经济的文献极少正是由于相关数据缺乏，因此，选择民营经济成长的替代变量有助于推动这一领域的研究。

（3）金融集聚与区域民营经济成长关系的研究内容需要挖掘。可以借鉴现有文献中对实体经济增长的研究内容，从经济增长规模、经济增长动力(生产效率)和经济增长结构等方面进行研究，力图全方位、多角度地分析金融集聚对民营经济成长的影响。

（4）金融集聚与区域民营经济成长关系的研究视角需要拓展。除了金融、管理学和产业经济学、区域经济学外，该研究还涉及空间经济学、金融地理学等学科，需要综合运用多学科内容，对其进行全面研究。

2.3 实践经验借鉴

金融集聚的结果是形成区域或国际金融中心。而民营经济是具有中国特色的一种经济概念和经济形式，在其他国家和地区，与之相对应的大概是中小企业。因此，本章所总结的是金融中心支持中小企业成长的国际经验。

2.3.1 美国经验借鉴

作为世界性金融中心，美国纽约对中小企业融资的金融体系比较成熟和市场化。政府作为公共服务型机构，不对中小企业直接注资，而是鼓励、支持和督促金融机构向中小企业融资。纽约主要通过两条途径解决中小企业融资问题：小企业管理局(Small Business Administration，SBA)体系下的融资系统和达斯达克股票市场(National Association of Securities Dealers Automated Quotations，NASDAQ)及场外柜台交易系统(Over the Counter Bulletin Board，OTCBB)、粉单交易市场(Pink Sheet Exchange)等场外交易市场。

SBA是依据美国《小企业法案》设立的独立永久性的联邦政府机构，职责包括制定宏观经济政策，引导民间资本向中小企业汇集，从而推动中小企业发展。具体方式有：

(1) 提供融资担保，促进商业银行发放贷款。首先由银行及信贷机构向SBA申请作为协作银行，并由SBA批准申请及给予授信额度；银行在额度内自行决定担保贷款，并将收取的担保费上缴SBA。担保比例、期限以及担保金额上下限根据中小企业性质而定。

(2) 设立金融投资公司，包括中小企业投资公司(Small Business Investment Company，SBIC)与风险投资公司(Venture Capital Company，VCC)。SBIC是为中小企业提供融资服务的创业投资公司，由私人所有和经营，但由SBA特许、资助、控制和监督，具有公私合作性质。实际是在美国政府资助下，利用私人金融机构来促进中小企业发展。VCC对预期创新并可能产生高收益的中小企业提供贷款或投资，以促进其科技创新。

(3) 提供政府资助，包括：由SBA向有较强技术创新能力，发展前景较好的中小企业发放的直接贷款，该贷款利率低于同期市场利率，且最高限额为 15 万元；SBA 向受自然灾害影响的中小企业提供的贷款；政府向中小企业提供的创新研究资助。

（4）建立“天使资本”电子网络（Angel Capital Electronic Network，ACE-net），引导民间资本流向中小企业。该网络向规模在 25 万到 500 万美元间的股权投资企业提供基于互联网的安全列表服务。天使投资者可以直接与列表中的企业谈判，节省了投资双方的信息搜寻成本，便于中小企业快速融资。

（5）NASDAQ 财务要求比较低，但公司治理标准和全国市场一样，为有潜力的中小企业提供了一个良好的资本市场融资平台。其存在的基础是美国高度发达的金融市场，是纽约中小企业融资金融体系中最典型的特点之一。NASDAQ 摘牌公司需退至 OTCBB 报价交易，而 OTCBB 摘牌公司需退至 Pink Sheets 报价交易（刘慕伟，2005）。

2.3.2　日本经验借鉴

同样为国际金融中心，但东京的资金聚集和渠道机制的市场化程度还不是很高，政府对中小企业融资的金融扶持力度较大。日本构建了专门的中小企业融资体系（见图 2.5），并以立法形式来实施。

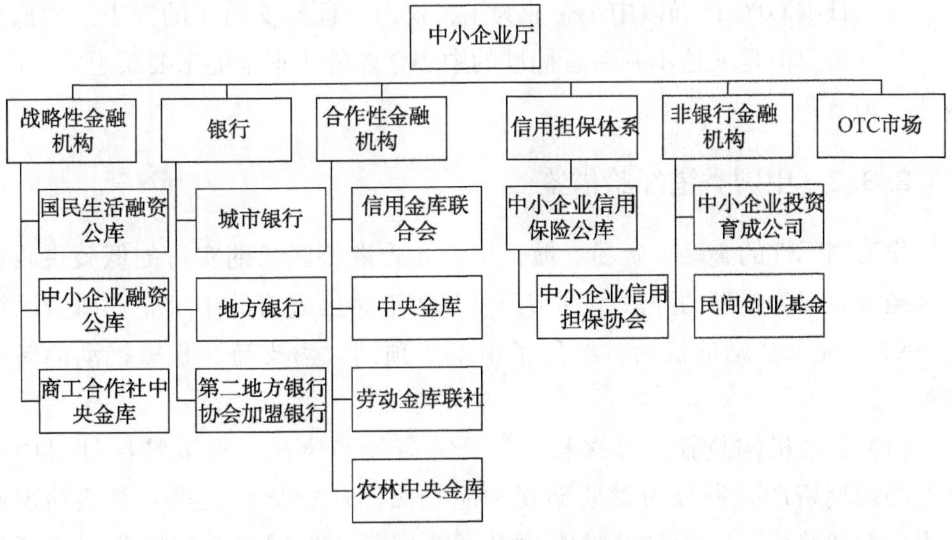

图 2.5　日本中小企业融资体系

（1）政策性金融机构为中小企业提供低成本长期资金，资金来源于财政拨款或财政担保发债。

(2) 随着大型企业筹资方式由银行信贷向资本融资的逐步转向，城市银行开始积极开拓中小企业融资市场。鉴于信息对称且组织结构简单高效等优势，地方银行的融资对象多为当地中小企业。而第二地方银行协会加盟银行与地方银行的功能相似。

(3) 合作性金融机构是以会员或合作社社员相互扶助为基本理念的非营利性法人，目的在于为中小企业、零售企业、农林渔业从业者提供融资。这类机构可整合小微金融机构，以加强资金供给调节功能，能有效运用剩余资金，补充并增强所属下级机构的业务能力。

(4) 中小企业信用保险公库由政府及地方公共团体共同出资建立，而中小企业信用担保协会由政府出资设立。信用担保协会为约 70%的中小企业融资提供了担保，而信用保险金库为信用担保协会提供了约 60%的再担保。

(5) 中小企业投资育成公司由政府、地方公共团体及民间企业和金融机构共同出资，或有助于优化产业结构，或有助于加强产业国际竞争力的中小企业进行股份投资，并提供经营管理和技术指导。金融机构参与创业基金市场的目的在于与具有巨大发展潜力的创业企业建立并维持交易关系。

(6) 日本 OTC 市场以中小企业为主，比东京证券交易所的上市条件低得多，是有实力但是又达不到后者标准的中小企业筹集资金的重要渠道之一(刘慕伟，2005)。

2.3.3 中国香港经验借鉴

作为国际性的金融、贸易、航运中心，香港特区长期实行的低关税政策使其经济表现为典型的开放型都市经济。香港特区政府的中小企业融资政策在 1997 年亚洲金融危机后，经历了由不干预到大力支持、积极推动的转变过程。

(1) 金融机构贷款产品多样，资产融资特点突出。香港特区针对中小企业的短期资产融资分为发票贴现和应收账循环贷款两大类。发票贴现通过出售发票将应收账款转让给金融公司或银行来取得资金；应收账循环贷款将所有的应收账一次性抵押给金融机构，且金融机构向客户提供一定比例的资金。短期资产融资优势在于客户无须限制于传统银行或财务机构提供硬性信用状况或透支服务，每当客户的销售额上升，客户所能套取的资金也会相应增加。

(2) 香港特区创业板市场与主板市场具有同等地位，但在上市条件、交易方式、监管方法和内容上都与之有较大差别，为具有高成长性的中小企业提供上市融资便利，为投资于这些高风险、高收益企业的风险资本提供正常的退出渠道，以提高这类资本的市场流动性。

(3) 政府对中小企业实施优惠的金融政策，包括：①香港出口信用保险局的中小企业无抵押出口融资计划，旨在解决中小企业出口过程中因未能收到海外买家款项而出现的流动资产问题；②中小企业资助计划主要通过四类基金来支援香港的中小企业，包括中小企业信贷保证计划、中小企业市场推广基金、中小企业培训基金和中小企业发展支援基金；③中小企业科技创新融资计划，包括应用研究基金、小型企业研究资助计划以及大学与产业合作计划，均由创新科技署管理，且后两项完全免费(刘慕伟，2005)。

纽约、东京和中国香港分别代表了不同经济模式对中小企业融资问题的解决方式。由于中小企业在市场竞争中所体现出来的共性，比如实力较弱，三大典型国际金融中心的融资体系有许多共同之处，比如政府财政金融政策支持、金融业务创新、建立针对优质中小企业的二板市场。同时，基于各自不同的经济背景和发展状况，三个体系又各具特色，对中国内地金融集聚解决中小型民营企业融资难问题有一定的借鉴意义。

2.4　本章小结

本章在借鉴经济增长理论、金融发展理论、产业集聚理论的基础上，对研究金融集聚与经济增长，金融集聚与企业成长等方面的国内外文献进行了梳理，对纽约、东京和中国香港三个国际金融中心支持中小企业成长的融资体系进行了全面归纳总结，旨在为研究金融集聚与民营经济成长的关系原理提供理论基础，为实证研究金融集聚通过集聚效应和扩散效应对区域民营经济成长的影响提供实践参考，为设计金融集聚促进区域民营经济成长的协同机制提供经验借鉴。

第3章　金融集聚与民营经济成长的理论框架

要全面分析金融集聚与民营经济成长之间的关系，不仅需厘清金融集聚、民营经济相关概念的内涵，还需分析金融集聚与民营经济成长之间的影响机理。本章将在对金融集聚、民营经济进行概念界定及对其特征、动因等进行分析的基础上，阐述金融集聚与民营经济成长之间的关系原理，并探讨金融集聚度和民营经济成长水平的测度指标选择。

3.1　金融集聚与民营经济成长的概念界定

3.1.1　金融集聚的概念界定

(1) 金融集聚的内涵。

金融集聚(financial agglomeration)的概念源自产业集聚(industrial agglomeration)。产业集聚是指同一产业在某个特定地理区域内高度集中，产业资本要素在空间范围内不断汇聚的一个过程。同样，金融业在特定区域内集中，金融资本在空间范围内汇聚的过程即是金融集聚，包括金融机构、金融人才及金融资本等的汇聚。金融集聚的结果即是形成金融中心。而学者们对于金融集聚的定义都可以归纳为动态和静态两个方面，也可以理解为过程和状态/结果两层面内涵。黄解宇和杨再斌(2006)，冉光和等(2007)和刘红(2008)将金融集聚定义为金融资源与地理条件协调、配置、组合的时空动态变化，金融产业成长、发展，进而在一定地域空间生成金融地域密集系统的变化过程；金融运动的地域选择和落实、金融效率的空间调整和提高的过程，以及经过动态过程，达到一定规模和密集程度的金融产品、工具、机构、制度、法规、政策文化在一定地域空间有机组合的现象和状态。陈铭仁(2010)，高朋(2013)将金融集聚解释为金融资源在特定条件下向具有一定自然、经济和社会禀赋优势的某些特定区域空间集中，进而形成一定规模和集中度的金融市场和金融机构的有机过程，以及金融机构集中在某些特定的区域，使得这些区域内的金融机构达到一定规模和集中度的现象。丁艺(2013)、谭朵朵(2012)和杨志群(2013)指出金融集聚是金融资源、金融系统及其机构、功能、规模、层次在时间和空间上的有序演变，金融资源与区域地理环境、经济环境和其他产业相互影响、相互促进的产业发展过程，以及经过该产业发展过程所形成的结果。简言之，金融集聚是指金融监管部门、金融企业和金融中介等机构在地域上向一定区域集中，并与其他行业机构存在密切联系的特殊产业集聚结构(见表 3.1)。

表 3.1　关于金融集聚的定义

<table>
<tr><th>作者</th><th>年份</th><th>层面</th><th>金融集聚的概念</th></tr>
<tr><td>黄解宇，杨再斌</td><td>2006</td><td rowspan="2">动态</td><td rowspan="2">金融资源与外部条件配置，金融产业和金融活动在一定区域集中导致金融效率提升的动态过程</td></tr>
<tr><td rowspan="2">冉光和等</td><td rowspan="2">2007</td></tr>
<tr><td rowspan="2">静态</td><td rowspan="2">达到一定规模和集中度的金融要素在该区域内汇聚并结合的状态</td></tr>
<tr><td>刘红</td><td>2008</td></tr>
<tr><td>陈铭仁</td><td>2010</td><td>动态</td><td>金融资源在一定因素下向某一区域集中，从而形成一定规模和集中度的金融市场的过程</td></tr>
<tr><td>高朋</td><td>2013</td><td>静态</td><td>金融资源在一定因素下向某一区域集中，从而形成一定规模和集中度的金融市场的现象</td></tr>
<tr><td>谭朵朵</td><td>2012</td><td rowspan="2">动态</td><td rowspan="2">金融资源规模和金融系统功能的有序演变，金融资源与外部环境和产业相互影响和促进的过程</td></tr>
<tr><td rowspan="2">丁艺</td><td rowspan="2">2013</td></tr>
<tr><td rowspan="2">静态</td><td rowspan="2">经过以上产业发展过程所形成的结果</td></tr>
<tr><td>杨志群</td><td>2013</td></tr>
</table>

(2) 金融集聚的特征和效应 。

作为特殊的产业集聚，金融集聚具有自身特点：空间地域性、动态成长性、差异层次性、复合多样性、递进效应、关联互助性等。

1) 空间地域性是指金融集聚反映出金融空间地域运动规律，体现出金融集聚空间上的位置确定和范围扩展以及空间序列上的关联和协调。

2) 动态成长性指金融集聚是金融产业在量和质两方面双重成长的动态过

程，且都体现出金融集聚时间上的传承与深化。量的增加表现为金融组织体系多元化基础上的经营规模、业务种类、服务领域等方面的增长，以及由此导致的金融资产总量的变化；质的发展是指市场机制作用下的金融组织体系运行效率的改善。

3）差异层次性是指金融集聚的分析可分为微观、中观和宏观三个层次。微观层次，金融集聚体现了金融资源集中与聚合的区域分布格局，强调区域内金融产业的关联度；中观层次，金融集聚体现了金融资源集中与聚合的国家分布格局，强调国家内金融产业的关联度；宏观层次，金融集聚体现了金融资源集中与聚合的国际分布格局，强调国际社会内金融产业的关联度。刘红(2008)则从另一个角度阐释了金融集聚分析的三个层面：城市内、城市间和国家地区间。在城市内，金融资源流动以金融产业园区或 CBD 等金融集聚区为中心完成，通过金融企业对客户、资本、金融产品、人才等要素的凝聚，或者资源流失进行；城市间，以金融中心为核心的金融资源流动通过金融中心的集聚和扩散效应，产生资本、金融人才、金融机构的凝聚或者向其他地区转移、流失；宏观层面是金融资源向一个国家、地区的凝聚或者从该国家向外部发散，导致金融资源在不同国家的配置及国际金融中心的演替。

4）复合多样性即金融集聚生成因素复杂多样；金融集聚本身是多类型、多层次金融资源的有机结合；金融集聚的过程同时也是其他产业与金融产业复合成长的过程。

5）递进效应是指金融集聚由低层次向高水平方向发展，即由金融支点、金融增长极再向金融中心演进。

6）关联互助性是指金融集聚不是金融产业孤立的产物，而是与其他产业共同发展，共同促进(黄解宇和杨再斌，2006；冉光和等，2007；刘红，2008；陈铭仁，2010；谭朵朵，2012；高朋，2013)。

金融集聚通过集聚效应、扩散效应以及金融功能对实体经济产生影响。金融集聚效应包括外部规模经济效益、网络效益、创新效益、技术进步效益、自我强化效益(见图 3. 1)。

1）外部规模经济效益是指金融集聚能节约周转资金余额，提供融资和投资便利(Krugman，1991)；提高市场流动性，降低融资成本和投资风险；金融机构的合作得以开展，其辅助性产业得以共享。

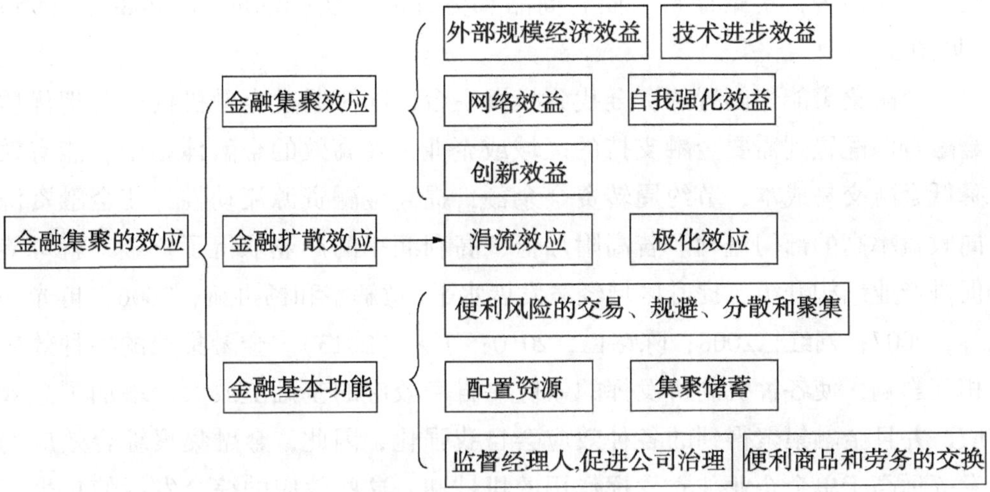

图 3.1　金融集聚的效应

2）网络效益包括由于金融集聚区的网络结构降低交易费用形成的额外收益和网络协作给区域内企业带来的额外收益。

3）创新效益指由于金融集聚区创新系统高效，引起金融集聚区技术进步和扩散速度高于其他地区的额外收益。

4）金融集聚可通过加快技术进步和扩散速度创造经济效益：金融集聚区往往是知识中心、技术中心，创新资源丰富，形成了有利于创新的区域环境；金融集聚区内竞争压力大，迫使金融企业加快金融产品开发（Yee，2006；Ellison 等，2007）；围绕核心金融产业的辅助金融产业完善，可以加快新产品科研速度和科技成果转化效率（刘军等，2007）。

以上效益均具有自我强化作用，且还可相互催化。

金融扩散效应包括极化效应和消流效应。在金融集聚前期，极化效应主要发生作用，即金融核心区高效率金融企业或服务提供商同外围地区较低效率的金融企业或服务提供商竞争，使外围地区金融业逐渐萎缩；随着金融集聚发展成熟，消流效应逐渐占据主导，即金融集聚核心区向周围地区设立金融分支机构和网络或向周围地区进行投资增加等途径来带动外围地区金融和实体经济的发展（刘军等，2007）。

金融集聚作为金融产业集群，还可通过金融的基本功能来促进实体经济增长，包括便利风险的交易、规避、分散和聚集；配置资源；监督经理人，促进公司治理；集聚储蓄；便利商品和劳务的交换(Merton 和 Bodie，1995)(见图 3.1)。

金融集聚能使闲置的资金找到投资平台，同时通过金融机构整合把优质金融资源配置到需要金融支持的区域或企业，在高效的金融体系中，能有效降低金融交易成本，节约周转资金余额，提高金融资源流动性，使金融资源向收益率高的部门流动。若高附加值、高利润率的产业取得了资金，就可能促进产业结构升级，提升区域经济发展水平(黄解宇和杨再斌，2006；冉光和等，2007；刘红，2008；陈铭仁，2010；丁艺，2013)。金融集聚的各种效应相互影响，使各种机制所发挥的效应在自身效应的基础上放大，增加了总效应，并且金融集聚得到的各种效应会自我强化，因此，金融集聚综合效应的发挥远高于单个企业独立发挥作用的机械和。这些效应的综合发挥使集聚区金融机构和企业的整体经营成本下降，同时产生规模报酬递增，最终提升区域实体经济的竞争力和创新能力，促进区域经济增长(任淑霞，2011)。尤其是在欠发达国家，金融机构集聚对经济的促进作用比金融市场更加有效，但是该集聚作用有一个临界值，超过此临界值反而会阻碍经济发展(Gambacorta 等，2014；Beck 等，2014)。

(3) 金融集聚的动因和机制。

金融集聚的形成是多种动因综合作用的结果。黄解宇和杨再斌(2006)、冉光和等(2007)指出，金融集聚作为产业集聚的伴随物，随着产业集聚的形成而发展：产业集聚需要金融集聚满足其资本需求，提高其要素生产力；并且，跨国银行追随客户战略导致金融集聚伴随产业集聚。集聚的空间外在性是金融集聚形成的基础。此外，金融成长至高级阶段成为经济主导与核心，不对称信息与默示信息和金融规模经济均促使金融集聚的形成，而金融本身的高流动性加速了金融集聚。丁艺(2013)指出实现自身利润的最大化是金融集聚的主要动因。金融集聚是金融产品复合化趋势的产物，金融功能演化扩展的需求和金融产业演化高级阶段的需求。陈铭仁(2010)则从经济发展决定论、规模经济论、空间集聚外在性和区位决定论角度分析了金融集聚形成动因，此外，金融集聚还能在一定程度上消除金融市场的不确定性。

金融集聚的形成演化过程可以分为两种模式：市场主导型和政府主导型。前者是凭借资源禀赋和高度开放的金融市场所形成的，能够自发带动金融机构和企业的地域运动而产生的集聚；后者是政府通过运用国家行政手段，发挥政策优势，按照政府制定的发展模式，促进金融产业的集聚。

1) 市场主导型金融集聚的运行演化机理为：经济的迅速发展对金融业提出新的要求，特定区域内金融机构数量增多，服务功能不断扩充和完善，金融市场不断扩大，金融政策和相应的规章制度随之调整，从而形成金融中心。从目标任务上看，市场主导型与经济发展相伴随，是需求引致，因此又叫作“需求反应机制”，香港和伦敦属于典型代表。

2) 政府主导型金融集聚的运行演化机理为：政府对经济发展的战略模式进行空间布局，制定相关的产业政策，并按照一定的标准对相关城市进行评估，评选出最具集聚潜力的城市，然后对它们给予政策支持，对金融企业的投资方向进行规划设计与引导，从而形成金融中心。从目标任务上看，政府主导型是带动经济和金融发展，是供给领先，因此又叫作“供给引导机制”（冉光和等，2007；宗晓武，2008；谭朵朵，2012），上海、北京和深圳都是其典型代表。获得相关政策信息的便利性是发展金融中心的核心因素之一（Zhao 等，2004），政府政策通过改变投资动机直接地，并通过改变建立金融机构的动机间接地影响地区金融发展（Levine，1990；Chen 和 Chen，2014）。

无论是哪种金融集聚形式，都需要内外条件的支持。外生条件包括政府的政策支持、稳定的政治经济环境基础、完善的基础设施、便利的地理区位条件、良好的市场机制、有利的人力资源基础、较高的实体经济和虚拟经济发展水平。内生条件包括行业竞争、技术创新、知识溢出，以及较好的金融业发展现状（谭朵朵，2012；宗晓武，2008；丁艺，2013）。

3.1.2　民营经济的概念界定

（1）民营经济的内涵。

“民营经济”是一个具有中国特色的经济概念和经济范畴。广义的民营经济是对除国有和国有控股企业以外的多种所有制经济的统称，包括个体工商户、私营经济、集体企业、港澳台投资企业和外商投资企业。狭义的民营经济则不包括港澳台投资企业和外商投资企业（李国荣和彭松建，2008）。

根据不同的内涵，民营经济的外延划分大体有三种：

1）窄范围：相对于公有制经济角度，将民营经济等同于非公有制经济，范围包括个体经济与私营经济等；

2）中范围：把民营经济与国有国营经济相对应，包括个体经济、私营经济、集体经济、混合所有的民营经济和国有民营经济；

3）宽范围：民营经济包括除国有及国有控股企业之外的所有企业，与中范围相比，还包括外资经济。

从广义上讲，目前中国民营经济大体上包括国有民营经济、集体所有制经济、个体经济、私营经济、外商和港澳台经济、混合所有民营经济、民营科技企业（见图 3.2）。其中，“民有民营”包括集体经济、个体经济、私营经济、外资经济（李国荣和彭松建，2008；张远秀，2003）。

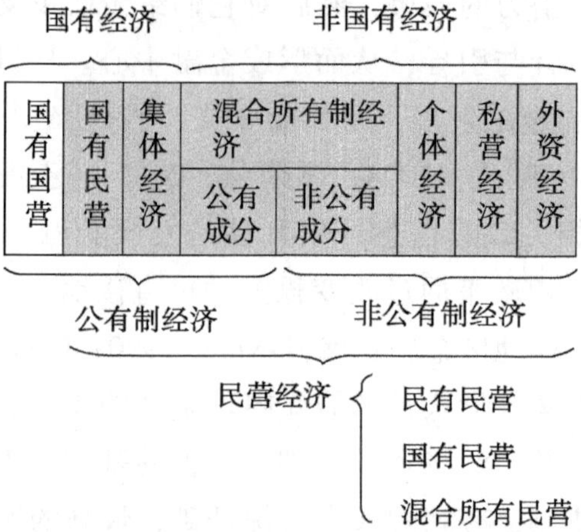

图 3.2　民营经济范畴

（2）民营经济的特征和功能。

根据民营经济是非国有国营经济的定义，民营经济具有如下特征：

1）民营经济是民间投资建立和民间经营的经济，以盈利为目的。这有利于企业产权多元化和产权明晰，从而有利于政企分开、所有权与经营权分离，能够充分调动所有者、经营者和广大职工的积极性。个体私营经济，不仅不需要国家投资，而且筹集了巨额资本投入到生产经营中，大大丰富了产品的数量，提升了质量，以此促进市场繁荣，提高人民生活水平和生活质量。随着民营经济的发展，民间投资已成为社会投资的重要来源，有力地带动了社会投资增长，并促进国民经济的快速增长。国资、民资和外资成为拉动国民经济增长的三驾马车。而民营经济也为国家提供了大量税收，且增速较快。

2）民营经济相对分散、规模小、易吸纳劳动力的特点，有利于增加社会就业。中国人口众多，就业矛盾十分突出。主要有几个方面：国有企业改制需要分离大量冗员，而市场竞争导致的企业减产、转产、停产甚至破产引发事业人员大量下岗；产业结构升级导致劳动力结构的调整，国有经济的劳动力吸纳率下降；农业现代化和农业经济结构调整导致大量农村剩余劳动力需要转移。另外，中国每年还新增1000多万就业劳动力。民营经济在快速发展过程中，形成了巨大的劳动力需求，为缓解就业压力提供了空间，是吸纳下岗人员、农村过剩劳动力和城镇新增劳动力的主要渠道，原因如下：民营经济发展速度很快，是国民经济中最具活力的部分；民营经济的主体产业是第三产业，就业弹性最大；民营经济经营机制灵活，就业形式多样，就业渠道多元，有利于吸引劳动力。

3）民营经济与市场经济高度结合。民营经济的运行机制最接近于市场经济的运作机制，价值规律、供求规律、竞争规律在民营经济中体现得最充分，因而民营经济对国有经济的改革具有一定的借鉴作用。民营经济的发展过程中，培养和造就了能够适应市场经济规律运作的经营、管理人才，而且通过“压力效应”“示范效应”“补偿效应”“接盘效应”和“互补效应”推动国有经济改革。

此外，民营经济的发展还调整并优化了中国的产业结构。一国经济发展重点或产业结构重心由第一产业向第二产业和第三产业逐次转移的过程，标志着一国经济发展水平的高低和发展阶段、方向。民营经济改变了中国第三产业严重滞后的状态（李国荣和彭松建，2008）。

（3）民营经济成长的影响因素。

在发展经济学中，经济发展（即经济成长）通常指一个国家或地区国民经济量的增长、经济结构的优化和质量的提升。同样，民营经济成长也包含了民营经济总量的增长、结构的优化和质量的提升。

民营经济成长是多种因素共同作用的结果，而这些因素按照发生作用的机制，大致可以分为两类：外部因素和内部因素。外部因素包括制度环境、融资制度、政府行为、国内外经济形势与政策风险、非政府组织、区域文化等；内部因素包括创新机制、信用水平、企业家精神、公司治理与管理机制、企业文化等（许高峰和杨名，2010）（见图 3.3）。

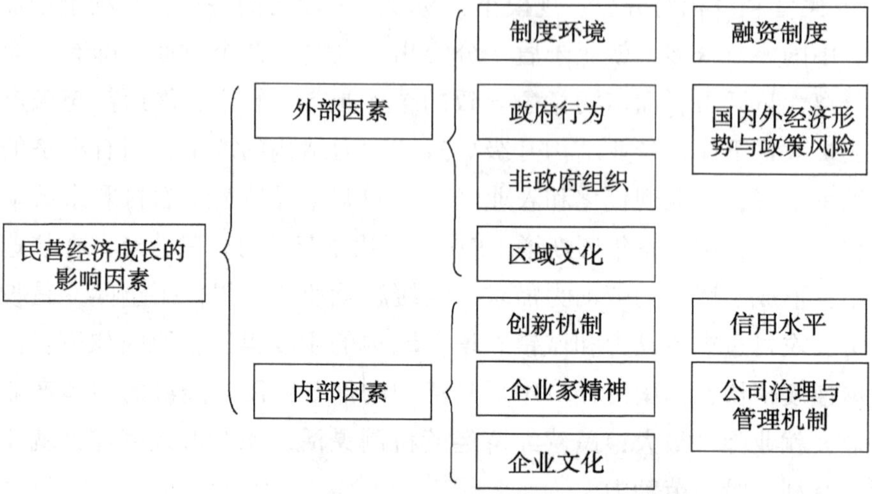

图 3.3　民营经济成长的影响因素(按作用机制划分)

民营经济的微观组成单位是民营企业。在企业发展的不同阶段，不同的内在因素决定民营企业的成长。在创业期，社会关系资本投入、R&D 投入、企业有力的激励机制和企业家创新精神影响民营企业成长；在成长期，影响因素有 R&D 投入、企业有力的激励机制、企业家寻租活动和企业文化凝聚力；在成熟期，影响因素有 R&D 投入、企业有力的激励机制、企业家冒险精神和企业家寻租活动，以及人力资本投入、企业家创新精神(徐忠伟，2005)(见表 3.2)。中国民营企业成长还主要依赖于民间金融的发展(Tsai，2001)。

表 3.2　民营企业成长的内在影响因素(按企业生命周期划分)

<table>
<tr><th>创业期</th><th>成长期</th><th>成熟期</th></tr>
<tr><td colspan="3">R&D 投入</td></tr>
<tr><td colspan="3">企业有力的激励机制</td></tr>
<tr><td>企业家创新精神</td><td></td><td>企业家创新精神</td></tr>
<tr><td></td><td colspan="2">企业家寻租活动</td></tr>
<tr><td>社会关系资本投入</td><td colspan="2"></td></tr>
<tr><td></td><td>企业文化凝聚力</td><td></td></tr>
<tr><td colspan="2"></td><td>企业家冒险精神</td></tr>
<tr><td colspan="2"></td><td>人力资本投入</td></tr>
</table>

3.2　金融集聚与民营经济成长的关系原理

改革开放以来，国有经济的状况不甚理想，这与国有企业制度的根本性缺陷及国有经济规模过大和布局不合理有关。一方面，国有企业不仅产权不明、政企不分，还往往存在“内部人控制”局面，管理层行为短期化；另一方面，国有经济几乎无所不包，涉及许多不适于由政府经营的领域，因而普遍效率不高，甚至出现大面积的亏损(吴敬琏，2016)。与之相反，民营经济以盈利为目的，有利于企业产权多元化和产权明晰，从而有利于政企分开、所有权与经营权分离，能够充分调动所有者、经营者和广大职工的积极性。并且，民营经济与市场经济高度结合，其运行机制最接近于市场经济的运作机制，充分体现出价值规律、供求规律和竞争规律(李国荣和彭建松，2008)。虽然民营经济有相对分散、规模较小等劣势，但表现出比国有经济更大的活力和更高的收益率。金融集聚能使闲置的资金找到投资平台，同时通过金融机构整合把优质金融资源配置到需要金融支持的区域或企业，在高效的金融体系中，能有效降低金融交易成本，节约周转资金余额，提高金融资源流动性，使金融资源向收益率高的部门流动(黄解宇和杨再斌，2006)。由于民营经济的活力和较高收益率，定会受益于金融集聚的资源配置。虽然政府干预可能导致民营经济部门金融资源错配，对民营部门所获金融资源形成一定“挤出效应”(邢志平，2016)，但仅限于民营企业融资增速放缓。整体而言，民营企业融资额呈上升趋势(王钦敏，2016)，使得民营经济持续增长。因此，可以说，金融集聚会同时促进国有经济和民营经济成长，只是增速有别而已。由于是理论分析，下文仅讨论理想状态下，金融集聚和民营经济成长间的相互影响。

3.2.1　金融基本功能影响民营经济成长

金融集聚是金融产业的集聚，包括金融机构、金融人才及金融资本的聚集。莱文(Levine)指出金融业具有五个基本功能：便利风险的交易、规避、分散和集聚；配置资源；监督经理人，促进公司治理；集聚储蓄；便利商品与劳务的交换。每种功能都能通过促进民营企业资本积累和技术创新，来影响民营经济成长。

(1) 金融体系为民营企业提供了跨期、跨国界以及跨行业转移经济资源的方式。如果没有从投资者那里筹集风险投资的能力，很多民营企业可能无法开办。而金融体系能够高效地将资金从相对较低收益的用途转移到有发展潜力却缺乏资金的民营企业，有利于民营经济的成长。

(2) 金融体系为民营企业提供了管理和转移风险的能力。比如，保险可将民营企业的风险转移给为换取某种回报而愿意偿付索赔，承担风险的投资者；而期货、期权等衍生金融工具的功能类似，为民营企业的商业冒险降低了风险，有利于民营企业开拓创新，从而促进民营经济成长。

(3) 金融体系提供清算支付和结算支付的方式，为民营企业的商品、服务及资产交换提供了便利。作为替代纸币的支付手段，支票、信用卡和电子汇款方式的发展使民营企业的跨国、跨行业交易提高了效率，有利于民营经济成长。

(4) 金融体系提供了一种机制，归集资金开办规模巨大且无法分拆的企业，或者将大型企业的股份在众多所有者之间进行细分。比如，众筹为个人创办民营企业提供了可能，上市为民营企业获得大量资金提供了可能。资金的获得为民营企业的创办和发展提供了可能，从而促进民营经济成长。

(5) 金融体系可以提供有助于在不同经济部门中协调分散性决策的价格信息。在投资项目选址和融资安排的过程中，资产价格和利率为民营企业管理者提供了关键信息，而预期不需在金融市场进行交易的企业管理者，也可利用这些信息为决策提供参考。丰富及时的市场信息为民营企业管理者提供了决策参考，有利于民营企业的发展和民营经济的成长。

(6) 金融体系为解决民营企业归集资金、风险分担和专业化管理方面的道德风险、逆向选择和委托—代理问题提供了便利。比如，贷款抵押意味着给予贷款者在违约发生时获得特定企业资产的权利，这可以减少和信贷相关联的激励问题；管理者的薪酬依赖于该企业股票市场价值的表现，那么管理者和股东的利益可更加一致，这样可以减轻委托—代理问题。以上机制为民营企业筹资和运营管理提供了保障，有利于民营经济成长(博迪等，2010)。

金融产业具备调动资本流动性的能力：将凝固的、闲散的资产变现为具有流动性资本的能力；使流动性资本具有在不同使用主体之间流转的能力。

而金融集聚增强了金融产业的中介作用，使金融资源可以更充分、更有效率地流向有潜力的民营企业。因此，金融集聚加速了资本的流动性，刺激了民营经济的成长。由此，可以得到命题 1。

命题 1： 作为特殊的产业集群，金融集聚实际上是对传统金融业的功能强化和效用升级，可通过强化金融的基本功能促进资本积累和技术创新，从而促进民营经济成长(见图 3.4)。

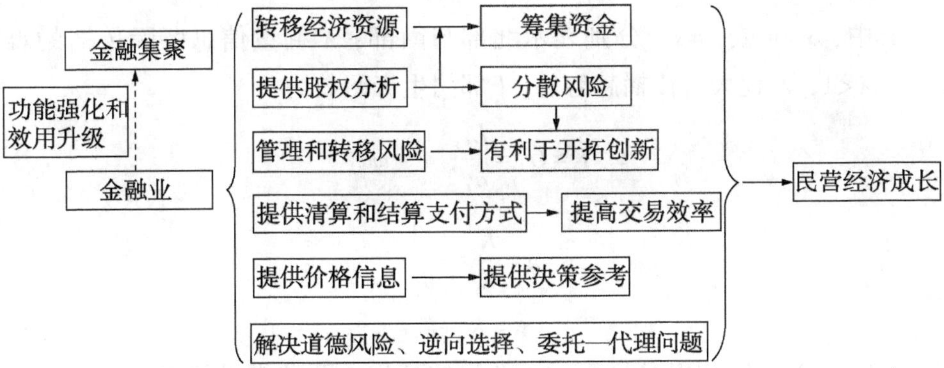

图 3.4　金融基本功能对民营经济成长的影响机理

3.2.2　金融集聚效应影响核心区域民营经济成长

(1) 模型分析。

这里基于产业经济学中的本地溢出(LS)模型，就金融集聚效应对集聚区域内民营经济成长的影响进行分析。为了简化分析过程，不考虑国有经济和非国有经济(广义的民营经济)间的相互转化。假设非国有经济和国有经济占比分别为 β 和 $1-\beta$，$0<\beta<1$。

假设经济体中存在两个区域(南部 S 和北部 N)，三个部门(产品部门 T 和 M，资本部门 I)，两种要素(劳动力 L 和资本 K)。资本 K 的区域汇聚即金融集聚。S 区域和 N 区域在偏好、技术、交易成本和劳动力禀赋方便对称。T 部门完全竞争，生产无差异产品，且规模报酬不变；只需要 L 要素，且单位 L 生产单位产品；T 产品跨区交易无交易成本。M 部门垄断竞争，生产差异化产品，且规模收益递增；需要 L 要素和 K 要素，且 1 单位 K(固定成本)和 a_m 单位 L(变动成本)生产单位产品；第 i 个代表厂商的成本函数为 $\pi+wa_m m_i$，π 为 K 要素的利润率，w 为工资率，m_i 为产量；单位 M 产品跨区交易需支付

τ 单位交易成本。I 部门利用 a_i 单位 L 要素生产 1 单位 K 要素；根据 Romer (1990)及 Grossman 和 Helpman(1991)提出的部门间技术溢出曲线，有：

$$a_i=\frac{1}{A_xK}$$
$$A_x=\theta_x+\lambda(1-\theta_x)$$
$$\theta_x=\frac{K_x}{K} \tag{3.1}$$

其中，$x=n$ 或 $x=s$，分别表示北部与南部；λ 衡量信息区际传播的难易度：$0<\lambda<1$，λ 越大，传播越容易；I 部门生产函数为：

$$\dot{K}=Q_K=\frac{L_I}{a_I};\ F=wa_I$$
$$g=\frac{\dot{K}}{K}=\frac{L_IA_x}{\theta_x}$$
$$K=K_n+K_s \tag{3.2}$$

其中，Q_K、L_I 和 F 分别表示 I 部门的产出、劳动投入和边际成本。由于忽略资本折旧，所以资本增加量即 I 部门的产出，即 $K=Q_K$。w 表示劳动收入，g 代表部门资本增长率。当达到内部均衡时，资本 K 在两区域均衡分布，由式(3.1)得

$$\theta_n=\frac{K_n}{K}=\frac{1}{2}$$
$$A_n=\theta_n+\lambda(1-\theta_n)=\frac{1+\lambda}{2} \tag{3.3}$$

代入式(3.2)得 N 区资本增长率为：

$$g_{sym}=\frac{L_IA_n}{\theta_n}=\frac{L_I(1+\lambda)}{2} \tag{3.4}$$

当达到核心—边缘均衡时，若资本 K 集中在 N 区，形成金融集聚，由式(3.1)得

$$\theta_n=\frac{K_n}{K}=1$$
$$A_n=\theta_n+\lambda(1-\theta_n)=1 \tag{3.5}$$

代入式(3.2)得 N 区资本增长率为：

$$g_{cp}=\frac{L_I A_n}{\theta_n}=L_I \tag{3.6}$$

比较式(3.4)、式(3.6)得：

$$g_{cp}-g_{sym}=\frac{L_I(1-\lambda)}{2}>0 \tag{3.7}$$

由此说明，金融资源集聚在N区比金融资源平均分布时，N区的资本增长率较高，即金融集聚促进核心区经济增长。

假设存在代表性消费者的效用函数：

$$U=\int_{t=0}^{\infty} e^{-pt}\ln Q\mathrm{d}t;\ Q=C_T^{1-\mu}C_M^{\mu} \tag{3.8}$$

$$C_M=\left[\int_{t=0}^{K} c_i^{1-1/\sigma}\mathrm{d}i\right]^{1/\rho},\ 0<\rho<1 \tag{3.9}$$

U由柯布—道格拉斯效用函数定义；C_M、C_T分别表示消费者对M产品和T产品的消费数量；μ、$1-\mu$分别表示相应的支出比例。C_M由不变替代弹性(CES)效用函数定义；c_i表示第i种制造品种类的消费数量；ρ表示消费者对M产品多样性的偏好程度，ρ越大，消费者对M产品差别性越不敏感。σ为CES效用函数中消费者的替代弹性，$\sigma=1/(1-\rho)$。

代表性消费者的收入分为劳动收入wL和资本收入πK，且消费选择满足弗里德曼(Friedman)的永久收入假说。消费者追求效用最大化的选择行为意味着花费在T产品和M产品的支出比例分别为μ和$1-\mu$，因此M产品的不变弹性需求函数为：

$$c_j=\frac{s_j\mu E_n}{p_j};\ s_j=\frac{p_j^{1-\sigma}}{\int_{t=0}^{k} p_i^{1-\sigma}\mathrm{d}i} \tag{3.10}$$

其中，p_j、s_j分别代表j产品的价格及在所有M产品支出中所占比例，E_n是北方总支出。消费者的效用最大化选择满足欧拉方程以及横截条件，即$\dot{E}_n/E_n=r-\rho$。

因T产品的生产只消耗劳动且T产品可在不同地区间自由贸易，若定义劳动的收入为计价物，则$p_s=p_n=w_s=w_n=1$，代表性本地产品以及出口产品的价格分别为$p_n=1$，$p_s=\tau$。

M部门满足垄断竞争模型，其产期均衡时的利润为总收入与σ的商。取

$a_M=1-\frac{1}{\sigma}$，同时根据最优定价法与式(3.10)得到：

$$\pi=B\left(\frac{\mu E}{\sigma K}\right)$$

$$B=\left[\frac{\bar{\omega}_n}{\theta_n+\phi(1-\theta_n)}+\frac{\phi(1-\bar{\omega})}{\phi\theta_n+1-\theta_n}\right]$$

$$\bar{\omega}_n=\frac{E_n}{E} \tag{3.11}$$

其中，E 表示南北部地区的总支出；E_n 表示北部地区的总支出；$\bar{\omega}_n$ 表示北部地区的支出占比。引入新变量 ϕ 满足 $\phi=\tau^{1-\sigma}(0<\phi<1)$，用于衡量 M 产品在南北部流动的自由程度；$\phi$ 取值越大，表明 M 产品流动的自由度越高。B 衡量了每一种类的 M 产品在 N 区的销售收入大于平均水平的程度，表示 N 区在 M 部门的优势。

对式(3.1)求导得：

$$\dot{\theta}_n=\theta_n(1-\theta_n)(g_n-g_s) \tag{3.12}$$

若将模型的长期稳定状态定义为 N 区资本在总资本中的占比恒定不变，即 $\dot{\theta}_k=0$，则通过式(3.12)得到模型的长期稳定均衡状态。长期稳定均衡状态可分为两种类型：一种是内部均衡($g_n=g_s$)，南北部的资本增长率相同，资本在两个区域间平均分布；另一种是核心外围均衡($\theta_n=0$ 或 1)，即 N 区(S 区)拥有该地区所有资本，占据绝对的资本优势。

下面分析企业生产和资本的分布。引入托宾 Q 系数，即企业股票市值和股票所代表的资产重置成本的比值。当模型处于长期均衡时，企业的再投资为 0，满足条件：

$$Q=V/P_k=1 \tag{3.13}$$

计算企业的股票市值需要引入贴现率。在稳定均衡状态下，南北部的收入增长率满足 $\dot{E}=0$，由欧拉方程得 $r=\rho$；L_I 恒定，通过式(3.2)可知资本的增长率为固定的 g，因此稳定状态 1 单位新资本的股票市值为：

$$V=\int_0^{\infty}\pi e^{-(g+\rho)t}\mathrm{d}t=\frac{\pi}{g+\rho} \tag{3.14}$$

由式(3.2)可知，资本的重置成本 $P_k=F=wa_I$，因此托宾系数

$$Q=\frac{\pi}{(g+\rho)F} \tag{3.15}$$

假设消费者的消费行为符合永久收入假说，即消费者将劳动收入的全部以及资本收益的 ρ 倍用于消费，则 $FK=\theta/A$，可以得出 N 区支出占比与资本占比的关系为：

$$\bar{\omega}_n=\frac{AL+\rho\theta_n}{2AL+\rho[\theta_n+(1-\theta_n)]} \tag{3.16}$$

假设资本的原始分布处在稳定均衡状态（$\theta_n=\theta_n=0.5$），当给予系统一个轻微扰动时，如金融资源在北方的占比发生了轻微的增加。利用式（3.1）、式（3.2）、式（3.11）、式（3.15）、式（3.16）可将均衡状态的 $\bar{Q}$ 表示为 θ_n 和 L_I 的函数；假定 $\theta_n=\theta_s=0.5$ 时，L_I 恒定，则对 θ_n 进行微分得：

$$\left(\frac{\vartheta\,\bar{Q}/\bar{Q}}{\vartheta\theta_n}\right)_{|\bar{\theta}=\frac{1}{2}|}=2\left(\frac{1-\phi}{1+\phi}\right)\left(\frac{\mathrm{d}\,\bar{\omega}_n}{\mathrm{d}\theta_n}\right)_{|\bar{\theta}_n=\frac{1}{2}|}+2\left(\frac{1-\lambda}{1+\lambda}\right)-2\left(\frac{1-\phi}{1+\phi}\right)^2 \tag{3.17}$$

$$\frac{\mathrm{d}\,\bar{\omega}_n}{\mathrm{d}\theta_n}=\frac{2\rho\lambda}{[L(1+\lambda)+\rho](1+\lambda)} \tag{3.18}$$

1）式（3.17）右边第一项 $2\left(\frac{1-\phi}{1+\phi}\right)\left(\frac{\mathrm{d}\,\bar{\omega}_n}{\mathrm{d}\theta_n}\right)_{|\bar{\theta}_n=\frac{1}{2}|}$ 显示了规模经济效应，指如果某种外部冲击改变原有资本的空间分布，增加了 N 区的资本总量，则更多资本将向该区域集聚。由式（3.17）可知，$\bar{\omega}_n$ 与 θ_n 正相关，即资本分布的空间变化将引起支出分布的同向变化。系数 $2\left(\frac{1-\phi}{1+\phi}\right)>0$ 恒成立。随着 N 区资本占比不断增大，新资本形成的速度也在加快，形成自我强化。可见，当初始金融资源在南北区域均衡分布的状态被打破后，N 区的资本形成速度加快，显示了核心地区金融资源的集聚力。各种金融资源在地理上的集中带来了内部和外部规模经济效益，以及各种实体经济要素的同向流动，促进了经济总量的增长。

2）式（3.17）右边第二项 $2\left(\frac{1-\lambda}{1+\lambda}\right)=2\left(\frac{2}{1+\lambda}-1\right)$ 显示了信息溢出效应，即信息传播的难易度对区域金融优势的影响。经济活动产生的信息，除了所有人共享的公开信息外，还具有给持有者带来超额收益的“默示信息”。随着 λ 减小，信息溢出效应增大，即当信息的传播越发困难时，具有信息优势的一方具有越发明显的优势。当 N 区吸引各类金融机构实体集中时，引发了金融信息在本地的汇聚。这些默示信息提升了金融主体对信息的认知水平，方便了金融信息的传播与扩散，减少了由于信息不对称形成的金融风险，因而加速金融资源向核心区集聚。形成自我强化机制，促进区域内经济增长(刘红，2008a；张晓燕，2012；丁艺，2013；胡国晖和郑萌，2014)。由于非国有经济占比为 $\beta(0<\beta<1)$，因此非国有经济也会相应增长。

(2) 机理说明。

金融集聚形成以后，对核心区域内民营经济产生增长效应，包括内外部规模经济效益、网络效益、创新效益、技术进步效益和自我强化机制效益。金融集聚可通过增加可用资本总额和改善融资环境来为民营企业提供更多的资金，从而促进民营经济成长。第一，金融资本大量集中为民营企业融资提供了更多的资源。第二，金融机构大量集中实现了金融产业的规模经济，进一步优化了民营企业的融资环境。①相似类型的金融机构在同一地域内相互邻近，处于同一生产链的相似环节，能加大机构间竞争压力，迫使金融机构提高经营管理水平，加快金融产品研发(Yee，2006；Ellison 等，2007)，为资金盈余者提供更多的流动性投资对象，并降低民营企业融资成本。②不同类型的金融机构在同一地域内相互邻近，处于同一生产链的不同环节，有面对面建立联系的可能性，有利于金融机构间的协调分工和专业化合作，降低投资风险；且各种金融业务的更好整合能扩大经营能力，节约周转资金余额(Krugman，1991)，提高市场流动性，为民营企业提供更多的融资资金。③金融机构间业务交织成网络，不仅可以减少它们之间信息交流和搜寻的成本，降低合约的执行和监督成本，还可以通过共同建设和使用基础设施与服务设施减少投资成本，形成网络协作带来的额外收益，加快金融系统工作效率。④金融机构间的合作使得投资咨询、信用评级、资产评估、外语和金融专业技术培训等辅助性产业迅速发展起来，并通过市场竞争以提高服务质量，降低金融企业寻找服务的时间和支出成本，降低民营企业的融资成本。第三，金融人才大量集中可促进金融产业的发展，进一步改善民营企业的融资环境。金融产业集聚在一起，对劳动力的需求提高，能吸引大量拥有相关技能的劳动力涌入；金融人才大量集中，可在不同经营水平的金融机构流动，实现了人力资源共享，并通过加快信息和技术交流实现知识溢出，促进金融创新和金融业的更快发展(黄解宇和杨再斌，2006)，为民营企业提供更多的融资便利。以上这些机制相互影响，自我强化，进一步改善社会盈余资本的投资和民营企业的融资环境，通过投资效应对区域民营经济成长产生促进作用。由此，可以得到命题 2。

命题 2： 金融的集聚效应可强化金融业的资源配置功能，从而促进集聚区域内民营经济成长(见图 3.5)。

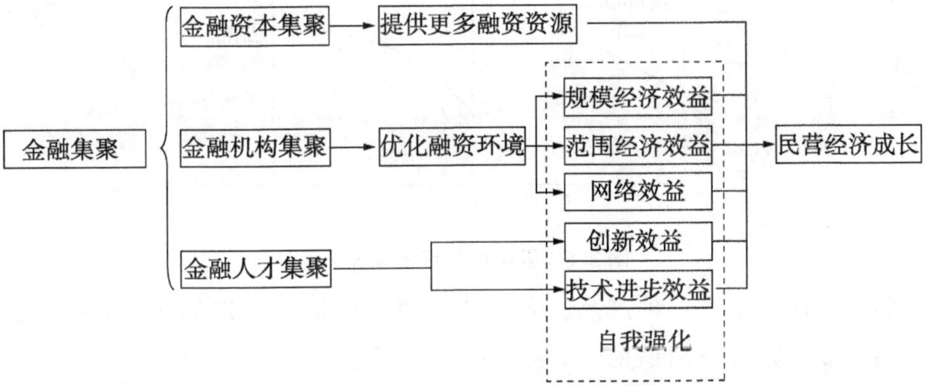

图 3.5　金融集聚对核心区域民营经济成长的影响机理

3.2.3　金融扩散效应影响周边区域民营经济成长

(1) 模型分析。

继续之前的假设，式(3.17)右边第三项 $-2\left(\frac{1-\phi}{1+\phi}\right)^2=-2\left(\frac{2}{1+\phi}-1\right)^2$ 为市场拥挤效应，由于其为负数项，代表了一种扩散力。随着 ϕ 值变小，金融产品的交易成本变大，该项的绝对值增大，表明扩散力增加(胡国晖和郑萌，2014)。随着大量金融资源在 N 区集聚，N 区原有的成本优势被削弱，交易成本上升阻碍了资源向 N 区集中。当第三项分散力足够抵消前两项的影响时，N 区金融资源向 S 区扩散，对 S 区经济(包括非国有经济)增长产生辐射效应。

该过程也可以通过图 3.6 来表示。在该经济体中，当南北区域金融资源对称分布的稳定性被打破时(t_1)，金融资源开始向资源禀赋较好的 N 区流动，金融集聚开始形成。在金融集聚前期(t_1 到 t_2)，规模经济和范围经济效应使得大量的金融资本、机构和人才向 N 区聚集，一方面促进 N 区民营经济(非国有经济)快速成长，另一方面使S区金融业逐渐萎缩，增大S区民营企业的投融资障碍，阻碍其成长。随着金融集聚发展成熟(t_2)，拥挤成本高企使得部分金融资本、机构和人才撤离N区，向S区扩散，从而带动S区金融业和民营经济复苏。

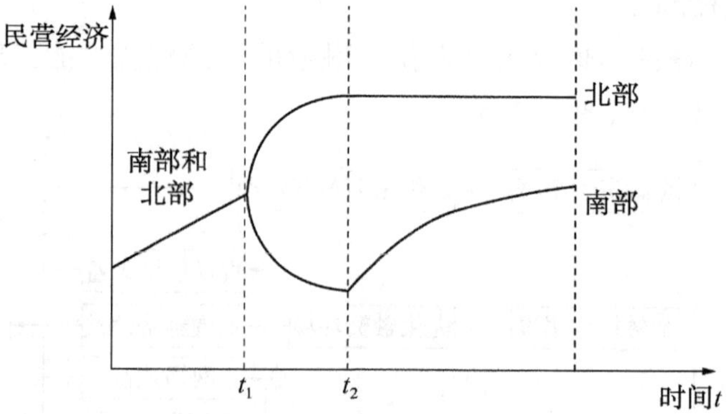

图 3.6　区域民营经济成长趋势

假设S区只生产一种产品，若用于投资，每期以一定的比率δ折旧，人口规模不变，则总产出是总资本存量的线性函数：

$$Y_t = AK_t \tag{3.19}$$

基中，Y为该地区生产总值，A为资本的边际生产率，K为资本存量。

又假设I为投资，S为储蓄总量，θ为储蓄向投资转化的比例，$s=\frac{S}{Y}$为储蓄率，g表示经济增长率，则：

$$I_t = K_{t+1}-(1-\delta)K_t \Rightarrow K_{t+1}-K_t = I_t-\delta K_t \tag{3.20}$$

均衡状态下总储蓄等于总投资。在储蓄向投资转化的过程中，占比为θ的总储蓄被消耗，因此：

$$I_t = \theta S_t \tag{3.21}$$

经济增长为：

$$\Delta Y_{t+1} = Y_{t+1}-Y_t = AK_{t+1}-AK_t = A(I_t-\delta K_t) = AI_t-\delta Y_t \tag{3.22}$$

经济增长率为：

$$g_{t+1} = \frac{\Delta Y_{t+1}}{Y_t} = \frac{AI_t-\delta Y_t}{Y_t} = \frac{A\theta S_t}{Y_t}-\delta = A\theta s_t-\delta \tag{3.23}$$

由此发现，S区经济增长率g_{t+1}受边际资本生产率A、储蓄率s和储蓄向

投资的转化率 θ 影响。当金融资源由 N 区向 S 区扩散时，其对 S 区经济增长率的促进作用体现在以上三点：

1）技术进步效应：金融集聚 N 区往往也汇聚知识和技术，创新资源丰富。随着金融机构和人才向 S 区扩散，N 区的先进知识和技术会随之扩散。且 N 区内的网络效益会加速信息技术的流动，加快先进知识和技术向 S 区企业的传播速度，从而推动 S 区企业的技术进步，提高边际资本生产率。

2）资本吸引效应：随着金融机构和人才，以及与之伴随的先进金融技术和服务向 S 区扩散，有利于改善投资环境，提高社会储蓄率。

3）资本的投资转化效应：S 区金融机构种类的增加，有利于金融机构间的协调分工和专业化合作，降低技术风险；金融机构种类和数量的增加，有利于金融机构间业务的网络效应的形成，可减少信息交流和搜寻的成本，降低合约的执行和监督成本，加快金融系统工作效率；金融人才和金融技术的扩散有利于 S 区金融机构提高经营管理水平，节约周转资金，提高市场流动性，从而改善社会盈余资本的投资环境（刘红，2008a；张晓燕，2012）。

资本吸引和投资转化效应共同作用使资本投入增加，与技术进步共同促进 S 区经济增长。由于非国有经济占比为 $\beta(1<\beta<1)$，因此非国有经济也会相应增长。

（2）机理说明。

金融集聚形成以后，也会通过扩散效应对周边区域民营经济产生影响，包括“极化效应”和“涓流效应”。两个效应同时存在，但在金融集聚的不同阶段占主导地位，通过转移金融资源对民营经济产生先抑制后促进的作用。

在金融集聚前期，“极化效应”占主要地位，即金融核心区金融企业或服务提供商的效率高，与外围地区的金融企业或服务提供商竞争，吸引大量的金融资本、机构和人才向核心区域聚集，使外围地区金融业逐渐萎缩，增大周边区域民营企业的投融资障碍，阻碍其成长。随着金融集聚发展成熟，“涓流效应”逐渐占据主导，即金融集聚核心区通过向周围地区设立金融分支机构和网络，或者向外围地区增加投资等途径来带动周围地区金融业和实体经济的发展（黄解宇和杨再斌，2006）。由于核心区域金融资源、机构和人才的饱和，他们之间的竞争更加激烈，难以在区域内寻找到较好的投资项目或发展平台，这时外围地区的市场优势凸显。核心区域的金融资源开始在外围地区寻找投资机会；核心区域的金融机构开始降低门槛，或开发更具竞争力的投融资产品，或在周边地区设立分支机构，在外围地区寻找合作伙伴；核心区域过剩的金融人才也随着分支机构的设立而向外围区域分散，提升了周边地区金融业的服务水平和创新水平。这都改善了周边区域民营企业的投融资环境，增大了其享受金融服务的力度，有利于其成长。区域金融中心通过金融集聚的扩散效应，不仅直接向周边区域内民营企业提供融资，还带动周边区域内金融业发展，促进周边区域内民营经济成长。由此，可以得到命题3。

命题3：当其他条件不变时，金融集聚通过“极化效应”和“涓流效应”先抑制再促进集聚周边区域民营经济成长(见图3.7)。

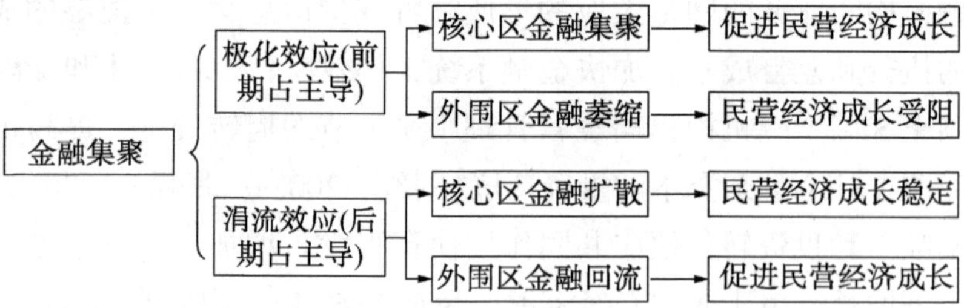

图3.7　金融集聚对周围区域民营经济成长的影响机理

3.2.4　民营经济成长影响金融集聚

民营企业的空间集聚加速了金融产业集聚。由于资源禀赋和经济政策的区位差异，民营企业总是在地理条件和经济政策优越的地区优先发展和集中，比如浙江是中国民营经济的发源地，也是民营经济最发达的地区之一。在经济决定金融和引导金融发展的机制作用下，民营经济发展的非均衡性和空间集聚促进了金融资源相应的空间集聚。一方面，民营企业的空间集聚为金融集聚提供了承载空间；另一方面，金融集聚为民营企业的空间集聚提供了动力源泉。

民营经济成长需要金融集聚满足其资本需求。

(1) 民营经济成长通过消费偏好来促进金融集聚。这里的“消费偏好”是基于融资需求，民营企业对金融产品和服务的需求，既指需求本身，也指需求的多样性。近年来，借助全面深化改革的东风，中国民营经济保持旺盛发展活力，实现了较高质量的快速发展。而民营企业的快速发展离不开资金的支持。一方面，不断发展的民营企业对资金的需求永无止境；另一方面，可用于满足发展需求的资本则是稀缺的。资源的稀缺和人类需求的矛盾贯穿人类社会始终，这里，人类对物品和劳务的无限需求表现在量和种类两方面。因此，以经济的或有效率的方式利用稀缺资源生产数量和种类丰富的物品和劳务成为贯穿人类社会始终的必然要求。同样，民营经济的发展对金融产品和服务在量和种类方面都提出了更高的需求，这与单个金融企业只有专注于一类产品的生产才能有效利用内部规模经济之间产生了冲突，从而对金融企业的多样性也提出了需求。不同类型的金融机构在同一区域内相互邻近，可通过节约周转资金余额，提供投融资便利；提高市场流动性，降低投融资成本和风险；以及金融机构间合作展开，共享辅助性产业等方式产生外部规模经济。无论是单个金融企业尽可能大地扩大业务规模以充分利用内部规模经济，还是众多金融机构彼此接近以充分利用外部规模经济，都表现为金融集聚。包括民营经济在内的实体经济发展只有为金融集聚提供市场需求，金融集聚才有现实意义，利用集聚优势调动资源为民营经济成长输入金融资本。

（2）金融产业发展需要追随成长的民营经济。区域民营经济成长意味着区域民营企业数量和产出的增加，带来民营企业的效益提高和资金盈余，由此带来闲置资本和投融资需求的增长。民营企业将多余的资金转变为储蓄，或购买有价证券等多种金融产品，以获取更高的收益回报，客观上带动了金融产业的集聚。而以利益为导向的金融企业必然向民营经济发达的区域集聚，形成互补和竞争并存的多元化金融机构，广泛开辟潜在的金融资源和市场，为企业发展积累更多的金融产业资本。由此，可以得到命题 4。

命题 4： 民营经济成长带来的投融资需求的增长，通过提供承载空间和动力源泉促进金融集聚(见图 3.8)。

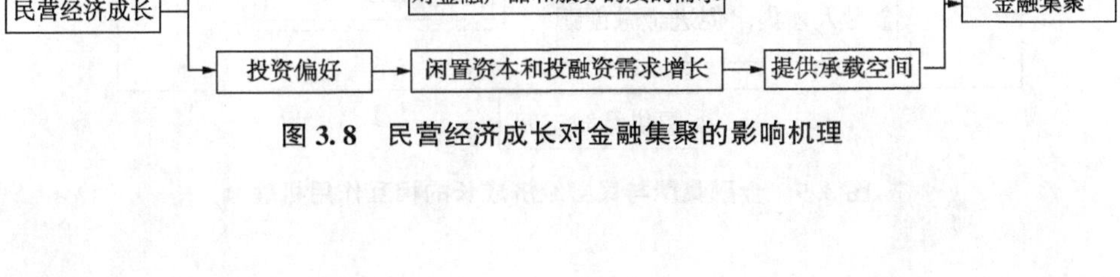

图 3.8　民营经济成长对金融集聚的影响机理

3.2.5 金融集聚与民营经济成长的相互作用机理

金融集聚和民营经济成长双向互动：在发展初期，民营经济发展促进金融发展，民营企业集聚促进金融集聚；在发展成熟期，金融集聚越来越主动引导民营企业集聚和民营经济成长。前者为金融集聚的需求反应型机制，即金融集聚取决于包括民营经济在内的实体经济的发展需要。区域民营经济的繁荣对金融业提出新的需求，于是金融资源在该区域汇聚和扩张，并辅以金融政策和法律法规的完善，形成区域金融产业集聚。具体而言，民营经济成长产生了大量金融资源，为金融集聚提供了资源基础；民营企业数量和规模增加对投融资服务的需求增加，为金融产业提供了更多的获利机会，为金融集聚提供了市场基础。浙江温州就是需求反应型金融集聚的典型区域：作为中国民营经济的发源地和最发达地区，温州也成为浙江三大金融集聚区之一。而供给引导型金融集聚主要介于政府意图通过金融产业的超前集聚和金融业务的主导性供给刺激该区域包括民营经济在内的实体经济的发展。金融资本、机构和人才在区域内集聚，形成相对发达的金融体系和雄厚的金融资本，优化民营企业的投融资环境，提供更多的便利，通过强化金融对经济的促进作用来带动区域民营经济成长。因此，金融中心也是民营经济比较发达的地区。金融集聚与民营经济成长之间相互促进的双向联系，将导致金融集聚度高、民营经济发达的高度均衡和金融集聚度低、民营经济欠发达的低度均衡并存。由此，可以得到命题子5。

命题5：民营经济成长与金融集聚相互促进，前者为后者提供动力，后者为前者提供保障（见图3.9）。

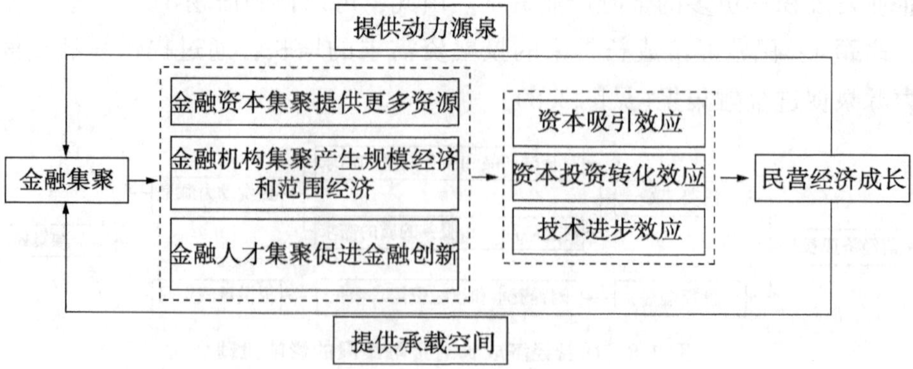

图3.9 金融集聚与民营经济成长的相互作用机理

3.3 金融集聚与民营经济成长的测度指标

3.3.1 金融集聚的测度指标体系

针对金融集聚水平的测度，学者们提出了不同的测算指标。其中，赫芬达尔指数用于测度金融企业的集聚程度，空间基尼系数主要测算金融业的区域集中程度，区位熵则着重从产业的专业化角度刻画金融产业的集聚度。但赫芬达尔指数没有考虑到其他产业的空间布局以及不同地区的实际地理面积差异；空间基尼系数在比较不同产业的集聚程度时，会由于各产业中企业规模或地理区域的大小差异而造成跨产业比较上的误差，且只能计算某个行业在几个地区的空间分布而无法测度其在一个地区的集聚程度；区位熵无法估计产业集聚的绝对规模(谭朵朵，2012)。

介于以上指数所度量的区域金融集聚程度与现实有所背离，还可专门构建金融集聚程度的评价指标体系。刘红(2008)从企业规模、就业规模和产品规模三方面选取指标来衡量地区金融集聚度。宗晓武(2008)从金融规模、经济总量、金融市场、金融基础四个层面构建影响金融集聚的指标体系。丁艺(2013)和杨志群(2013)从金融总体规模、银行业、证券业和保险业四个方面来建立金融集聚评价指标体系。任淑霞(2011)从金融机构、金融业务、金融市场三方面建立金融集聚评价指标体系。谭朵朵(2012)从金融规模的聚集、金融市场的聚集和金融结构的聚集三方面选取了22个指标，构建金融集聚程度评价指标体系。罗子嫄等(2013)将金融集聚系统分解为3个一级指标和13个二级指标。此外，汪潇和姚辉(2011)，何宜庆和钟宇生(2014)分别就金融集聚列出了相对比较简洁的版本。通过比较，发现学者们大多从金融规模、金融效率、金融结构等层面，并兼顾银行、证券、保险行业的分野来区分金融集聚评价指标，并用主成分或因子分析法来评价区域金融集聚度(见表3.3)。

表 3.3 金融集聚度评价指标汇总

分类	指标
金融机构数量	金融机构数量；金融机构数量占全国金融机构总数之比
	银行数量；证券公司数量；基金公司数量；保险公司数量；期货公司数
金融资产规模	金融资产规模占全国金融总资产之比
	银行业存(贷)款余额；银行业存(贷)款余额占全国存(贷)款余额之比；居民储蓄额
	企业债券发行额；企业债券发行额占全国企业债券发行总额之比；股票发行筹资额；股票发行筹资额占全国股票发行筹资总额之比
金融从业者数量	金融业从业人员数；金融从业人员区位熵；金融机构从业人员数占本地区所有企业就业总人数之比；金融机构从业人员数占全国金融从业人员总数之比
	银行业从业人数；证券业从业人数；保险业从业人数
金融市场成熟度	金融市场的种类；金融业区位熵；金融市场的宽延度(金融市场的规模/国民生产净值)；金融市场的广延度(金融产品的种类、金融中介的数量、投资者与筹资者的数量)
	金融市场的信息透明度
	上市公司数量；上市公司数量占全国上市公司总数之比
	非金融机构部门融资额
	保险密度(人均保费收入)；保险深度(保费收入占 GDP 之比)；居民人均储蓄额
	金融相关率(金融资产价值占经济活动总量之比)；金融机构存贷比
金融业运行情况	金融业固定资产投资额
	金融业增加值；金融业增加值占第三产业增加值之比；金融业产值占 GDP 之比；金融业产值区位熵
	金融机构现金收入/支出额；银行的现金收入/支出额；保费收入
	股票市值/交易额
其他	(人均)地区生产总值；固定资产投资总额；铁路和公路营业里程；互联网上网人数；高等学校毕业生人数；金融市场化指数；物价指数

数据来源：刘红(2008)，杨志群(2008)，宗晓武(2008)，丁艺(2010)，任淑霞(2011)，谭朵朵(2012)，孙武军等(2013)，何宜庆等(2014)，成学真和岳松毅(2017)。

表 3.4　金融中心实力评价指标体系

<table>
<tr><th>文章</th><th colspan="2">考虑因素</th></tr>
<tr><td>Che 等(2011)</td><td colspan="2">当地月储蓄总额、零售总额、房地产零售总量和房地产投资总额</td></tr>
<tr><td>Chen 等(2014)</td><td colspan="2">当地公司的总资产、总市值、总利润和总销售额</td></tr>
<tr><td rowspan="4">Du 等(2014)</td><td>金融实力</td><td>金融业增加值、金融机构数量、外资金融机构数量、上市公司数量、证券交易量、居民储蓄额、银行贷款额、保费收入、股市成交额、银行间债券市场现货成交额、黄金交易量、期货市场成交额</td></tr>
<tr><td>人力资源</td><td>金融业从业人员数、高校招生数、注册会计师数量</td></tr>
<tr><td>外部环境</td><td>每日航班数、网民/上网家庭数、科技支出、港口货物吞吐量、邮政业务量</td></tr>
<tr><td>经济基础</td><td>国内生产总值、第三产业增加值、国外直接投资额、出口/进口总额、固定资产投资总额、职工平均工资</td></tr>
<tr><td rowspan="4">Yang 等(2014)</td><td>集聚因素</td><td>路径依赖、面对面接触、良好的位置和地理优势</td></tr>
<tr><td>经济活动</td><td>银行、保险公司、金融市场、会计服务</td></tr>
<tr><td>地理空间</td><td>城市中心</td></tr>
<tr><td>城市嵌入</td><td>金融系统</td></tr>
</table>

参考外文文献，Irac 和 Lopez(2015)使用 Ward 法①来计算产业集聚内部的最小效应和产业集聚之间的最大效应。Che 等(2011)通过对当地月储蓄总额、零售总额、房地产零售总量和房地产投资总额四个层面的数据进行主成分分析来综合评价中国区域金融中心的实力。Chen 等(2014)从当地公司的总资产、总市值、总利润和总销售额四个方面的数据来评价地区金融中心实力。Du 等(2014)将金融中心的 27 个评价指标分为金融实力、人力资源、外部环境和经济基础四个维度。Yang 等(2014)指出金融集聚度的衡量除了考虑集聚因素以外，还应兼顾经济活动、地理和空间位置，以及金融系统内在联系等。

① 产业集聚内的最小效应 $\sum_x W(x^t) \equiv \sum_x \frac{1}{n} \cdot \sum_i \sum_j (x_{ij}^t - x_j^t)^2 = \sum_x \sum_j \frac{n_j}{n} \cdot Var_j(x^t)$；产业集聚间的最大效应 $\sum_x B(x^t) \equiv \sum_x \sum_j \frac{n_j}{n}(x_j^t - x^t)^2$；其中 X 表示考察因子；t 表示时间；i 表示国家；j 表示产业集聚。

通过比较发现，学者们在评价金融中心实力时，除了考察金融行业(银行、证券、保险)自身的业绩数据之外，还综合考虑房地产市场、人力资源、第三产业生产等方面的宏观经济数据(见表3.4)。

基于以上金融集聚度和金融中心评价指标体系，综合考虑相关数据的可获得性，本书参考谭朵朵(2012)的方法，建立金融集聚评价指标体系(见表3.5)。

表3.5 金融集聚评价指标体系

一级指标	二级指标	三级指标	三级指标含义
金融集聚	金融规模($x1$)	$x11$	金融业增加值占第三产业增加值比重
		$x12$	金融机构现金收入
		$x13$	金融机构现金支出
		$x14$	金融业就业人员占全社会就业人员比重
		$x15$	居民人均储蓄额
		$x16$	金融机构存款余额
		$x17$	金融机构贷款余额
		$x18$	保险密度
		$x19$	保险深度
	金融市场($x2$)	$x21$	非金融机构部门融资
		$x22$	股票市值总价
		$x23$	国内股票(A)筹资额
		$x24$	国内债券筹资额
		$x25$	外资银行占全国外资银行总数比重
	金融机构($x3$)	$x31$	银行类金融机构数
		$x32$	银行类金融机构从业人数
		$x33$	总部设在辖内的证券公司数
		$x34$	总部设在辖内的基金公司数
		$x35$	总部设在辖内的期货公司数
		$x36$	证券业从业人数
		$x37$	总部设在辖内的保险公司数
		$x38$	保险业从业人员数

鉴于相关数据的可获得性，以上变量的相关数据均为2004—2014年的省际数据，分别来源于相应年份的《中国统计年鉴》《中国劳动统计年鉴》《中国金融年鉴》以及《中国区域金融运行报告》。相关数据均来自官方统计年鉴，而占有相当比例的地下金融、影子银行和民间借贷等因无法统计而没有考虑，因此，本书的金融集聚更多偏向于官方金融资源集聚。

3.3.2 民营经济成长的测度指标

现有年鉴及各种资料都未将中国民营经济总产值单独列出来，且由于数据缺乏，实证研究民营经济的文献很少，因此，如何选择民营经济成长的替代变量值得探讨。国家统计局企业调查总队课题组把私营企业、港澳台商独资企业、个体经济、股份有限公司、其他联营企业、其他有限责任公司、其他内资企业的经济份额累加，并用其和替代民营经济成长。该替代变量最为周全，但相关数据无法获得。

有的学者选用宏观经济数据来替代。何莉(2006)用“全国进出口额”减去“国有企业和外资企业进出口额”得到“民营企业进出口额”。田泽永等(2010)用“全国国有及规模以上非国有企业各指标”减去“国有及国有控股企业以及三资企业相应值”之差来替代民营经济。卢成万等(2012)用“个体经济与私营企业的就业总人数”与“第二、第三产业的单位就业人数创造的产值”乘积估算出“个体经济与私营企业所创造的 GDP”，来反映民营经济增长。冉光和和张冰(2012)用“全部工业和建筑业总产值”减去“国有企业工业和建筑业总产值”之差来反映民营经济发展。张金鑫(2012)用“内资企业科技活动经费中政府资金总额”减去“国有部分和集体部分”得到“民营工业企业科技活动经费中政府资金”，来反映民营经济发展。刘儒和董研林等(2015)用“每万人拥有的私营工业企业户数”和”人均私营工业企业产值”来替代民营经济。

有的学者选用微观企业数据来替代。渝鸿林(2013)以国泰安中国民营上市公司数据库中在 2006—2010 年间上市的公司为样本来研究民营企业成长。吕承超和张学民用 2008—2012 年中国民营 500 强企业平均营业收入来替代民营经济发展。张玄等(2016)以“制造业上市民营企业数据”为样本来研究民营企业成长。Song 等(2015)用上市民营企业创新活动研发投入、技术投入来衡量民营企业创新投入；用总资产回报、主营业务利润率、技术资产比率、销售收入增长率来衡量民营企业创新产出。Liang 等(2012)、Guo 等(2014)则通过问卷调查获得民营经济的一手数据。

国内缺乏对民营企业/民营经济的连续性统计数据，能查到的《中国改革开放 30 年民营经济发展数据》和《中国民营经济发展报告》(2003—2015)中，对民营经济的统计口径不一致，且统计数据不连续，给民营经济的实证检验带来了很大困难。现有研究中民营经济的统计数据，或者选择中国A股上市民营企业数据来替代，或者选择“个体和私营企业数据之和”“全部企业数据与国有及国有控股企业数据之差”来替代，且后者还受制于调查数据的可获得性而只能选择“规模及规模以上企业”或“工业和建筑业企业之和”，均与民营企业的外延出入较大，严格来说并不能反映民营经济的真实情况。但是，鉴于相关数据的可获得性，只能退而求其次，选择相对比较合适的替代变量。

据统计，虽然规模以上工业企业只占全国工业企业总数的20%，但其产值在全国工业企业总产值中所占比重超过90%①。同样，规模以上民营企业虽然在数量上可能不敌中小型民营企业，但在产值体量上却可能占据绝对优势。因此，可以选择规模以上民营企业数据替代民营经济。

社会科学文献出版社的《中国民营经济发展报告(2012—2013)》界定规模以上民营企业为年营业收入总额在5亿元(含)以上的民营企业，且根据报告中的统计数据，发现中国规模以上民营企业主要分布在第二产业，其次是第三产业和第一产业(见图3.10)。又根据张志民(2009)的研究：资金实力和规模越小的民营企业，越倾向于第三产业，而且主要是第三产业中附加值较低的传统服务业，如批发零售业、餐饮业、居民服务业等；而规模较大的民营企业，则主要以工业为主，并且在附加值较高的现代服务业中的比重也相对较高。因此，规模以上民营企业主要集中在第二产业。

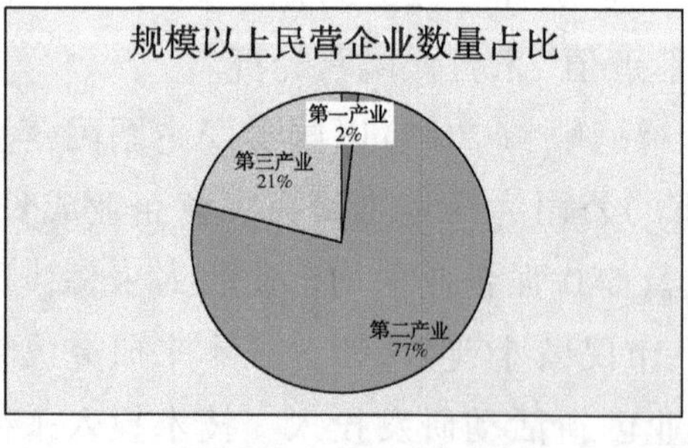

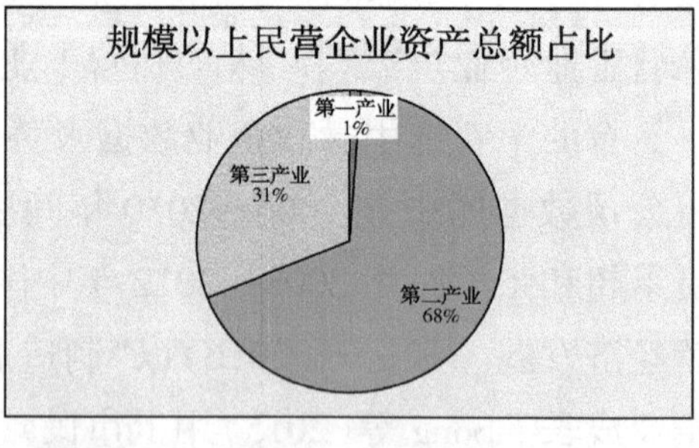

图3.10 2011年规模以上民营企业数量和资产总额三大产业分布

又根据《中国统计年鉴(2016)》中的统计数据，发现工业在中国第二产业占比远高于建筑业(见图3.11)，因此可以用工业数据来替代第二产业，即研究规模以上民营工业企业数据。

① 新华网. 中国规模以上工业企业申请专利的不足10%[EB/OL]. http://news.xinhuanet.com/newscenter/2008-03/17/content_7807177.htm.

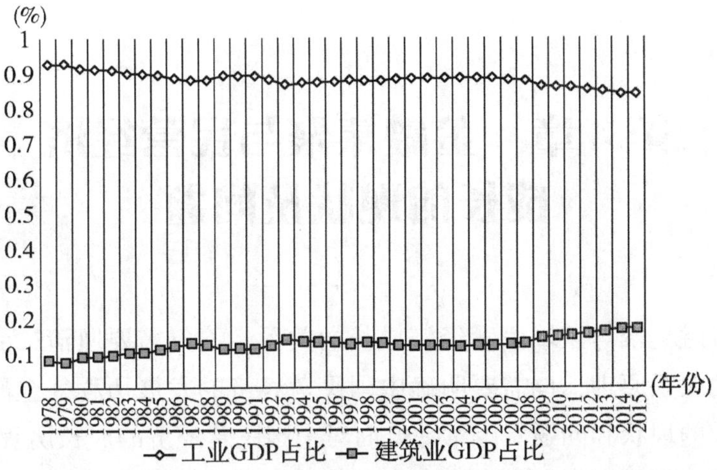

图 3.11　1978—2015 年第二产业 GDP 中工业和建筑业占比

介于以上原因，并基于相关数据的可获得性，本书借鉴张冰(2015)的取值方法，用"规模以上工业企业数据"减去"国有及国有工业企业数据"之差，即"规模以上非国有工业企业数据"来替代民营经济。为了与金融集聚数据保持一致，民营经济变量的相关数据均为 2004—2014 年的省际数据，分别来源于相应年份的《工业企业科技活动统计年鉴》和《中国工业经济年鉴》。为增加可比性，对涉及价格指数的指标均调整为以 2004 年为基期的不变价格。

3.4　本章小结

本章在明确金融集聚内涵、特征和效应、动因和机制，民营经济内涵、特征和功能、成长影响因素的基础上，论述了金融集聚影响民营经济成长、民营经济成长促进金融集聚以及两者之间的相互作用机理。研究发现，作为特殊的产业集群，金融集聚实际上是对传统金融业的功能强化和效用升级，可通过强化金融的基本功能促进资本积累和技术创新，从而促进民营经济成长；金融集聚可通过"集聚效应"促进集聚区域内民营经济成长；金融集聚还可通过"极化效应"和"涓流效应"先抑制再促进集聚周边区域民营经济成长；民营经济成长带来的投融资需求的增长，通过提供承载空间和动力源泉促进金融集聚；民营经济成长和金融集聚相辅相成，相互促进。最后，本章还就金融集聚与民营经济成长的测度指标进行了探讨，为下文进行实证分析做准备。

第4章　金融集聚与民营经济成长的现状及问题

研究金融集聚与区域民营经济成长的关系，不仅需要厘清二者的概念和它们之间的关系原理，也需要明确中国民营经济的发展历程，金融集聚和民营经济成长的现状和问题。本章一方面对中国民营经济的成长历程进行梳理，另一方面根据第3章所选定的测度指标体系对中国金融集聚和区域民营经济成长的现状进行描述性统计分析，并两相比较，找出它们的特征及相关性，为后续章节的研究做准备。并基于统计数据，初步分析金融集聚与民营经济成长的问题。

4.1　中国金融集聚的现状及特征

4.1.1　金融集聚度评价

(1) 主成分分析方法介绍。

1) 主成分分析基本原理。

评价金融业空间集聚度，通常可采用的方法有主成分分析法、因子分析法和指数分析法。若用因子分析法，在对主要影响因子进行萃取后，还需将多维因子拟合成一维因子，此时需要主观赋予各因子影响的权重，而当赋权者无法胜任这一工作时，评估结果将会产生较大偏差。指数法中较为流行的是级数突变法，这一方法虽然有效规避了主观赋权的不利影响，但是对次级指标数量有限制，无法满足本研究的需要。因此，本章拟基于主成分分析法来评估中国金融业的空间集聚水平，这一方法无需主观赋权，且对次级指标数量没有限制。

在评估过程中，采集的样本数为 n，且每一个样本都包含 m 维变量，从

而构成了一个 $m \times n$ 阶的数据矩阵：

$$X=\begin{bmatrix} x_{11} & x_{12} & \cdots & x_{1m} \\ x_{21} & x_{22} & \cdots & x_{2m} \\ \vdots & \vdots & \vdots & \vdots \\ x_{n1} & x_{n2} & \cdots & x_{nm} \end{bmatrix} \tag{4.1}$$

当变量维度 m 较大，即影响成分数众多时，会妨碍形成最终的评估结论。因此，在评估金融业集聚水平时，需要对多维变量进行降维处理，即在多维指标中萃取信息，并依据萃取后的信息形成少数几个主成分，使其相互独立，且尽可能多地蕴含原始指标体系中所包含的信息。

为后续分析需要，将原始变量指标体系设定为 x_1，x_2，…，x_m，将萃取后形成的主成分设定为 z_1，z_2，…，z_w，当然 $w \leqslant m$。这两者间的数量关系为：

$$\begin{cases} z_1 = l_{11}x_1 + l_{12}x_2 + \cdots + l_{1m}x_m \\ z_2 = l_{21}x_1 + l_{22}x_2 + \cdots + l_{2m}x_m \\ \qquad\qquad \vdots \\ z_w = l_{w1}x_1 + l_{w2}x_2 + \cdots + l_{wm}x_m \end{cases} \tag{4.2}$$

不同的主成分 z_i 和 z_j 间不存在相关关系（$i \neq j$；i，$j=1$，2，…，m），且主成分 z_1 是原始多维变量 x_1，x_2，…，x_m 所有线性组合体系中方差最大的一个组合，主成分 z_2 则为与 z_1 不相关的 x_1，x_2，…，x_m 的所有线性组合中方差最大的一个组合，同理 z_w 是与 z_1，z_2，…，z_{w-1} 都不相关的 x_1，x_2，…，x_m 的所有线性组合中方差最大的一个组合。满足上述系列条件，便可将 z_1，z_2，…，z_w 定义为原始变量指标体系 x_1，x_2，…，x_m 的第 1，第 2，…，第 w 个主成分。

综上所述，主成分分析过程本质是，求解多维原始变量 x_1，x_2，…，x_m 在各个主成分 z_1，z_2，…，z_{w-1} 的因子载荷矩阵 l_{ij}（$i=1$，2，…，w；$j=1$，2，…，m）。通过数学证明可知，因子载荷矩阵就是相关矩阵的 w 个最大特征值对应的特征向量。

2）主成分分析一般过程。

用主成分分析法评价中国金融业空间集聚水平的过程可分为相关系数矩阵计算、特征值和特征向量计算两部分。

a. 相关系数矩阵的计算。

需要首先对原始多维变量进行标准化，依据标准化后结果计算协方差矩阵，这一矩阵便被定义为原始数据的相关系数矩阵，其数学表达式为：

$$R=\begin{bmatrix} r_{11} & r_{12} & \cdots & r_{1m} \\ r_{21} & r_{22} & \cdots & r_{2m} \\ \vdots & \vdots & \vdots & \vdots \\ r_{m1} & r_{m2} & \cdots & r_{mm} \end{bmatrix} \tag{4.3}$$

r_{ij}(其中 i，$j=1$，2，…，m)为原始变量 x_i 和 x_j 间的相关系数，且满足条件 $r_{ij}=r_{ij}$，其计算过程为：

$$r_{ij}=\frac{\sum_{k=1}^{n}(X_{ki}-\bar{X}_i)(X_{kj}-\bar{X}_j)}{\sqrt{\sum_{k=1}^{n}(X_{ki}-\bar{X}_i)^2\sum_{k=1}^{n}(X_{kj}-\bar{X}_j)^2}} \tag{4.4}$$

b. 特征值和特征向量的计算。

① 解特征方程 $|\lambda I-R|=0$，常用雅可比法(Jacobi)求出特征值，并使其按大小顺序排列：$\lambda_1 \geqslant \lambda_2 \geqslant \cdots \geqslant \lambda_p \geqslant 0$。

② 分别求出对应于特征值 λ_i 的特征向量 e_i($i=1$，2，…，p)，要求 $\| e_i \|=1$，即 $\sum_{j=1}^{p} e_{ij}^2=1$，其中 e_{ij}表示向量 e_i 的第 j 个分量。

③ 计算主成分贡献率及累计贡献率。贡献率计算公式为：

$$\frac{\lambda_i}{\sum_{k=1}^{p}\lambda_k}(i=1,\ 2,\ \cdots,\ p) \tag{4.5}$$

累计贡献率计算公式为：

$$\frac{\sum_{k=1}^{i}\lambda_k}{\sum_{k=1}^{p}\lambda_k}(i=1,\ 2,\ \cdots,\ p) \tag{4.6}$$

一般取累计贡献率达 85%～95%的特征值，λ_1，λ_2，…，λ_m 所对应的第 1，第 2，…，第 m($m \leqslant p$)个主成分。

④ 计算主成分载荷

$$l_{ij}=p(z_i,\ x_j)=\sqrt{\lambda_i}e_{ij}(i,\ j=1,\ 2,\ \cdots,\ p) \tag{4.7}$$

⑤ 计算各主成分的得分

$$Z=\begin{bmatrix} z_{11} & z_{12} & \cdots & z_{1m} \\ z_{21} & z_{22} & \cdots & z_{2m} \\ \vdots & \vdots & \vdots & \vdots \\ z_{n1} & z_{n2} & \cdots & z_{nm} \end{bmatrix} \tag{4.8}$$

（2）主成分提取分析过程。

为了明确主成分的提取个数，需要分析全部成分的特征值和累计贡献率，其测算结果见表 4.1 和表 4.2。

表 4.1　2004—2014 年各成分的特征值

年份 成分	2004	2005	2006	2007	2008	2009	2010	2011	2012	2013	2014
Comp01	11.83	12.42	12.79	13.32	13.11	12.56	12.87	13.35	13.28	12.84	13.06
Comp02	3.86	4.74	4.71	4.48	4.36	4.34	4.24	4.47	4.62	4.77	4.70
Comp03	2.33	2.01	1.77	1.59	1.75	1.67	1.95	1.54	1.50	1.50	1.50
Comp04	0.97	1.17	1.01	0.88	0.86	1.12	0.94	0.82	0.84	1.03	0.94
Comp05	0.76	0.58	0.59	0.62	0.69	0.82	0.74	0.70	0.57	0.68	0.63
Comp06	0.61	0.46	0.40	0.32	0.45	0.67	0.52	0.49	0.42	0.47	0.45
Comp07	0.49	0.23	0.27	0.31	0.28	0.25	0.23	0.21	0.29	0.28	0.29
Comp08	0.38	0.11	0.19	0.20	0.17	0.21	0.17	0.14	0.15	0.17	0.16
Comp09	0.26	0.06	0.07	0.07	0.09	0.14	0.13	0.07	0.10	0.06	0.08
Comp10	0.14	0.05	0.05	0.05	0.06	0.08	0.07	0.06	0.07	0.06	0.07
Comp11	0.10	0.05	0.04	0.04	0.05	0.04	0.04	0.03	0.05	0.04	0.05
Comp12	0.08	0.03	0.03	0.03	0.03	0.03	0.03	0.02	0.03	0.03	0.03
Comp13	0.06	0.02	0.02	0.02	0.02	0.03	0.02	0.02	0.02	0.02	0.02
Comp14	0.04	0.02	0.02	0.02	0.01	0.02	0.01	0.02	0.02	0.01	0.02
Comp15	0.03	0.02	0.01	0.02	0.01	0.01	0.01	0.01	0.01	0.01	0.01
Comp16	0.03	0.01	0.01	0.01	0.01	0.01	0.01	0.01	0.01	0.01	0.01
Comp17	0.02	0.01	0.01	0.01	0.01	0.01	0.01	0.01	0.01	0.01	0.01
Comp18	0.01	0.00	0.00	0.00	0.01	0.00	0.00	0.01	0.00	0.01	0.01

续表

年份 成分	2004	2005	2006	2007	2008	2009	2010	2011	2012	2013	2014
Comp19	0.01	0.00	0.00	0.00	0.00	0.00	0.00	0.00	0.00	0.00	0.00
Comp20	0.00	0.00	0.00	0.00	0.00	0.00	0.00	0.00	0.00	0.00	0.00
Comp21	0.00	0.00	0.00	0.00	0.00	0.00	0.00	0.00	0.00	0.00	0.00
Comp22	0.00	0.00	0.00	0.00	0.00	0.00	0.00	0.00	0.00	0.00	0.00

表4.1中呈现了2004—2014年间22个成分的特征值，观察可知，在2004年、2007年、2008年、2010年、2011年、2012年和2014年，仅有前三个成分的特征值大于1，可确定为主成分；而在2005年、2006年、2009年和2013年，前四个成分的特征值大于1，可确定为主成分。但是为了前后分析的一致性，本处选择统一提取四个主成分。

表4.2中列出了2004—2014年间22个成分的方差累计贡献率，可知，在2004—2014年间，前四个成分的方差累计贡献率已经高达85%以上，且除2004年和2009年外，均高于90%。把前四个成分提取为主成分，便保留了全部22个指标85%以上的信息，所以选择提取四个主成分。

表4.2　2004—2014年各成分的方差累计贡献率　　%

年份 成分	2004	2005	2006	2007	2008	2009	2010	2011	2012	2013	2014
Comp01	0.54	0.56	0.58	0.61	0.60	0.57	0.59	0.61	0.60	0.58	0.59
Comp02	0.71	0.78	0.80	0.81	0.79	0.77	0.78	0.81	0.81	0.80	0.81
Comp03	0.82	0.87	0.88	0.88	0.87	0.84	0.87	0.88	0.88	0.87	0.88
Comp04	0.86	0.92	0.92	0.92	0.91	0.89	0.91	0.92	0.92	0.92	0.92
Comp05	0.90	0.95	0.95	0.95	0.94	0.93	0.94	0.95	0.95	0.95	0.95
Comp06	0.93	0.97	0.97	0.96	0.96	0.96	0.97	0.97	0.96	0.97	0.97
Comp07	0.95	0.98	0.98	0.98	0.98	0.97	0.98	0.98	0.98	0.98	0.98
Comp08	0.97	0.99	0.99	0.99	0.99	0.98	0.98	0.99	0.98	0.99	0.99
Comp09	0.98	0.99	0.99	0.99	0.99	0.99	0.99	0.99	0.99	0.99	0.99
Comp10	0.98	0.99	0.99	0.99	0.99	0.99	0.99	0.99	0.99	0.99	0.99

续表

年份 成分	2004	2005	2006	2007	2008	2009	2010	2011	2012	2013	2014
Comp11	0.99	0.99	1.00	0.99	0.99	0.99	1.00	1.00	0.99	1.00	1.00
Comp12	0.99	1.00	1.00	1.00	1.00	1.00	1.00	1.00	1.00	1.00	1.00
Comp13	0.99	1.00	1.00	1.00	1.00	1.00	1.00	1.00	1.00	1.00	1.00
Comp14	1.00	1.00	1.00	1.00	1.00	1.00	1.00	1.00	1.00	1.00	1.00
Comp15	1.00	1.00	1.00	1.00	1.00	1.00	1.00	1.00	1.00	1.00	1.00
Comp16	1.00	1.00	1.00	1.00	1.00	1.00	1.00	1.00	1.00	1.00	1.00
Comp17	1.00	1.00	1.00	1.00	1.00	1.00	1.00	1.00	1.00	1.00	1.00
Comp18	1.00	1.00	1.00	1.00	1.00	1.00	1.00	1.00	1.00	1.00	1.00
Comp19	1.00	1.00	1.00	1.00	1.00	1.00	1.00	1.00	1.00	1.00	1.00
Comp20	1.00	1.00	1.00	1.00	1.00	1.00	1.00	1.00	1.00	1.00	1.00
Comp21	1.00	1.00	1.00	1.00	1.00	1.00	1.00	1.00	1.00	1.00	1.00
Comp22	1.00	1.00	1.00	1.00	1.00	1.00	1.00	1.00	1.00	1.00	1.00

特征值和方差累计贡献率的估算结果均显示，在基于主成分分析法评价中国区域金融集聚程度时，可持保守和稳健的态度，选择提取前四个成分作为主成分。

（3）主成分经济含义分析。

主成分的经济含义需要依据各主成分在各变量上提取信息比重的相对大小来确定，所以，需要进一步估算各主成分的得分系数矩阵，以反映各主成分在各变量上提取信息的幅度。估算结果见表 4.3。

表 4.3　主成分得分系数矩阵

变量	Comp1	Comp2	Comp3	Comp4
*x*11	0.16	−0.08	0.07	0.22★
*x*12	0.18★	0.13	0.03	0.11
*x*13	0.19★	0.13	0.03	0.09
*x*14	0.13★	0.00	−0.02	0.40
*x*15	0.24★	0.08	−0.03	−0.07
*x*16	0.26★	0.05	0.11	−0.03
*x*17	0.26★	0.05	0.01	0.00

续表

变量	Comp1	Comp2	Comp3	Comp4
$x18$	0. 21★	-0. 11	0. 01	0. 13
$x19$	0. 15	-0. 09	0. 19★	0. 18
$x21$	0. 26★	0. 02	0. 11	0. 02
$x22$	0. 21★	0. 03	-0. 17	-0. 13
$x23$	0. 22★	-0. 11	0. 03	-0. 13
$x24$	0. 17	-0. 08	0. 27★	-0. 07
$x25$	0. 24★	-0. 09	-0. 08	-0. 12
$x31$	0. 12	0. 16★	0. 01	0. 00
$x32$	0. 16★	0. 15	0. 02	0. 05
$x33$	0. 25★	-0. 02	-0. 13	-0. 19
$x34$	0. 21	-0. 08	-0. 21	-0. 05
$x35$	0. 26★	-0. 02	-0. 09	-0. 03
$x36$	0. 26★	-0. 01	-0. 03	-0. 12
$x37$	0. 20★	-0. 09	-0. 05	0. 04
$x38$	0. 24★	0. 08	0. 06	0. 16

注：①★表示各主成分经济含义确定的依据项；②系数为各主成分得分系数在 2004—2014 年间的均值。

可见，主成分 Comp1 蕴含了 $x12$、$x13$、$x14$、$x15$、$x16$、$x17$、$x18$、$x21$、$x22$、$x23$、$x25$、$x32$、$x33$、$x35$、$x36$、$x37$ 和 $x38$ 这 17 个变量的经济信息。Comp2 主要凝结了变量 $x32$ 所蕴含的经济信息。Comp3 综合反映了 $x19$ 和 $x24$ 所包含的经济信息。Comp4 主要反映了 $x11$ 所包含的经济信息。

（4）各主成分及综合主成分估算。

主成分分析结果见表 4. 4。综合评分的正项和负项，是由于数据标准化造成的，仅代表分值的大小，不代表方向，且各地区综合得分 COMP 之和为 0。地区综合得分 COMP 为正，表示样本的金融集聚指数处于平均水平之上；综合得分 COMP 为负，表示样本的金融集聚指数处于平均水平之下（宗晓武，2008）。金融集聚指数高于平均水平的省区有 10 个，包括广东、北京、上海、浙江、江苏、山东、辽宁、四川、河北、河南；其余 20 个省区处于全国平均水平之下。总体而言，东部省区的金融集聚水平相对最高，中部省区的金融集聚水平次之，金融集聚水平相对最低的是西部省区，这主要由地理和资源禀赋，以及政府政策差别引起。就 2004—2014 年间的平均金融集聚水平而言，综合因子得分排在前三的分别是广东、北京和上海，平均金融集聚水平最低的三个地区分别是青海、海南和贵州。

表 4.4　各主成分和综合因子得分的历年均值

区域	省区	Comp1	Comp2	Comp3	Comp4	COMP	综合排名
东部	广　东	9.6	0.96	−1.93	−2.04	6.09	1
	北　京	9.08	−1.61	2.68	−0.6	5.7	2
	上　海	8.28	−2.34	−1.94	1.25	4.71	3
	浙　江	4.03	1.36	0.74	1.03	2.99	4
	江　苏	3.86	1.25	0.61	0.5	2.82	5
	山　东	2.33	1.5	0.68	0.22	1.89	6
	辽　宁	0.93	0.48	0.19	0.47	0.74	7
	河　北	0.05	0.81	0.28	0.88	0.27	9
	福　建	−0.86	0.07	0.06	−0.51	−0.56	12
	天　津	−1.29	−0.82	−0.05	−0.11	−1.01	18
	海　南	−3.13	−0.41	−0.34	−1.02	−2.18	29
中部	河　南	−0.12	1.07	0.24	0.2	0.18	10
	湖　南	−0.79	0.37	0.01	0.05	−0.42	11
	湖　北	−0.92	0.14	0.03	−0.41	−0.58	13
	山　西	−0.95	−0.06	0.19	0.25	−0.59	14
	安　徽	−1.08	0.06	0.1	0.24	−0.65	15
	黑龙江	−1.73	0.2	0.02	−0.24	−1.08	19
	江　西	−2.11	0.07	−0.22	−0.19	−1.38	20
	吉　林	−2.07	−0.09	−0.3	−0.13	−1.38	21
西部	四　川	0.55	0.61	0.14	0.48	0.52	8
	重　庆	−1.2	−0.34	−0.13	0.55	−0.82	16
	陕　西	−1.33	−0.08	0.03	−0.11	−0.87	17
	云　南	−2.08	−0.24	−0.07	−0.37	−1.41	22
	内蒙古	−2.28	−0.08	−0.22	0.37	−1.48	23
	新　疆	−2.22	−0.54	0.18	−0.32	−1.54	24
	广　西	−2.6	−0.02	−0.28	−0.38	−1.72	25
	甘　肃	−2.73	−0.42	−0.1	−0.27	−1.86	26
	宁　夏	−2.84	−0.85	−0.06	0.94	−1.97	27
	贵　州	−2.89	−0.36	−0.15	−0.66	−1.98	28
	青　海	−3.51	−0.67	−0.39	−0.09	−2.43	30

注：①30 个省、自治区、直辖市的四个主成分和综合因子得分值，为其在 2004—2014 年间的均值；②表中 Comp1、Comp2、Comp3 和 Comp4 分别代表主成分 1、2、3 和 4，COMP 代表综合因子得分。

4.1.2 金融集聚度的特征

(1) 金融集聚度的时间异质性分析。

为了解金融集聚在时间维度上的特征，首先对 2004—2014 年间的金融集聚度进行描述性统计分析，并使用 Kruskal-Wallis 检验对历年金融集聚度差异的显著性进行统计检验。多独立样本 Kruskal-Wallis 检验(又称 H 检验)用于检验多个总体的分布是否存在显著差异。其基本思想是，首先将多组样本数混合并按升序排列，求出各变量值的秩，然后考察各组秩的均值是否存在显著差异。若各组秩的均值不存在显著差异，则认为多组数据充分混合，数值相差不大，多个总体的分布无显著差异；反之，则多组数据无法混合，数值差别较大，多个总体的分布存在显著差异，至少有一个样本不同于其他样本(张林泉，2014)。分析结果见表 4.5，在 2004—2014 年间，各地区金融集聚程度变动的趋势并不明显。且 Kruskal-Wallis 检验结果也表明，金融集聚度在不同年份间或不同时间段间的差异均不显著。因此，在 2004—2014 年间，中国各地区金融集聚程度于时序上的变动并不显著。

表 4.5 各年份金融集聚度差异的显著性检验

年份	样本数	中位数	平均数	标准差	Kruskal-Wallis 检验	
					卡方值	*P* 值
2004	30	−0.63	−0.08	2.19	—	—
2005	30	−0.81	−0.09	2.22	0.00	0.99
2006	30	−0.81	−0.09	2.31	0.01	0.93
2007	30	−0.78	−0.10	2.45	0.02	0.89
2008	30	−0.73	−0.10	2.42	0.00	1.00
2009	30	−0.83	−0.09	2.31	0.01	0.94
2010	30	−0.75	−0.09	2.36	0.01	0.94
2011	30	−0.68	−0.10	2.46	0.01	0.91
2012	30	−0.73	−0.10	2.44	0.00	0.98
2013	30	−0.73	−0.09	2.32	0.08	0.78
2014	30	−0.73	−0.10	2.38	0.04	0.88
2004—2008	150	−0.75	−0.09	2.29	—	—
2009—2014	180	−0.75	−0.09	2.35	0.03	0.86
全样本	330	−0.75	−0.09	2.31	—	—

注：历年 Kruskal-Wallis 检验的基准组均为其上一年的样本组，其中 2009—2014 年间的 Kruskal-Wallis 检验的基准组为 2004—2008 年间的样本组。

（2）金融集聚度的区域异质性分析。

为了解金融集聚在地区维度上的特征，再对不同地区的金融集聚度进行描述性统计分析，结果见表4.6，东部地区的金融集聚度高于中部地区的金融集聚度，中部地区的金融集聚度又高于西部地区的金融集聚度，且这一结论在时序上也维持了稳定性。另外，东部地区的金融集聚度在2004—2014年间经历了先上升后下降的两个阶段，中部地区的金融集聚度先下降后上升再下降，而西部地区的金融集聚度先下降后上升，只是变动的幅度并不明显。可见，2008年世界金融危机导致的缺少风险拨备机制的投资银行和QDII产品①的投资损失，以及外资撤出（李丽辉等，2008）等因素对中国东、中部金融集聚产生较大的负向作用，因为以上金融资源大多集中在东、中部地区；而对西部金融产业影响并不显著，且金融危机后西部地区投资价值显现，吸引部分金融资源流入，使得西部地区金融集聚度稳中有升。

表4.6　各地区金融集聚度的历年均值

年份	东部地区	中部地区	西部地区	全　国
2004	1.88	-0.61	-1.53	-0.08
2005	1.89	-0.70	-1.45	-0.09
2006	2.00	-0.74	-1.53	-0.09
2007	2.11	-0.82	-1.59	-0.10
2008	2.06	-0.81	-1.55	-0.10
2009	2.00	-0.73	-1.54	-0.09
2010	1.95	-0.82	-1.41	-0.09
2011	1.94	-0.99	-1.24	-0.10
2012	1.89	-1.01	-1.16	-0.10
2013	1.78	-0.96	-1.09	-0.09
2014	1.83	-0.93	-1.16	-0.10
均　值	1.95	-0.82	-1.41	-0.09

注：东、中、西部地区的金融集聚度为各地区省级金融集聚度的算数平均数。

① Qualified Domestic Institutional Investor（合格的境内机构投资者）的首字缩写。它是在一国境内设立，经该国有关部门批准从事境外证券市场的股票、债券等有价证券业务的证券投资基金。

如上所述，金融集聚度在地区层面表现出较强的异质性，接下来依旧使用 Kruskal-Wallis 检验对这些差异的显著性进行检验，结果见表 4.7，东部地区金融集聚度显著高于中部地区金融集聚度，中部地区金融集聚度显著高于西部地区金融集聚度。

表 4.7　各地区金融集聚度差异的显著性检验

地　区	样本数	中位数	平均数	标准差	Kruskal-Wallis 检验	
					卡方值	*P* 值
东部地区	110	2.05	1.95	2.75	—	—
中部地区	80	−0.72	−0.82	0.57	59.44***	0.00
西部地区	110	−1.62	−1.41	0.84	40.76***	0.00

注：①***、**、*分别代表在 1%、5%、10%水平上显著；②中部地区 Kruskal-Wallis 检验的基准组是东部地区，西部地区 Kruskal-Wallis 检验的基准组是中部地区。

4.2　民营经济成长的现状及特征

4.2.1　民营经济成长的历程

中国的民营经济经历了从无到有，从少到多，从小到大的发展历程。1949 年以前的中国经济，以私有经济为主。1954 年，毛泽东提出的“用 10 到 15 年时间基本完成向社会主义过渡”被确立为党的正式路线后，全国掀起了社会主义改造的高潮，国有经济和集体经济成为中国唯一的经济基础，民营经济完全绝迹。1979 年改革开放后，引入市场机制成为改革的中心任务。为了松动传统所有制观念和有关政策，逐步引入民营经济，邓小平等采取了以下方式(见图 4.1)：

(1) 开放个体经济。为了解决“文化大革命”结束后大量返城知青的就业问题，经济学家建议允许待业人员从事个体经营，允许小商小贩从事长途贩运。1979 年国务院批转的国家工商行政管理局的报告接受了这一建议。1980 年中共中央《关于转发全国劳动就业会议文件的通知》确认了“劳动部门介绍就业、自愿组织起来就业和自谋职业相结合的方针”，要求“鼓励和扶植城镇个体经济的发展”。

（2）发展农民家庭承包农场。1980—1982 年，中国农村普遍实行“包产到户”，农民在承包的村集体所有的土地上建立自己的家庭农场，这实际是一种业主制经济(个人独资企业)。

（3）发展乡镇企业。20 世纪 80 年代，随着农村改革的开展，乡镇企业发展起来，并被归入集体所有制经济，得到认可和支持。

（4）发展外资企业。1978 年中共十一届三中全会决定调整对外经济政策，要求公有制企业发展对外经济合作。1979 年颁布的《中外合资企业法》标志着中国开始鼓励外商直接投资。

（5）私营经济合法化。1987 年中共十三大提出鼓励发展个体经济和私营经济。1988 年，七届人大一次会议修订宪法为：“私营经济是社会主义公有制经济的补充。”

直到 20 世纪 80 年代后期，民营经济在国民经济中所占比重逐步增大。1996—1997 年，全国掀起了一场关于所有制结构问题的大辩论。1997 年，党的十五大对这场争论作出了明确的结论：将“公有制为主体，多种所有制经济共同发展”确定为中国社会主义初级阶段的基本经济制度，将非公有制经济确定为中国“社会主义市场经济的重要组成部分”，民营经济的发展的意识形态障碍被清除。此外，党的十五大开始采取有效措施帮助民营中小企业的发展。1998 年，为了解决国有企业下岗职工的分流和农村非农产业就业的剩余劳动力的就业问题，国务院采取积极措施，支持民营企业发展。民营经济在国民经济中所占份额快速增长，成为支撑中国经济增长的基础性力量(吴敬琏，2016)。

中国民营经济起步于个体经济，成长于私营经济，38 年的发展大致经历了三个阶段(见图 4. 1)：

（1）1978—1992 年，民营经济成为社会主义市场经济的补充力量。1982 年，中共十二大提出，鼓励和支持劳动者个体经济“作为公有制经济的必要的、有益的补充”，适当发展。1982 年 12 月，全国人大五届五次会议通过的《中华人民共和国宪法》规定：在法律规定范围内的城乡个体劳动者个体经济，是社会主义公有制经济的补充。1987 年中共十三大提出，私营经济“也是公有制经济必要和有益的补充”。1988 年 4 月全国人大七届一次会议通过宪法修正案，增加了“国家允许私营经济在法律规定的范围内存在和发展。私

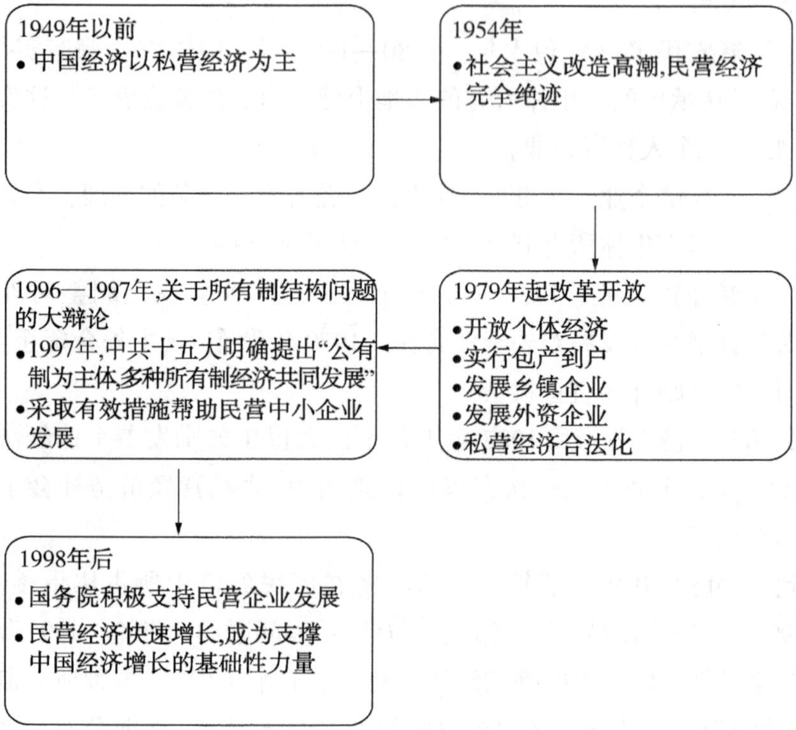

图 4.1　中国民营经济成长历程

营经济是社会主义公有制经济的补充，国家保护私营经济的合法权利和利益，对私营经济实行引导、监督和管理”的条文，确定了私营经济的法律地位和经济地位。1992 年党的十四大明确了中国经济体制改革的目标是建立社会主义市场经济体制，并提出“在所有制结构上，以公有制(包括全民所有制和集体所有制经济)为主体，个体经济、私营经济、外资经济为补充，多种经济成分长期共同存在和发展”。

(2) 1992 至 2002 年，民营经济成为社会主义市场经济的重要组成部分。1997 年党的十五大把以公有制为主体、多种所有制经济共同发展，确立为中国社会主义初级阶段的一项基本经济制度，并明确提出非公有制经济是社会主义市场经济的重要组成部分。1999 年九届全国人大二次会议通过的宪法修正案规定：“在法律规定范围内的个体经济、私营经济等非公有制经济，是社会主义市场经济的重要组成部分。”

(3) 2002 年至今，各种所有制平等竞争、相互促进的新格局形成，民营经济快速发展。2002 年，中共十六大明确提出，“毫不动摇地巩固和发展公有制经济，毫不动摇地鼓励、支持和引导非公有制经济发展”。2003 年，党的十六届三中全会决定消除限制非公有制经济发展的体制性障碍，并放宽其市场准入。2004 年全国人大十届二次会议通过的中华人民共和国宪法修正案规定：“国家保护个体经济、私营经济等非公有制经济的合法权利和利益。国家鼓励、支持和引导非公有制经济的发展，并对非公有制经济依法实行监督和管理。”2005 年国务院颁布了《关于鼓励支持和引导个体私营等非公有制经济发展的若干意见》，这是中华人民共和国成立以来第一部全面促进非公有制经济发展的政策性文件。目前，中国关于促进民营经济发展的方针政策和法律法规体系已基本形成。2007 年，中共十七大提出，“平等保护物权，形成各种所有制经济平等竞争、相互促进新格局”；“推进公平准入，破除体制障碍，促进个体、私营经济发展”（黄孟复，2010）。2016 年全国政协十二届四次会议中，中央再次强调实行公有制为主体、多种所有制经济共同发展的基本经济制度，是中国共产党确立的一项大政方针，必须毫不动摇巩固和发展公有制经济，毫不动摇鼓励、支持、引导非公有制经济发展（见图 4. 2）。

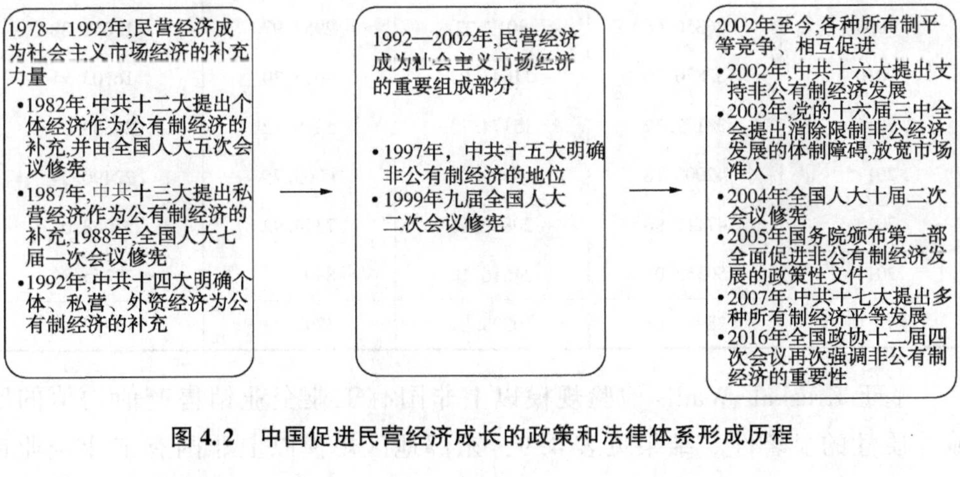

图 4. 2　中国促进民营经济成长的政策和法律体系形成历程

4. 2. 2　民营经济成长的水平

（1）民营经济工业销售产值增长量分析。

民营经济成长最重要的内涵是其经济水平的增长，这里以“规模以上非国有工业企业销售产值”来替代民营经济成长水平。由表 4.8 可知，2004—2014 年，中国规模以上非国有工业企业销售产值一直呈现较为强劲的递增趋势，全国平均销售产值从 2004 年的 4279.07 亿元一路飙升到 2014 年的 28255.80 亿元，平均每年的工业销售产值高达 14977.38 亿元。综观东部地区、中部地区和西部地区规模以上非国有工业企业销售产值均值变动水平可知，上述结论并未发生逆转，即依旧维持了较为强劲的增长态势，主要是由于国家政策支持及宏观经济环境优化促使民营经济快速发展。对比三个地区规上非国有工业企业销售产值均值的大小可知，东部地区最高，中部地区次之，最低的是西部地区。

表 4.8　各地区规上非国有工业企业销售产值的历年均值　　单位：亿元

年　份	东部地区	中部地区	西部地区	全　国
2004	9601.02	1706.01	740.68	4279.07
2005	12098.71	2348.59	953.41	5458.57
2006	15509.48	3377.95	1251.80	7117.46
2007	19857.47	4754.01	1778.66	9300.16
2008	24313.46	6846.26	2469.89	11792.11
2009	26350.64	8017.72	2953.97	13051.88
2010	32870.36	11045.03	4013.20	16703.71
2011	38177.32	15174.73	5348.12	20333.48
2012	42000.18	16892.07	6069.75	22490.94
2013	47110.90	20819.06	7344.92	25968.02
2014	50352.01	24616.10	8806.66	28255.80
均　值	28931.05	10508.87	3793.73	14977.38

基于 Kruskal-Wallis 检验规模以上非国有工业企业销售产值均值的区域异质性的显著性。结果见表 4.9，东部地区规模以上非国有工业企业销售产值均值显著高于中部地区的规模以上非国有工业企业销售产值均值，而中部地区规模以上非国有工业企业销售产值均值又显著高于西部地区的规模以上非国有工业企业销售产值均值，这与中国区域经济实力发展不均相符。

表 4.9　各地区规上非国有工业企业销售产值均值差异的显著性检验

地　区	样本数	中位数	平均数	标准差	Kruskal-Wallis 检验	
					卡方值	*P* 值
东部地区	121	17910.15	28931.05	27044.46	—	—
中部地区	88	5989.31	10508.87	9051.35	31.74***	0.00
西部地区	121	1494.11	3793.73	4741.65	48.69***	0.00

注：①*** 代表在 1%水平上显著；②中部地区 Kruskal-Wallis 检验的基准组是东部地区，西部地区 Kruskal-Wallis 检验的基准组是中部地区。

（2）民营经济工业销售产值增长率分析。

上述围绕绝对值展开的分析容易掩盖一些成长的真相，因此进一步分析规模以上非国有工业企业销售产值的增长率。结果见表 4.10，2004—2014 年，中国规模以上非国有工业企业销售产值一直维持着两位数的高速增长，2006—2007 年增速高达 37.56%，而这一数值在 2008—2009 年最低为 12.33%，而 2013—2014 年增速放缓，可能受到部分工业行业产能过剩的影响。综观东部地区、中部地区和西部地区规模以上非国有工业企业销售产值历年增长的水平不难发现，2004—2014 年，除了极其个别的年份以外，都维持了两位数的高速增长态势。2008—2009 年增速放缓，主要是受到全球金融危机的影响：通货膨胀导致的原材料价格上涨，以及市场需求不足共同导致民营企业销售不畅并减产。而 2011 年起，全球经济进入新的一轮衰退期，制造业需求不振与产能过剩的矛盾逐渐显现，导致工业产品滞销，工业经济增长乏力。

表 4.10　各地区规模以上非国有工业企业销售产值增长率的历年均值（%）

年份	东部地区	中部地区	西部地区	全　国
2004—2005	25.24	36.69	25.93	28.91
2005—2006	32.13	44.83	33.07	36.25
2006—2007	32.41	41.10	40.04	37.56
2007—2008	22.77	45.49	38.53	34.84
2008—2009	6.34	18.36	13.49	12.33

续表

年份	东部地区	中部地区	西部地区	全 国
2009—2010	25. 82	39. 46	38. 13	34. 02
2010—2011	17. 18	35. 80	29. 39	26. 84
2011—2012	9. 88	12. 70	22. 95	15. 08
2012—2013	10. 15	22. 61	24. 50	18. 67
2013—2014	6. 88	18. 24	19. 90	8. 81
平均值	18. 88	31. 53	28. 59	25. 33

东部地区、中部地区和西部地区规模以上非国有工业企业销售产值增长率均值分别为 18. 88%、31. 53%和 28. 59%，可见规模以上非国有工业企业销售产值增长率在区域层面表现出较强异质性，其显著性检验结果见表 4. 11，东部地区规模以上非国有工业企业销售产值增长率显著低于中部地区增长率，而规上非国有工业企业销售产值增长率在中、西部地区间没有显著差异。可能是因为东部地区民营经济发展已经进入成熟期，增速降低，而中、西部地区民营经济发展尚处于初期，增速较大。

表 4. 11 各地区规模以上非国有工业企业销售产值均值差异的显著性检验

地 区	样本数	中位数	平均数	标准差	Kruskal-Wallis 检验	
					卡方值	*P* 值
东部地区	110	21. 14	20. 21	14. 11	—	—
中部地区	80	32. 60	33. 00	17. 89	31. 52***	0. 00
西部地区	110	28. 21	29. 56	13. 28	2. 50	0. 11

注：① *** 代表在 1%水平上显著；②中部地区 Kruskal-Wallis 检验的基准组是东部地区，西部地区 Kruskal-Wallis 检验的基准组是中部地区。

4. 2. 3 民营经济成长的特征

(1) 民营经济成长区域差异的测度方法。

首先要对民营经济成长的区域差距进行测度，并在此基础上通过对差距进行分解来深入探讨差距的贡献因素。本章拟采用学术界流行的泰尔(Theil)

指数进行相关实证研究。Theil 指数是用于衡量个人之间或者地区间收入差距(或者称不平等度)的指标，计算公式如下：

$$T = \sum_{i=1}^{N} gs_i \log \frac{gs_i}{l_i} \tag{4.9}$$

其中，N 代表区域个数，本处特指东部地区、中部地区和西部地区。gs_i 代表第 i 地区规模以上非国有工业企业销售产值占全国规模以上非国有工业企业销售产值的份额。l_i 代表第 i 地区规上非国有工业企业从业人员数占全国规上非国有工业企业从业人员数的份额。Theil 指数 T 越大，则表示各地区民营经济成长水平的差距越大。本书的研究样本包括了30个省区市(西藏和港、澳、台除外)，基于前文对东、中、西部地区的界定，可将 Theil 指数进一步细化如下：

$$T = \sum_{i} \sum_{j} \left(\frac{GS_{ij}}{GS_i}\right) \log\left(\frac{GS_{ij}/GS}{L_{ij}/L}\right) \tag{4.10}$$

其中，GS_{ij}代表第 i 地区 j 省规模以上非国有工业企业销售产值，GS_i 代表第 i 地区规模以上非国有工业企业销售产值，GS 代表全国规模以上非国有工业企业销售产值。L_{ij}代表第 i 地区 j 省规模以上非国有工业企业从业人员数，L 代表全国规模以上非国有工业企业从业人员数。在上述基础上对 Theil 指数进行分解，以深入分析民营经济成长区域差异的贡献因素。首先将反映第 i 地区民营经济成长差异的 Theil 指数定义为式(4.11)的形式：

$$T_i = \sum_{j} \left(\frac{GS_{ij}}{GS_i}\right) \log\left(\frac{GS_{ij}/GS_i}{L_{ij}/L_i}\right) \tag{4.11}$$

基于式(4.9)的定义，可以进一步将式(4.10)分解为式(4.12)的形式：

$$T = \sum_{i} \left(\frac{GS_i}{GS}\right) T_i + \sum_{i} \left(\frac{GS_i}{GS}\right) \log\left(\frac{GS_i/GS}{L_i/L}\right) = T_{within} + T_{between} \tag{4.12}$$

其中，T_{within}代表三大地区内部的民营经济成长差距，$T_{between}$代表三大地区间的民营经济成长差距。

(2) 民营经济成长区域差异的测度结果与分析。

基于 Theil 指数对民营经济成长差距进行的定量估算结果见表 4.12，2004—2014 年，反映东部地区民营经济成长差距的 Theil 指数于小幅震荡中呈现不断增加的趋势，意味着东部地区民营经济成长差距在不断扩大，这是因为东部省份民营企业分布较多，新加入的企业呈现逐年迅速增加的态势，而东部集中了全国最优秀的民营企业，它们与大量中小民营企业的成长差距本身就比较大，所以东部地区民营经济成长差距也会不断扩大。2004—2009年，反映中、西部地区民营经济成长差距的 Theil 指数于小幅震荡中呈现不断增加的趋势，而 2010—2014 年，反映中、西部地区民营经济成长差距的 Theil 指数于小幅震荡中呈现出不断缩减的趋势。究其原因，2004—2009 年正是民营经济在中、西部省份发展的“繁荣”阶段，不断有民营企业加入进来，加之原有民营企业和新加入民营企业的成长差距较大，所以中、西部民营经济成长差距 2004—2009 年表现出不断扩大的趋势。2010—2014 年，世界经济普遍处于发展不景气阶段，这势必会波及民营经济的成长，尤其是相对落后地区的民营经济的成长，民营企业业绩更容易受到波及，或停工破产，或向市场更广大的东部转移，所以中、西部地区民营经济成长差距在这一期间不断缩减。

表 4.12　各地区民营经济成长的 Theil 指数

年份	东部地区	中部地区	西部地区	地区内部	地区之间	全国
2004	0.0185	0.0052	0.0127	0.0166	0.0133	0.0299
2005	0.0135	0.0152	0.0252	0.0144	0.0297	0.0441
2006	0.0262	0.0145	0.0065	0.0234	0.0046	0.0280
2007	0.0282	0.0205	0.0080	0.0257	0.0026	0.0283
2008	0.0302	0.0207	0.0093	0.0271	0.0012	0.0283
2009	0.0321	0.0217	0.0138	0.0288	0.0010	0.0298
2010	0.0315	0.0159	0.0104	0.0267	0.0012	0.0279
2011	0.0343	0.0128	0.0042	0.0268	0.0017	0.0285
2012	0.0471	0.0253	0.0032	0.0382	0.0009	0.0391
2013	0.0430	0.0144	0.0031	0.0323	0.0009	0.0332
2014	0.0451	0.0199	0.0032	0.0353	0.0009	0.0362
平均数	0.0318	0.0169	0.0091	0.0268	0.0053	0.0321

由表 4.12 反映地区内部和地区之间民营经济成长差距的 Theil 指数可知，2004—2014 年，民营经济成长于三大地区内部的总体差距呈现在小幅震荡中不断增加的趋势，而民营经济成长于三大地区间的差距则在小幅震荡中呈现

不断缩减的态势。而从全国范围来看，民营经济成长差距在小幅震荡中呈现基本持平的趋势。

观察表 4.12 的 Theil 指数平均数信息，发现东部地区 Theil 指数均值最大，中部地区次之，最小的是西部地区的 Theil 指数，这意味着地区经济社会发展越好，其民营经济成长差距越大，这主要是因为中国民营企业总体上在发达地区的集中度比较高，其数量众多的同时也表现出成长水平的参差性，最终使得发达地区的民营经济成长差距相对大。对比地区内部和地区之间的 Theil 指数均值发现，民营经济成长于三大地区内部的差距要显著高于其在三大地区间形成的差距。

（3）民营经济成长区域差异的贡献因素分析。

进一步分析民营经济成长区域差异的贡献因素，为此测算了各部分 Theil 指数对全国 Theil 指数的贡献率，结果见表 4.13，民营经济成长于三大地区内的总体差异贡献率约为 85.20%，而其于三大地区间的差异贡献率约为 14.80%。可见，2004—2014 年，中国民营经济存在的空间差异主要源自三大地区内部，而非来自三大地区之间。进 步观察三大地区各自的贡献率均值可知，东部地区民营经济成长差异对总体成长差异的贡献最大，高达 73.26%；其次分别是中部和西部地区，但是二者对民营经济成长差异的总体贡献仅约为 10.04%和 1.96%。可见，民营经济成长丁三大地区内部的差异，总体上主要源于东部地区民营经济成长的差异。

表 4.13　各地区民营经济成长差异的贡献率（%）

年份	东部贡献率	中部贡献率	西部贡献率	地区内贡献率	地区间贡献率
2004	50.84	2.01	2.34	55.52	44.48
2005	24.94	4.54	3.40	32.65	67.35
2006	74.64	7.50	1.43	83.57	16.43
2007	78.09	10.95	1.77	90.81	9.19
2008	80.57	12.72	2.47	95.76	4.24
2009	79.87	13.42	3.36	96.64	3.36
2010	81.36	11.47	2.87	95.70	4.30
2011	82.81	10.18	1.40	94.04	5.96
2012	82.35	14.58	0.77	97.70	2.30
2013	86.14	10.54	0.90	97.29	2.71
2014	84.25	12.56	0.84	97.50	2.51
平均数	73.26	10.04	1.96	85.20	14.80

观察表 4.13 中各地区民营经济成长差异贡献率的时间变动趋势可知，2004—2014 年，民营经济成长在三大地区内部形成的差异对总体差异的贡献率呈现为逐年增加的趋势，而其在三大地区间形成的差异对总体差异的贡献则逐年衰减。2004—2005 年，中国民营经济成长的差异主要表现为三大地区间差异，而 2006—2014 年，中国民营经济成长差异贡献的源泉发生了阶段性变化，主要表现为三大地区内差异。分地区来看，在 2004—2014 年间，东部地区民营经济成长差异对总差异的贡献率表现为逐年增加趋势，而中、西部地区民营经济成长差异对总差异的贡献率则表现为先增加后减少的趋势。反映东部地区民营企业发展速度，不管是数量还是质量上，都远高于中、西部地区。又由于东部既有最顶尖的民营企业，又有大量中小型民营企业，其成长差异自然高于中、西部地区。民营经济有向东部集聚的趋势。

4.3 金融集聚与民营经济成长的相关性

在系统分析金融集聚和民营经济成长现状的基础上，还将分析金融集聚与民营经济成长的相关性，为后续实证研究奠定现实基础。

4.3.1 相关性分析方法

首先依旧基于经济社会发展的差异，将中国 30 个省区市(西藏和港、澳、台除外)划分为东部、中部和西部地区，在此基础上用皮尔森(Pearson)相关系数来分析金融集聚与民营经济成长的相关性。Pearson 相关系数用来衡量定距变量间的线性关系。当两个变量都是正态连续变量，而且两者之间呈线性关系时，表现这两个变量之间相关程度用积差相关系数，主要有 Pearson 简单相关系数，其计算公式为：

$$r = \frac{1}{n-1}\sum_{i=1}^{n}\left(\frac{X_i - \bar{X}}{S_X}\right)\left(\frac{Y_i - \bar{Y}}{S_Y}\right) \tag{4.13}$$

r 为相关系数，$0<r<1$，r 的绝对值越大，表明相关性越强。n 为样本量，X_i、$\bar{X}$、Y_i、$\bar{Y}$ 分别为两个变量的观测值和均值。这里选择用规模以上非国有工业企业销售产值指标、从业人员数指标和资产合计指标来衡量民营经济成长。

4.3.2 相关性分析

首先从区域层面分析金融集聚与民营经济成长的相关性，结果见表 4.14，金融集聚与规模以上非国有工业企业销售产值、从业人员数和资产合计都显著正相关。而且分区域的分析结果也表明，这一结论具有较好的稳健性，即其并未在区域层面产生分异。

表 4.14　基于区域差异的金融集聚与民营经济成长相关性分析

地　区	销售产值指标	从业人员数指标	资产合计指标
东部地区	0.26***	0.47***	0.25***
中部地区	0.20*	0.57***	0.20*
西部地区	0.72***	0.85***	0.74***
全样本	0.51***	0.67***	0.51***

注：*** 、* 分别代表在 1%、10%水平上显著。

上述分析已经显示金融集聚与民营经济成长有一定正相关性，但是本研究的时间跨度为 2004—2014 年，在长达 11 年的时间跨度里，这一结论是否会于时间层面产生分异，这有待进一步对其进行验证。接下来拟分年度分析金融集聚与民营经济成长的相关性。结果见表 4.15，金融集聚与规模以上非国有工业企业销售产值、从业人员数和资产合计都显著正相关，基于分年度的相关性分析结果显示，这一结论总体上在时间维度上具有一致性。

表 4.15　基于时间差异的金融集聚与民营经济成长相关性分析

年　份	销售产值指标	从业人员数指标	资产合计指标
2004	0.83***	0.81***	0.80***
2005	0.82***	0.80***	0.79***
2006	0.81***	0.79***	0.79***
2007	0.77***	0.77***	0.74***
2008	0.75***	0.77***	0.72***
2009	0.75***	0.79***	0.72***
2010	0.73***	0.76***	0.70***
2011	0.45**	0.51***	0.40**

续表

年　份	销售产值指标	从业人员数指标	资产合计指标
2012	0. 40**	0. 49***	0. 37**
2013	0. 35*	0. 44**	0. 30
2014	0. 38*	0. 47**	0. 34
全样本	0. 51***	0. 67***	0. 51***

注：***、**、*分别代表在1%、5%、10%水平上显著。

综上所述，金融集聚与民营经济成长具有一定正相关关系，且区域和时间维度都具有较好稳健性，但尚不能说明金融集聚对区域民营经济成长具有正向影响。本章并不期形成任何最终结论，仅为后续实证研究提供一些现实依据。本书第5章、第6章、第7章将采用更加合理的衡量指标、模型和方法，深入分析金融集聚对区域民营经济成长的影响。

4.4　金融集聚与民营经济成长的问题

4.4.1　金融资源区域分布不协调且金融资本“脱实向虚”显现

20世纪90年代以来，中国地区间金融的绝对差距和相对差距都在不断扩大，且主要表现为东部和中、西部之间①，而中、西部之间几乎不存在金融差距。①从金融资源总值来看，东部金融资源总额的上升速度高于全国平均值，而中、西部和东北地区②金融资源的增长速度却显著低于全国均值。②分行业来看金融资源，金融机构存贷款、股票市场筹资额、实际利用外资等向东部集聚的趋势都很明显。贷款余额排名前列的省区有广东、江苏和上海；股票筹资额排名前三的省区是北京、上海和广东；保费收入居于前列的省市有广东、江苏和上海；保险密度排名前三的是北京、上海和浙江；实际利用外资排名居前的省区是广东、江苏和山东。③从实体性金融资源来看，金融机构、金融从业人员的地区分布严重失衡。a. 四大国有商业银行的总行都在北京，其分支机构也主要集中在东部沿海地区。b. 13家全国性股份制商业银

① 东部：京，津，冀，辽，沪，苏，浙，闽，鲁，粤，琼；中部：晋，吉，黑，皖，赣，豫，鄂，湘；西部：蒙，桂，渝，川，黔，云，陕，甘，青，宁，新。

② 中国区域划分另一种方法是将辽、吉、黑三省划为东北地区，而其他省市的划分范围不变。

行的总行都设在东部沿海地区，分支机构也主要集中在东部地区和中部省会城市。c. 外资银行在中国设立的分行大多集中在东部地区，数量占全部总量的 92%，资产总额占全部的 96%。d. 实力雄厚的证券公司和基金管理公司绝大部分集中在东部，而西部省区内注册的证券公司的经营结构也有向东部转移的倾向。而无论是证券业经营机构还是证券业筹资额，东部地区在全国的占比都远高于中、西部之和，在直接融资的金融市场中，东部地区遥遥领先。e. 东部地区还集中了全国约 89.9%的保险公司（卢颖等，2014）。可见，中国金融资源地区分布严重失衡，东强西弱，并有继续向东部地区集聚的趋势。

另外，受经济下行、实体经济投资回报率走低和房地产价格上涨过快等的影响，金融产业和实体经济运行不协调现象凸显。①货币增速较快，而经济增长不断减速且下行压力不减。近年来 M2 增速较快，也带动了 M2/GDP 的快速上升，2015 年末达到 203%，高于 2005—2014 年 170%的均值；同时，单位社会融资增量带来的 GDP 由 2002 年的 6 倍下降至 2015 年的 4.4 倍，表明信贷的快速增长并没有带来经济的同步增长。②金融资产总量不断膨胀，投资效率反而下降。2015 年末，银行、证券、保险业总资产达到 218 万亿元，增长 16.9%；P2P、余额宝等互联网金融规模也增长迅速：P2P 贷款余额达到 8300 亿元，同比增长 3.3 倍，余额宝也超过 6200 亿元。然而，投资效率不升反降：边际资本产出比[①]由 2007 年的 4 倍上升到 2014 年的 7.5 倍。同时，固定资产投资额自 2005 年以来与固定资本形成总额的差距不断增加，2014 年前者约为后者的 1.8 倍。均表明金融市场的发展没有带动资本形成及资本产出效率的提高。③资产价格上涨过快，而商品价格较低甚至负增长。2015 年末，商品房销售单价为 6793 元/平方米，比 2006 年上涨了 2 倍，2006—2014 年房价年均上涨 8.1%。而 2015 年 CPI 仅上涨 1.4%，2006—2014 年年均上涨 3%；PPI 下降 5.2%，2006—2014 年年均仅上涨 2.2%[②]。

4.4.2　民营经济区域发展不协调且民营企业发展严重受阻

中国民营经济虽然成长较快，但也呈现出区域差异。截至 2014 年底，东

---

① 资本产出比是一个经济系统为获得单位产出所需要投入的资本量，资本产出低意味着可以用相对少的资本获得相对多的产出。

② 中国银行国际金融研究所中国经济金融研究课题组．在更多不确定性中砥砺前行——中国银行中国经济金融展望报告（2017 年度）[J]．国际金融，2016（12）：47-56.

部地区实有私营企业 808.02 万户，占全国私营企业总户数的 64.44%；中部 255.54 万户，占比 20.38%；西部 190.31 万户，占比 15.18%；私营企业户数排名前五的省市是广东、江苏、上海、浙江和山东。东部地区实有个体工商户 2081.48 万户，占比 46.92%；中部 1413.59 万户，占比 31.86%；西部 941.22 万户，占比 21.22%；个体工商户实有户数排名前五的省区是广东、江苏、山东、四川和湖北。民营上市公司数排名前六的省市是广东(243 家)、浙江(196 家)、江苏(164 家)、北京(103 家)、山东(86 家)和上海(68 家)[①]。可见，中国民营企业分布东强西弱，呈现向东部聚集的趋势。

此外，中国民营经济发展也面临一系列问题：①民营企业大多经营规模小，涉足产业分布散，产品技术含量低，缺乏市场竞争力。②民营企业一般起步于家族企业、合伙制企业，现代企业制度没有真正建立，股权结构单一封闭，所有权、经营权集于一身，法人治理结构不规范，决策风险偏高。③民营企业平均生存期较短，具有良好前景的成长性企业较少，长期形成的结构性矛盾越发突出。④多数民营企业经济增长方式粗放，经济运行质量低下，依靠低成本生产、低价格竞争，处于产业价值链的低端环节，缺少有竞争力的自主品牌。⑤民营企业市场准入、融资支持等问题尚未从根本上解决，存在制约民营企业进一步发展的诸多障碍(黄孟复，2010)。其中，融资难已成为民营经济发展的最大瓶颈。2014 年末，金融机构向广义民营经济[②]贷款余额为 47.33 万亿元，向个体私营民营经济贷款余额为 13.43 万亿元，分别占金融机构贷款余额总量的 64.81%和 13.43%。又根据国家工商总局统计数据，截至 2014 年底，中国私营企业 1096.67 万户，占企业总数近 80%[③]。数量如此庞大的私营企业，从银行贷款的比例如此之小，反映出中小型民营企业的贷款难(私营企业大多数为中小型企业)。再者，2002—2014 年间，广义民营经济贷款增速普遍低于广义民营经济固定资产投资增速(见图 4.3)，也反映出民营经济融资并非主要依靠银行贷款[④]。

---

① 中华全国工商业联合会．中国民营经济发展报告(2014—2015)[M]．北京：社会科学文献出版社，2016.

② 包括个体工商户、私营经济、集体企业、港澳台投资企业和外商投资企业。

③ 数据来源：中国中小企业信息网，http://www.sme.gov.cn/web/assembly/action/browsePage.do?channelID=10000008&contentID=1366590387970。

④ 中华全国工商业联合会．中国民营经济发展报告(2014—2015)[M]．北京：社会科学文献出版社，2016.

图 4.3　2002—2014 年广义民营经济贷款和固定资产投资增速

4.4.3　国有与民营经济发展不协调且“国进民退”现象见端倪

以工业为例，2005—2015 年，国有工业企业资产总额占有绝对优势(见图 4.4)，从约 118 千亿元发展至约 397 千亿元；外资企业资产总额起初略高于私营企业，在 2013 年被私营企业反超，由 2005 年的约 64 千亿元发展到 2015 年的约 201 千亿元，而私营企业资产总额由 2005 年的约 30 千亿元发展到 2015 年的约 229 千亿元。国有经济不仅总量巨大，且国有企业平均规模也占绝对优势(见图 4.4)，从 2005 年约 4.28 亿元发展到 2015 年约 20.62 亿元；私营企业平均规模最小，从 2005 年约 0.24 亿元发展到 2015 年约 1.06 亿元；外资企业平均规模略高于私营企业，从 2005 年约 1.14 亿元发展到 2015 年约 3.82 亿元。

从总资产贡献率①来看(见图 4.4)，私营企业明显最高，由 2005 年的 13.85% 增长至 2015 年的 18.50%；2005 年时外资企业最低(10.55%)，国有企业略高(11.87%)，2007 年末被外资企业反超，至 2015 年时，国有企业最低(11.32%)，外资企业略高(13.69%)。可见，私营企业享有比国有企业更大的活力和更高的收益率(李国荣，彭松建，2016)。然而，私营企业依然难以享受到与国有企业同等的贷款待遇。从资产负债率②可以看出(见图 4.4)，2005—2015 年，外资企业比较平稳，维持在 56%上下，而 2007 年以后，以政府投资 4 万亿元为起点，国有企业资产负债率一直占绝对优势，从 2008 年的 58.99%攀升至 2015 年的 61.98%，而私

① 总资产贡献率=(利润总额+税金总额+利息支出)/平均资产总额×100%，反映企业全部资产的获利能力，是企业经营业绩和管理水平的集中体现，是评价和考核企业盈利能力的核心指标。

② 总资产负债率=总负债/总资产，表示公司总资产中有多少是通过负债筹集的，是评价公司负债水平的综合指标。

营企业从2008年的56.44%下降至2015年的52.15%。

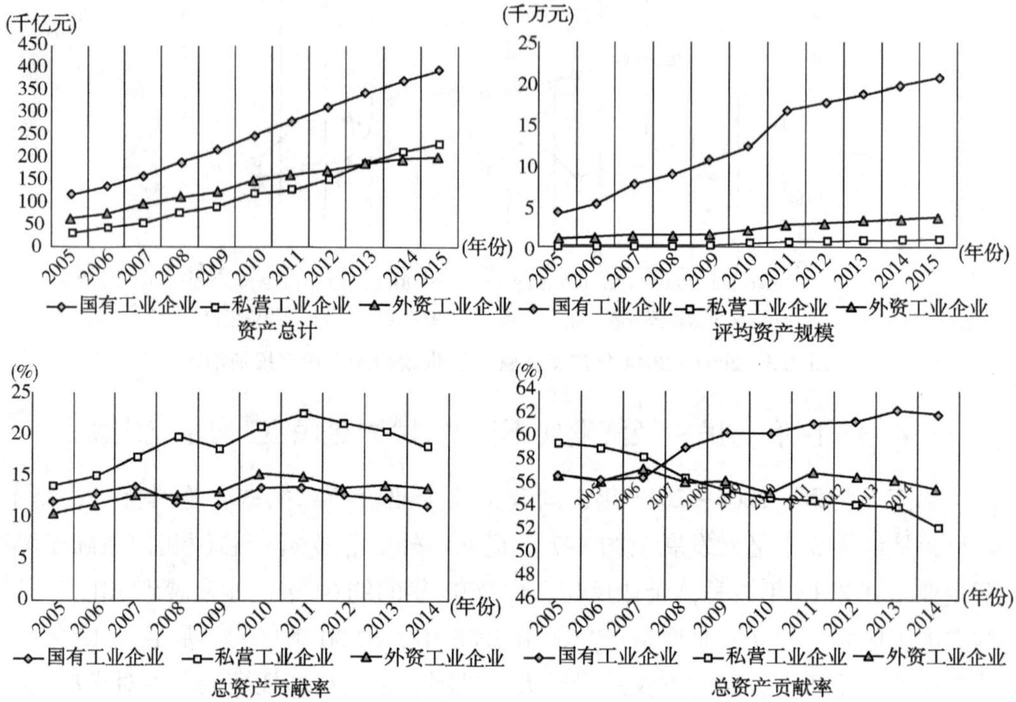

图4.4 不同所有制工业企业经济指标比较

而即使国有企业表现出比私营企业更低的盈利能力和更高的负债水平，国有经济的固定资产投资额增速依然不逊于民营经济，尤其是2014年以后，有赶超的趋势，2015年国有经济固定资产投资额增速达到11.76%，而广义民营经济和狭义民营经济①分别下降到9.11%和9.77%，其中外资经济为负增长，为-1.35%，是继2008年4万亿投资后又一个“国进民退”的经济趋势(见图4.5)。

4.4.4 民营企业技术研发投入力度大但科技转化能力不足

以规模以上工业企业为例，在2006—2015年间，无论技术研发人员还是经费投入，民营企业都远高于国有企业(见图4.6)。其中，广义民营企业R&D人员全时当量从60.18万次/年增长到255.60万人/年，狭义民营企业R&D人员全时当量从45.97万人/年增长到194.22万人/年；而国有企业R&D人员全时当量基本维持

① 包括个体工商户、私营经济和集体企业。

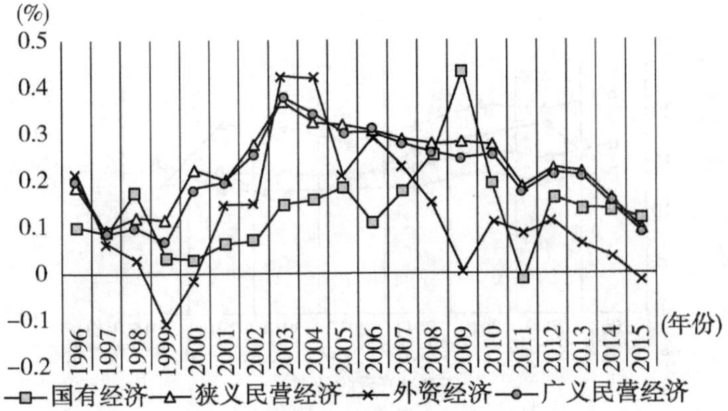

图 4.5　不同所有制经济固定资产投资额增速比较

在 11.59 万人/年。可见，民营经济比国有经济更注重技术创新，但收效却不显著。继续以规模以上工业企业为例，2008—2015 年间，即使在民营企业技术研发投入大幅提高的前提下，广义民营企业的其新产品开发收益率依然保持在 15.01%上下，而狭义民营企业保持在 13.40%上下，除了个别年份外，均不高于国有企业收益率，可见民营经济技术创新成果并没有很好转化为经济收益。

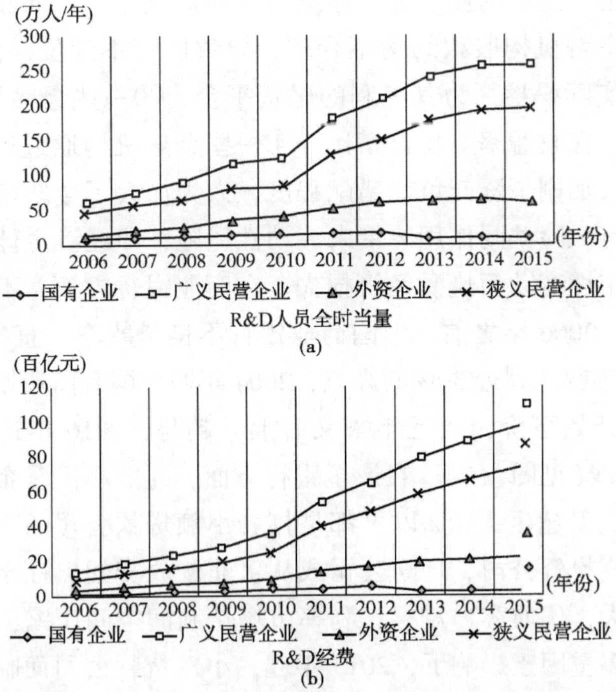

图 4.6　不同所有制工业企业技术研发指标比较

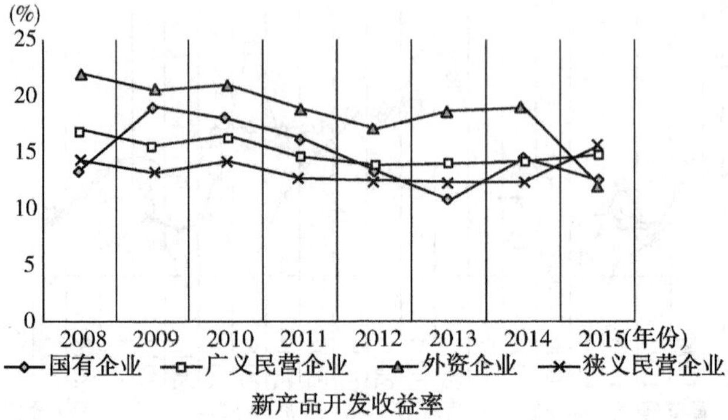

(c)

图 4.6 不同所有制工业企业技术研发指标比较

4.4.5 金融行业经营风险加剧并且民营企业破产现象频发

除了脱实向虚，目前中国金融行业还存在偏离主业、公司治理失效、激进经营、资产负债错配等经营风险。①一些金融机构盲目搞多元化、全牌照，热衷于跑马圈地，主业副业不分，甚至通过通道业务、表外业务等规避金融监管。②一些金融机构股权结构不合理，导致监管不到位，公司治理扭曲，沦为被个别人实际操控、为其谋利的融资平台。③一些金融机构不顾风险，片面追求利润，在收益率上盲目攀比。④一些金融机构通过通道业务、加杠杆等方式，大大加剧了资产负债错配程度，人为加大了金融市场的资本配置风险。以上所有风险共同作用，带来流动性风险，即经济主体由于金融资产流动性的不确定性变动而遭受经济损失。在商业银行方面，不良贷款率攀升就是表现之一。2006 年之前，中国商业银行不良贷款率一直持续在 6%以上的高位，2001 年曾达到近 30%的高点，2004 年四大国有商业银行为股改上市而剥离坏账后开始下降，而近年来又有上升趋势，2016 年达 1.75%，逼近 2%的风险警戒线(见图 4.7)。在影子银行方面，与中小民营企业关系密切的小额贷款公司乱象丛生，90%以上都是打着小额贷款公司的无牌照 P2P，财富公司、高利贷投资公司、理财公司或从事非法放贷的黑社会组织。而在经济下行压力增大，优质客户难寻，利率市场化利润空间压缩，坏账攀升和市场竞争加剧等多重因素影响下，2015 年起，小额贷款公司面临发展瓶颈，机构数量和贷款规模增速均大幅放缓。近年来，随着“互联网+”新业态的发展，

P2P 网贷平台异军突起。虽然具有覆盖面广、门槛低、渠道成本低、效率高等优势，但由于面临经营性、流动性、系统性和道德方面的四大风险，且行业正在经历整改期，导致“良币驱逐劣币”现象进一步凸显：截至 2016 年底，网贷行业正常运营平台数量为 2448 家，相比 2015 年底减少了 985 家，而全年正常运营平台数量也维持逐渐减少的趋势①。

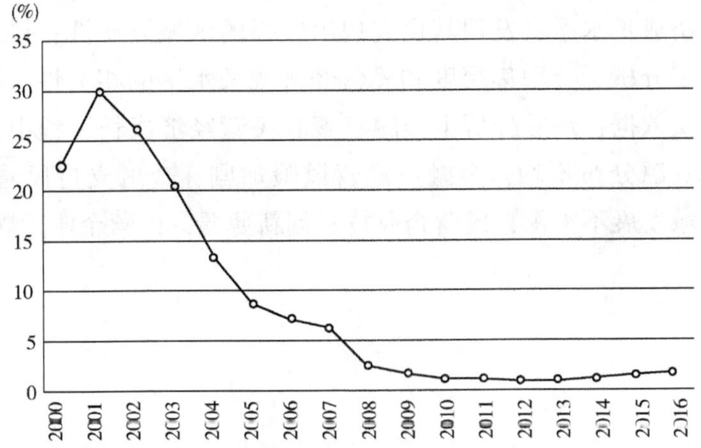

图 4.7　中国商业银行历年不良贷款率走势②

金融业经营风险加剧，尤其是作为中小民营企业间接融资主要渠道的小贷公司和网贷平台的减少，更加剧了中小民营企业的融资难题。再加上产能过剩、经营成本高企、社会负担过重等客观原因和经营策略偏差、经营运行机制不规范和缺少复合型管理人员等主观原因，中国民营企业继 2008 年金融危机倒闭潮、2011 年老板跑路潮后，自 2015 年起再陷倒闭潮。据英国《金融时报》调查，被采样的中国中小制造企业(员工数 20~2000 人，年收入 0.2 亿~4 亿元)有 55.6%表示 2016 年第一季度的收入持平甚至下滑，有 77.8%的企业打算转行。

① 金融投资报．据说 2017 年年底的 P2P 平台数量可能只有这么多了……[EB/OL]．http://mt.sohu.com/20170108/n478138116.shtml.

② http://finance.sina.com.cn/worldmac/indicator_ FB.AST.NPER.ZS.shtml.

4.5 本章小结

本章首先基于2004—2014年面板数据，分析了各地区金融集聚水平，发现其表现出较强的区域异质性，但在时序上的变动不显著；然后梳理了中国民营经济发展历程，并基于2004—2014年时间序列数据，从经济总量层面分析了民营经济成长水平，发现其也表现出较强的区域异质性；接下来在时间和区域维度上分析了金融集聚度和民营经济成长水平的相关性，为后面的研究提供了现实依据；最后分析了金融集聚和民营经济成长过程中所暴露的问题，如金融资源分布不均，金融业经营风险加剧，金融支持民营经济不力，民营经济区域发展不平衡，民营企业技术创新薄弱，民营企业大规模破产等。

第 5 章　金融集聚对区域民营经济成长的影响效应考察

第 4 章通过皮尔森相关系数分析，初步发现金融集聚与民营经济成长有一定正相关性，且这一结论在区域和时间维度都具有较好的稳健性。那么，金融集聚是否对区域民营经济成长有正向影响？为了进一步分析金融集聚对区域民营经济成长的影响，本章将从影响期限角度来进行研究。首先从理论上分析金融集聚对区域民营经济成长的影响；其次以中国 30 个省区(西藏和港、澳、台除外)2004—2014 年的数据为样本，利用面板误差修正模型(Panel Error Correction Model)来实证分析金融集聚与区域民营经济成长的短期和长期均衡关系；最后运用面板门槛模型(Panel Threshold Effect Model)就金融集聚通过影响投资来影响区域民营经济成长的门槛效应进行实证分析。

5.1　引　言

第 2 章的文献综述已经说明，国内外文献对于金融集聚与民营经济成长关系的研究较少。介于民营经济在国民经济中的重要作用，研究金融集聚对民营经济成长的影响具有充分的现实必要性。本章主要从影响期限角度，实证研究金融集聚对区域民营经济成长的影响，以考察其是否具有线性关系。由于国内缺乏对民营经济的基于统一口径的系统完整统计数据，所以学界关于民营经济/企业成长的研究较少。在现有为数不多的文献中，关于民营经济成长的替代变量大致有总量、均值和比值三类。张金鑫(2009)选用民营经济地区生产总值来替代民营经济发展指标。吕承超和张学民(2015)用中国民营 500 强企业平均营业收入作为民营经济发展的衡量指标；刘儒等(2015)用每万人拥有的私营工业企业户数和人均私营工业企业产值来替代民营经济发展。喻小军(1995)选用民营企业总产值占整个工业总产值之比来替代民营企业增长；赵晨(2009)选择民营经济投资规模占总投资的比重来替代民营经济发展。此外，还有一些文章选择增长率变量来反映民营经济/企业的成长水平。例如，王静(2012)用主营业务收入增长率来替代中小企业的成长性，渝鸿林(2013)用销售收入增长率、总资产增长率和营业利润增长率来反映民营企业成长。企业成长表现为多个方面，但如果只选择一个指标测量成长，则应选择销售收入增长率(渝鸿林，2013)，因此，本章将以规模以上非国有工业企业主营业务收入增长率替代区域民营经济成长指标，利用面板误差修正模型来实证分析金融集聚与区域民营经济成长的短期和长期均衡关系，再运用面板门槛模型就金融集聚通过影响投资来影响区域民营经济成长的门槛效应进行实证分析。

5.2 金融集聚影响区域民营经济成长的理论分析

民营经济成长，不仅意味着量的增加，还意味着质的提高，即在民营经济规模增长的基础上实现生产效率的提升，反映在生产结果上，即为创造并实现财富的总水平。由于质的层面难以考量，推导过程仅考虑量的增加。

根据式(3.22)，经济增长 $\Delta Y_{t+1}=Y_{t+1}-Y_t=AK_{t+1}-AK_t=A(I_t-\delta K_t)=AI_t-\delta Y_t$ 及式(3.23)，经济增长率 $g_{t+1}=\dfrac{\Delta Y_{t+1}}{Y_t}=\dfrac{AI_t-\delta Y_t}{Y_t}=\dfrac{A\theta S_t}{Y_t}-\delta=A\theta s_t-\delta$ 发现，经济增长率 g_{t+1} 受边际资本生产率 A、储蓄率 s 和储蓄向投资的转化率 θ 影响。由于非国有经济占比为 $\beta(0<\beta<1)$，因此非国有经济也会相应增长。金融集聚发展可通过鼓励资本积累、技术进步和人力资本积累等机制促进区域非国有经济增长。其中，资本积累包括提高储蓄率和储蓄向投资的转化率，技术进步即可提高边际资本生产率。

麦金龙(McKinnon)和肖(Shaw)认为，金融压制和银行部门的不完全竞争导致实际利率水平低于市场均衡水平。相反，在金融集聚状态下，金融机构、人才和资本大量集中，金融产业的市场化水平较高，导致实际利率接近市场均衡水平，从而提高储蓄率。Saint-Paul(1992)认为，金融市场的发展将通过促进风险性较高的生产性技术的投资来提高均衡储蓄率。金融集聚本身是金融市场发展的表现之一，因此，金融集聚可促进储蓄率的提高。

Greenwood 和 Smith(1997)认为，金融系统一方面可以通过消除经济主体面临的流动性风险，来增加资本投资在储蓄中的份额，并防止资本投资的未到期变现，从而提高储蓄转化为投资的比率；另一方面可以将资本配置到资本边际生产率最高的项目上，提高资源的配置效率，从而促进资本积累和经济增长。金融集聚的结果就是形成一个金融地域密集系统，相当于强化了储蓄向投资转化的力度和效率。

King 和 Levine(1993)认为，金融系统通过选择企业家及项目、动员储蓄资金、提供分散风险工具和披露预期利润等方式，促进技术创新与经济增长：①对技术创新项目进行评估，以识别出最具前途的项目；②集聚单个投资者的资金，向技术创新项目融资；③集聚投资者的资金并投资于大量的技术创新企业，以分散投资者和企业家的不确定风险；④显示创新活动的预期利润。Fuente 和 Martin(1995)认为金融系统还可对企业家技术创新的努力程度进行监督，以防止道德风险行为：在不存在金融中介的条件下，单个投资者将分别对企业家进行监督，并持有较少种类的证券，导致资源浪费和风险增大；金融中介可专门承担监督企业家行为的责任，持有分散的证券组合，通过消除重复监督、分散投资风险来促进技术创新和经济增长。金融集聚实际是增强了金融系统的功能，可通过提升技术创新力度来提高边际资本生产率。

综上所述，金融集聚可通过促进储蓄率、储蓄向投资的转化率以及边际资本生产率促进区域民营经济增长。

5.3　金融集聚影响区域民营经济成长的实证分析

5.3.1　研究设计

(1) 面板误差修正模型构建。

在实证分析金融集聚对区域民营经济成长影响时，不仅需关注二者的短期均衡关系，也需关注二者的长期均衡关系。通过对前期文献中实证方法的梳理，发现误差修正模型(ECM)能很好地同时实现上述两个目的。

构建误差修正模型的关键是其滞后项系数的选择问题。依据 Pesaran 等(1999)的误差修正模型构建方法(曹强，2014)，将其滞后项系数均设定为 1，即 ARDL(1，1，1，1，1，1，1，1)，可将误差修正模型构建如下：

$$\begin{aligned}\Delta Y_{it}=\varphi_i(Y_{i,t-1}-\alpha_{0i}-\alpha_{1i}F_{it}-\alpha_{2i}\Delta LnK_{it}-\alpha_{3i}\Delta LnL_{it}-\alpha_{4i}EDU_{it}-\alpha_{5i}LnR\&D_{it}\\-\alpha_{6i}LnGOV_{it}-\alpha_{7i}EXP_{it})-\beta_{1i}F_{it}-\beta_{2i}\Delta LnK_{it}-\beta_{3i}\Delta LnL_{it}-\beta_{4i}EDU_{it}\\-\beta_{5i}LnR\&D_{it}-\beta_{6i}LnGOV_{it}-\beta_{7i}EXP_{it}+\varepsilon_{it}\end{aligned} \tag{5.1}$$

式中，Y_{it}代表 i 地区 t 时期民营经济的成长水平；F_{it}代表金融集聚程度；K_{it}代表民营经济资本投入；L_{it}代表民营经济劳动投入；EDU_{it}代表从业人员平均受教育年限；$R\&D_{it}$代表民营经济研发经费投入；GOV_{it}代表政府对民营经济的科技投入；EXP_{it}代表民营经济外向度。相关变量的详细说明见表 5.1。系数 φ_i 代表调整速度，面板误差修正模型能否成立的一个关键因素是 φ_i 是否小于 0。系数 α、β 分别反映了解释变量和被解释变量间的长、短期均衡关系。ε_{it}为随机干扰项。

(2) 研究变量选取说明。

本章在实证分析金融集聚影响区域民营经济增长的过程中，使用到的变量如下：

1) 区域民营经济的成长水平(Y)。理论上，用增加值指标衡量区域民营成长最合适，但中国各类统计年鉴均未连续披露这一指标。在查阅了中国 30 个省区(西藏和港、澳、台除外)的统计年鉴后，发现能够采集到的指标只有规模以上非国有工业企业的销售产值和主营业务收入指标，且这二者数量相差较小。企业成长表现为多个方面，但如果只选择一个指标测量成长，则应选择销售收入增长率(渝鸿林，2013)。因此，本章选择用规模以上非国有工业企业主营业务收入增长率($SALE$)衡量区域民营经济成长。

2) 区域金融集聚度指标(F)。关于地区金融集聚度指标，实际为金融空间集聚的一系列信息综合体，需要将多维反映金融空间集聚的指标拟合为一维指标，具体采用主成分分析方法实现，详情请参阅本书第 3.3.1 节和 4.1.1 节。

3) 民营经济的资本投入指标(K)。民营经济的资本投入是一个连续过程，且最终对民营经济成长产生影响的是其历年累积并固化的结果，即固定资产余额。在资本的累积固化过程中，一方面新的投资促使其不断增加，另一方面使用中的损耗又使其不断减少，所以在衡量民营经济生产的总体资本投入时，还要扣除折旧部分。因此，本章选择规模以上非国有工业企业固定资产合计指标（固定资产原价减去累计折旧）衡量区域民营经济生产的资本投入。

4）民营经济的劳动投入指标（*L*）和从业人员平均受教育水平（*EDU*）。在衡量民营经济的劳动投入时，不仅要关注劳动力投入的数量，也需要关注劳动力投入的质量。因此，本章选择规模以上非国有工业企业历年从业人数衡量其劳动投入的数量，用地区就业人员人均受教育年限衡量其质量，同时采用上述两方面指标衡量民营经济的劳动投入水平。

5）民营经济的研发经费投入指标（*R&D*）和政府对民营经济的科技投入指标（*GOV*）。根据学界大多相似研究，本章用民营经济的研发投入指标衡量技术进步因素。同时，也将考察政府推动技术进步因素对民营经济规模产生的影响，在模型中还引入了政府对规模以上非国有工业企业的科技活动资金资助指标。

6）民营经济外向度（*EXP*）。基于投入视角而言，民营经济可以从外域获得其成长所需资金和技术；基于产出视角而言，民营经济可将其产品或服务销售给外域地区的消费者，均有助于促进民营经济的成长。本书选择规模以上非国有工业企业出口交货值和工业销售产值之比来衡量民营经济外向度。

表 5.1　相关变量说明

变量名称	变量含义	替代变量
Y	民营经济成长水平	规模以上非国有工业企业主营业务收入增长率
F	区域金融集聚度	基于主成分分析法的估算结果
LnK	民营经济资本投入	*Ln*（规模以上非国有工业企业固定资产合计）
LnL	民营经济劳动投入	*Ln*（规模以上非国有工业企业从业人数）
EDU	民营经济从业人员受教育水平	地区就业人员平均受教育年限

续表

变量名称	变量含义	替代变量
LnR&D	民营经济的研发经费投入	*Ln*(规模以上非国有工业企业 *R&D* 项目经费内部支出)
LnGOV	政府对民营经济的科技投入	*Ln*(政府对规模以上非国有工业企业的科技活动资金资助)
EXP	民营经济外向度	规模以上非国有工业企业出口交货值占工业销售值之比

民营经济变量的相关数据均为2004—2014年的省际数据，分别来源于相应年份的《中国工业经济统计年鉴》《中国劳动统计年鉴》和《工业企业科技活动统计年鉴》。

(3) 样本描述性统计分析。

对各变量样本进行描述性统计分析，结果见表5.2。基于全国、东部、中部和西部①地区样本的描述性统计分析结果均显示，变量的平均值和中位数比较接近，且标准差指标也都不大，意味着全国、东部、中部和西部地区样本中的各变量均不存在明显的离群值现象，避免了估计结果缺乏可靠性的问题。

表5.2 样本的描述性统计分析结果

变量名称	平均值	中位数	标准差	最小值	最大值
全国样本(2004—2014年，$N=30$，$T=11$，$NT=330$)					
Y	0.31	0.30	0.18	−0.19	1.11
F	0.00	−0.75	2.31	−2.78	8.20
LnK	7.38	7.34	1.21	4.10	10.09
LnL	4.66	4.63	1.31	1.23	7.31
EDU	8.98	8.90	1.17	6.43	13.25
LnR&D	11.83	12.01	2.17	0.00	16.20
LnGOV	9.21	9.14	1.62	2.30	12.77
EXP	0.11	0.06	0.15	−1.39	0.52

① 东部：京，津，冀，辽，沪，苏，浙，闽，鲁，粤，琼；中部：晋，吉，黑，皖，赣，豫，鄂，湘；西部：蒙，桂，渝，川，黔，云，陕，甘，青，宁，新。

续表

变量名称	平均值	中位数	标准差	最小值	最大值
东部地区（2004—2014 年，$N=11$，$T=11$，$NT=121$）					
Y	0.25	0.26	0.17	-0.06	0.94
F	1.95	2.05	2.75	-2.55	8.20
LnK	8.13	8.23	1.19	4.29	10.09
LnL	5.47	5.61	1.39	1.45	7.31
EDU	9.74	9.58	1.22	8.02	13.25
LnR&D	13.22	13.58	2.07	4.75	16.20
LnGOV	10.04	10.42	1.76	4.09	12.77
EXP	0.23	0.22	0.13	0.03	0.52
中部地区（2004—2014 年，$N=8$，$T=11$，$NT=88$）					
Y	0.35	0.35	0.17	-0.19	0.70
F	-0.82	-0.72	0.57	-1.62	0.60
LnK	7.47	7.56	0.77	5.80	9.44
LnL	4.77	4.66	0.61	3.51	6.21
EDU	8.93	8.96	0.66	7.21	10.20
LnR&D	11.74	11.67	1.36	8.78	14.37
LnGOV	9.08	8.92	1.18	6.28	11.59
EXP	0.05	0.05	0.03	0.01	0.13
西部地区（2004—2014 年，$N=11$，$T=11$，$NT=121$）					
Y	0.33	0.31	0.18	-0.03	1.11
F	-1.41	-1.62	0.84	-2.78	1.32
LnK	6.47	6.42	0.94	4.10	8.88
LnL	3.67	3.76	0.99	1.23	5.66
EDU	8.19	8.33	0.92	6.43	10.33
LnR&D	10.36	10.59	1.90	0.00	13.40
LnGOV	8.41	8.29	1.34	2.30	11.12
EXP	0.03	0.04	0.15	-1.39	0.19

5.3.2 样本数据的平稳性检验

关于面板单位根检验，学界提出了不同的检验方法，有针对独立同质面板数据的 LL/LLC 检验，针对独立异质面板数据的 IPS 检验，针对同期相关面板的 SUR-DF 检验和空间相关面板的 S_N 检验。本章所研究的数据仅有 11 年的长度，若用传统的 LLC 检验对滞后期极其敏感，单位根检验的结果很不稳定，因此这里采用 IPS 法来综合考虑。表 5.3 为各变量数据平稳性的检验结果：全国样本各个变量原始水平数据均显著不平稳，但其一阶差分值均在 1%的显著性水平上平稳，即都为一阶单整，所以这些指标均可用于协整关系分析。

东部样本各个变量原始水平数据均显著不平稳，但 Y、LnK、LnL 和 GOV 这四个变量的一阶差分值均在 1%的显著性水平上平稳，其余变量的一阶差分值也都在 5%的水平上平稳，即这些指标数据均为一阶单整，故可将这些变量用于进一步的协整关系分析。中部样本各个变量原始水平数据均显著不平稳，但除 EDU 这个变量的一阶差分值是在 5%的显著性水平上平稳以外，其余变量的一阶差分值都在 1%的水平上平稳，即这些指标数据均为一阶单整，故可将这些变量用于进一步的协整关系分析。西部样本各个变量原始水平数据均显著不平稳，但除 F 和 LnK 这两个变量的一阶差分值是在 5%的显著性水平上平稳以外，其余变量的一阶差分值都在 1%的水平上平稳，即这些指标数据也均为一阶单整，故可将这些变量用于进一步的协整关系分析。

表 5.3 各变量数据平稳性检验结果

变量	T 值			
	全国	东部	中部	西部
Y	−1.115(0.966)	−0.863(0.968)	−1.801(0.220)	−1.514(0.470)
ΔY	−2.334***(0.000)	−2.902***(0.000)	−2.438***(0.005)	−2.620***(0.002)
F	−0.911(0.998)	−0.427(0.999)	−1.152(0.816)	−1.267(0.733)
ΔF	−2.072***(0.002)	−1.959**(0.027)	−2.329***(0.012)	−2.177**(0.026)
LnK	−0.746(1.000)	−0.747(0.986)	−1.612(0.370)	−1.736(0.242)

续表

变量	T 值			
	全国	东部	中部	西部
ΔLnK	−2. 368*** (0. 000)	−2. 567*** (0. 001)	−2. 519*** (0. 003)	−2. 187** (0. 024)
LnL	−1. 494(0. 489)	−1. 770(0. 140)	−0. 885(0. 947)	−1. 821(0. 182)
ΔLnL	−3. 452*** (0. 000)	−4. 165*** (0. 000)	−2. 408*** (0. 007)	−2. 343*** (0. 008)
EDU	−1. 025(0. 988)	−1. 008(0. 923)	−1. 346(0. 648)	−1. 596(0. 381)
ΔEDU	−2. 356*** (0. 000)	−2. 091** (0. 037)	−2. 197** (0. 029)	−3. 262*** (0. 000)
LnR&D	−1. 312(0. 805)	−1. 012(0. 921)	−1. 400(0. 593)	−1. 910(0. 301)
ΔLnR&D	−2. 828*** (0. 000)	−1. 974** (0. 039)	−2. 793*** (0. 000)	−4. 070*** (0. 000)
LnGOV	−1. 518(0. 442)	−1. 427(0. 572)	−0. 989(0. 909)	−1. 660(0. 351)
ΔLnGOV	−3. 154*** (0. 000)	−2. 539*** (0. 001)	−2. 793*** (0. 000)	−3. 968*** (0. 000)
EXP	−1. 632(0. 371)	−1. 594(0. 376)	−1. 521(0. 465)	−1. 819(0. 175)
ΔEXP	−5. 885*** (0. 000)	−2. 080** (0. 040)	−2. 365*** (0. 009)	−7. 140*** (0. 000)
Obs	330	121	88	121

注：①括号中数值为 P 值；② ***、**、* 分别表示在 1%、5%、10%水平上显著。

5. 3. 3　相关变量的协整关系检验

建立误差修正模型，需要首先对变量进行协整分析，以发现变量之间的长期均衡关系，并以这种关系构成误差修正项。然后将误差修正项看作一个解释变量，连同其他反映短期波动的解释变量一起，建立短期模型，即误差修正模型。上一节检验得知，各变量数据的水平数值均不平稳，但其一阶差分值均显著平稳。所以，不能直接将这些变量引入误差修正模型进行分析，还需分别基于不同区域层面的样本对其进行协整关系检验。只有这些变量间存在显著的协整关系时，才能用其进行相关分析。

各变量协整关系检验结果见表 5.4，全国和东、中、西部样本中，Nyblom 和 Harvey(2000)构造的两个统计量 *NH*1、*NH*2 估算结果均大于 1%显著性水平上的临界值，因此拒绝这些变量间不存在协整关系的原假设，即这些变量间存在显著的协整关系，可以使用这些变量进行相关分析。

表 5.4　各变量协整关系检验结果

变量	全国		东部		中部		西部	
	*NH*1	*NH*2	*NH*1	*NH*2	*NH*1	*NH*2	*NH*1	*NH*2
Y	9.012	8.319	6.721	6.372	4.321	4.129	5.322	4.219
F	8.407	7.972	5.858	5.726	3.879	3.873	4.881	3.660
LnK	8.719	8.081	6.427	6.198	4.109	4.101	5.209	4.002
LnL	8.651	8.007	5.923	5.871	4.070	3.888	4.996	3.867
EDU	7.878	7.991	5.218	5.167	3.010	2.870	3.882	3.168
R&D	8.022	7.549	5.712	5.663	3.652	3.412	4.616	3.451
GOV	8.316	7.413	5.597	5.228	3.368	3.257	4.552	3.312
EXP	7.433	7.209	5.322	5.210	3.210	3.019	4.310	3.221
5% level	6.412		4.496		2.306		2.533	
1% level	7.187		5.114		2.733		3.139	
Obs	300		110		80		110	

注：*NH*1 是基于原假设为残差序列 IID 的检验结果，而 *NH*2 基于 2 阶序列相关的非参数调整检验结果。

5.3.4　误差修正模型分析结果

经平稳性和协整关系检验之后，本章将用误差修正模型对这些变量进行回归分析，结果见表 5.5。可知，无论是基于全国样本，还是分别基于东、中、西部地区样本进行回归分析，估计结果均显示误差修正模型调整速度项 *ecm* 的参数在 1%的水平上显著为负，这符合误差修正模型的反向修正原理，说明分别基于不同区域层面样本数据构建的误差修正模型均合理。在全国和东、中、西部范围内，当金融集聚与民营经济成长关系的短期波动偏离长期均衡时，将分别以 37.5%、55.1%、43.0%和 16.9%的调整速度向均衡状态调整，说明金融集聚在长期是区域民营经济成长的 Granger 原因，且相对于东部，中、西部地区金融集聚与民营经济成长的均衡性稍差，这与中、西部金融市场化程度较低和民营企业的融资性及成长性较差相关。

观察表 5.5 中基于东部样本的回归分析结果可知，不论长期还是短期，金融集聚度指标 *F* 对民营经济成长指标 *Y* 均具有一定正向影响，这表明金融集聚于长期和短期对民营经济成长均有促进作用。金融集聚对民营经济的长期促进作用较大，符合客观规律，从金融资源汇聚到金融资源流向民营企业，再从民营企业增加资本、劳动和研发经费投入到民营经济成长，本身需要一个较长的周期。从短期来看，金融集聚对民营经济成长的影响主要表现在增加其劳动投入和流动资产。

表 5.5　误差修正模型的回归估计结果

模型	变量	全国		东部		中部		西部	
		系数	T 值	系数	T 值	系数	T 值	系数	T 值
EC	*F*	1.008	3.060	1.018***	2.669	1.130	0.560	0.169	0.417
	LnK	1.154***	10.931	1.076***	2.361	1.262***	2.821	1.209***	2.328
	LnL	1.021***	11.220	0.918***	9.749	0.753***	2.971	0.611**	2.170
	EDU	0.071	2.644	0.031***	3.010	0.060	0.331	0.160	0.661
	LnR&D	0.046***	2.660	0.021***	2.293	0.021**	2.142	0.242**	2.061
	LnGOV	0.107***	3.080	0.071***	2.32	0.132	0.943	0.221	0.823
	EXP	0.183***	4.260	0.210***	2.351	4.940**	2.193	1.330**	2.071
SR	*ecm*	−0.375***	−7.400	−0.551***	−6.942	−0.430***	−3.602	−0.169***	−2.706
	D. F	0.067	4.063	0.112***	3.474	0.020	0.211	0.042	0.654
	D. LnK	1.007***	6.171	1.042***	5.601	1.021***	4.210	1.001***	4.041
	D. LnL	1.059***	7.972	1.280***	3.993	1.062***	3.504	1.162***	4.253
	D. EDU	0.157	2.101	0.132***	2.861	0.101	1.274	0.083	1.561
	D. LnR&D	0.107***	5.182	0.087***	3.137	0.032**	2.042	0.022**	2.023
	D. LnGOV	0.207	3.560	0.243***	3.154	0.010	0.211	0.012	0.283
	D. EXP	0.057***	2.771	0.154***	2.573	0.442**	2.080	0.130***	2.501
	CONS	0.608***	3.032	0.763**	2.074	1.201***	2.163	0.610***	2.611

注：①SR 代表变量和被解释变量的短期关系，而 EC 则代表变量和被解释变量的长期关系；② ***、**、* 分别代表在 1%、5%、10%水平上显著。

同时，无论是在长期还是短期，劳动投入 *LnL*、资本投入 *LnK*、研发投入

LnR&D、政府科技支持 *LnGOV*、民营经济外向度 *EXP* 和劳动力平均受教育年限 *EDU* 对民营经济成长指标 *Y* 均具有显著的正向影响。劳动投入、研发投入、政府科技支持和劳动力平均受教育年限对民营经济成长的短期促进作用较大。劳动力数量和质量的提高能在短期内快速提高民营企业的生产和经营能力。而由于民营企业创新机制比较灵活，技术研发效率较高，且能较快实现成果转化，因此研发投入和政府科技支持对民营经济的短期促进作用较大；而从长期来看，由于创新产品的量产和普及，反而降低了技术创新的边际效应。资本投入、民营经济外向度对民营经济成长的长期促进作用较大。本章选取的资本投入是指固定资产投入，其投资效用周期较长，符合客观规律。民营经济外向度涉及从外域获得其成长所需资金和技术或将产品和服务销售给外域地区的消费者，而投资价值的认可、技术的引进、信誉的建立和市场的拓展都需要较长时间。

观察表 5.5 中基于中部和西部地区样本的回归分析结果发现，不论长期还是短期，金融集聚度 *F* 对民营经济成长指标 *Y* 均没有显著的影响，这表明中部和西部地区的金融集聚于长期和短期对民营经济成长均没有形成显著的促进作用。原因主要有三个方面：①金融资源区域分布不均。根据区域金融集聚度的测度结果，中、西部金融集聚度较低，金融资源较匮乏，民营企业的融资环境较差。②规模以上民营企业区域分布不均，主要分布在江浙等东部经济发达地区。虽然西部的四川、重庆和中部的安徽、湖北等分布企业也较多，但中、西部地区规模以上民营企业较少，总体成长较缓。③上市民营企业区域分布不均，主要分布在东部地区，尤其是广东、浙江和江苏。虽然西部的四川和中部的湖北、湖南、安徽等分布也较多，但中、西部民营上市公司较少，民营企业通过资本市场融资的规模较小。在银行贷款不畅的情况下，中、西部地区民营企业主要通过企业拆借、民间借贷等方式融资(王钦敏等，2016)。

同时，无论是在长期还是短期，中、西部地区的劳动投入 *LnL*、资本投入 *LnK*、研发投入 *LnR&D* 和民营经济外向度 *EXP* 对民营经济成长均具有显著的正向影响。劳动投入、研发投入对民营经济成长的短期促进作用较大，资本投入和民营经济外向度对民营经济成长的长期促进作用较大，与东部样本相同，原因不再累述。

但是，无论是在长期还是在短期，中、西部地区的政府科技支持 *LnGOV* 和劳动力平均受教育年限 *EDU* 对民营经济成长指标 *Y* 均没有显著影响，可见这两个因素对中部和西部地区民营经济成长还没形成显著的促进作用。原因主要有：①中、西部地区民营企业科技创新能力较弱，再加上政策歧视，受政府科技扶持力度的影响较小。②科技创新型民营企业大多集中在东部，而中、西部地区的民营企业大多还是劳动力密集型，产品技术含量相对较低，对劳动者的素质要求不高，而近年来随着东部地区劳动力成本的上升，外资企业将工厂内迁更加剧了这种趋势（王钦敏等，2016；瞿卫军和毛昊，2008）。全国样本分析结果与中、西部类似，表明从全国范围来看，金融集聚没有有效促进区域民营经济成长。

5.4　金融集聚影响区域民营经济成长的门槛效应分析

通过上文可知，金融资源区域分布不均，是金融集聚与区域民营经济成长均衡关系区域异质性的因素之一。东部地区金融集聚度较高，资本积累效应和储蓄投资转化效应共同作用使得资本投入增加，对民营经济成长的促进作用显著；中、西部地区金融集聚度较低，民营企业资本投入较少，民营经济成长不显著。这意味着，只有金融集聚度不断提高，并达到一定"门槛"时，才能通过增加资本投入促进民营经济成长。这一"门槛"是否存在，本章将继续对其进行验证。对"门槛"的研究也突破了上文中金融集聚对区域民营经济成长线性影响的局限，探寻其非线性间接影响机制。

5.4.1　面板门槛模型构建

在设定面板门槛模型之前，需构造一组平行结构的面板数据，其数学表达式为$\{y_{it}, q_{it}, x_{it}, z_{it}: 1 \leqslant i \leqslant n, 1 \leqslant t \leqslant T\}$，其中，$i$ 表示民营经济样本横截面上各个省份，t 表示时间序列。y_{it}为被解释变量，即为衡量各地区民营经济成长的指标 Y。q_{it}为门槛变量，指衡量各地区金融集聚水平的指标 F。x_{it}为核心解释变量，指衡量各地区民营经济资本投入的指标 *LnK*。z_{it}为控制变量，指衡量民营经济劳动投入 *LnL*、研发经费投入 *LnR&D*、政府科技投入 *LnGOV*、区域民营经济外向度 *EXP* 和从业人员平均受教育水平 *EDU* 的指标(相关变量说明见表 5.1)。基于这一平行结构面板数据的定义，可将面板门槛模型设定如下：

$$y_{it}=\mu_i+\beta'_1x_{it}I(q_{it}\leqslant\gamma)+\beta'_2x_{it}I(q_{it}>\gamma)+z_{it}+e_{it} \tag{5.2}$$

式中，$I(\cdot)$为指示性函数，γ 为门槛值，即金融集聚对民营经济增长产生影响的阶跃点。在这一设定形式基础上，可将外生样本划分为不同组别，即高金融集聚度和低金融集聚度两个组别，从而进一步分析金融集聚对民营经济成长产生间接效应的差异，这就是本节定义的金融集聚影响民营经济成长的门槛效应。在式(5.2)中，β'_1 和 β'_2 分别代表低金融集聚度和高金融集聚度组别中资本对民营经济成长指标影响的参数。若确保参数 β'_1 和 β'_2 都可识别，需要门槛变量 q_{it} 数据为时变结构数据(Rosenbaum 和 Rubin，1983)，而本书金融集聚度指标数据满足这一设定要求。e_{it} 为常规意义上的误差项，属于独立同分布的随机变量，且服从正态分布 $N(0,\sigma^2)$。

5.4.2 门槛效应检验

首先依据 Hansen(1999)构造的 F 统计量就金融集聚对区域民营经济成长的影响是否存在显著门槛效应进行检验。Hansen(1999)认为可先假定面板数据模型中不存在门槛效应，提出原假设：

$$H_0:\beta_1=\beta_2 \tag{5.3}$$

依据面板门槛模型(5.2)的设定形式可知，阶跃点前后参数值若相等，就意味着面板数据模型中不存在显著的门槛效应，至此面板门槛模型(5.2)就可以设定为如下线性形式：

$$y_{it}=\mu_i+\beta'_1x_{it}+z_{it}+e_{it} \tag{5.4}$$

模型(5.4)为一般线性结构的面板模型，可采用最小二乘法(OLS)对其参数实施估计，并依据参数估计结果计算出残差估计量 $\dot{e}_{it}$，残差平方和便可以表示为 $S_0=\dot{e}'_{it}\dot{e}_{it}$，Hansen(1999)据此构造了原假设 H_0 的似然比统计量：

$$F_1=(S_0-S_1(\hat{\gamma})/\hat{\sigma}^2 \tag{5.5}$$

式(5.5)的似然比统计量渐近服从于非标准的 χ_k^2 分布，但由于其临界值无法直接获取，所以还无法据此进行相关统计推断，为此 Hansen

(1999)建议使用自抽样法获得统计量 F_1 的一阶渐近分布，以及据此获得的伴随概率 P 值也是一阶渐近有效的，至此便可以对门槛效应的显著性进行检验。

本章据此检验了金融集聚对区域民营经济成长影响的门槛效应。结果见表 5.6，基于全国样本和东、西部样本进行检验，其单门槛检验结果的 F 值都在 1%的水平上显著，而基于中部样本进行单门槛检验的 F 值在 5%的水平上显著，均支持存在单门槛效应这一结论。

表 5.6　金融集聚影响民营经济成长的门槛效应检验

模型	门槛数	F 值	P 值	临界值		
				1%	5%	10%
全国样本	单门槛	24.484***	0.000	16.122	9.788	6.067
	双门槛	3.934	0.112	11.475	7.947	4.579
东部地区	单门槛	19.282***	0.000	19.172	13.145	7.686
	双门槛	0.402	0.394	7.511	3.054	2.027
中部地区	单门槛	14.292**	0.020	18.391	11.294	7.399
	双门槛	1.696	0.290	10.078	7.021	5.056
西部地区	单门槛	13.929***	0.022	13.514	9.332	6.236
	双门槛	0.366	0.633	4.236	2.958	2.239

注：①P 值和 1%、5%和 10%显著性水平下的临界值均是通过 Bootstrap 自助法，自抽样 500 次获取；② *** 、 ** 、 * 分别代表在 1%、5%、10%水平上显著。

5.4.3　门槛值估计

然后用 OLS 法对门槛值进行估计，结果见表 5.7。基于全国样本的门槛值估算结果表明，单门槛值大小为-1.580，该门槛值将全国各地区金融集聚度划分为两个区间，其中金融集聚度较高区间为 $F \geqslant -1.580$，金融集聚度较低区间为 $F < -1.580$。基于东、中、西部地区样本的单门槛值分别为-0.010、-1.270、-1.520，具体意义不再累述。

表 5.7　金融集聚影响民营经济成长的门槛值估计

模　型	门槛值	估计结果	95%置信区间
全国样本	γ_1	-1.580	[-1.580　-1.190]
东部地区	γ_1	-0.010	[-0.160　-0.040]
中部地区	γ_1	-1.270	[-1.520　-1.060]
西部地区	γ_1	-1.520	[-1.950　-1.200]

5.4.4　门槛效应分析结果

金融集聚影响区域民营经济成长的门槛效应分析结果见表 5.8。以普通面板模型做比较，民营经济资本投入 *LnK* 对民营经济成长具有显著影响。其余模型为存在显著门槛效应的回归分析结果，观察发现，金融集聚度无论是低于还是高于门槛值，资本投入 *LnK* 都对民营经济成长有显著正向影响。同时，当金融集聚度达到或超过门槛值时，资本投入变量估计系数增大，且 Wald 检验结果均在 1%的水平上显著，说明这一差异具有统计意义上的显著性，表明当金融集聚度增高时，民营经济的资本投入对其成长的作用更大。

门槛效应分析结论表明，当区域金融集聚度高于某一特定门槛值时，才能有效缓解该区域民营企业面临的融资约束问题，并通过促进资本投入，对民营经济成长产生显著的促进作用。否则，金融集聚无法发挥其对民营经济成长应有的促进作用。主要原因如下：①民营企业自身存在的一些缺点不利于其贷款融资。比如民企现代财务管理机制的缺失，导致银行无法获悉其真实的财务状况，包括资产负债、现金流量和损益情况等；而由于无法有效评估其信用等级，商业银行对民企的贷款申请往往持谨慎态度。②政府对金融体系具有一定的干预作用，将金融资源优先配置给国有部门，对民营部门所获金融资源形成“挤出效应”，产生了金融资源的错配。金融机构配置金融资源并非按照市场原则，将稀缺的资本分配到边际效用最高的经济部门，而是更多地按照所有制原则，将其分配给效率较低但信用度较明显的国有企业和国有项目。银行利益趋向和国家信贷政策向国有企业倾斜明显；主板市场对于民营企业上市存在实质性的准入限制；企业债券市场规模小，依然在较低水平徘徊，与整个债券市场或者股票市场比显得微不足道，均不能有效解决民营企业的融资问题。③当前中国经济存在“脱实向虚”现象，即脱离实体经济的投资、生产、流通，转向虚拟经济的投资。中国民营经济大多从事实体经济生产，不可避免地受到信贷歧视(向松祚，2015)。基于以上三点原因，在金融集聚水平较低的情况下，有限的金融资源大多流向国有企业，民营经济很难分享金融资源聚集的红利；而随着金融集聚水平的提高，在满足了国有企业的融资需求后，才会有部分金融资源流向民营企业；且金融市场内部竞争性增大，金融产业的市场化水平较高，出于逐利的目的，才会有更多的金融资源向民营经济倾斜。

表 5.8　金融集聚影响民营经济成长的门槛效应分析

变量名称	普通面板	全国样本	东部地区	中部地区	西部地区
LnK	0.895***	—	—	—	—
	(28.597)	—	—	—	—
LnK_a	—	0.094***	0.084***	0.072***	0.052***
(*F*<门槛值)	—	(20.171)	(10.620)	(11.147)	(10.659)
LnK_b	—	0.888***	0.880***	0.726***	0.927***
(*F*≥门槛值)	—	(28.677)	(19.288)	(10.222)	(16.778)
LnL	0.130***	0.161***	0.175***	0.177***	0.235***
	(4.912)	(5.761)	(4.262)	(3.087)	(5.378)
LnR&D	0.141***	0.147***	0.051**	0.218***	0.109***
	(7.978)	(8.394)	(2.139)	(7.126)	(4.181)
LnGOV	0.039**	0.051***	0.041***	0.066*	0.026
	(2.024)	(2.666)	(3.583)	(1.865)	(0.794)
EXP	0.089***	0.139***	0.371**	1.583*	0.032
	(3.846)	(3.326)	2.552	-1.703	0.219
EDU	0.076***	0.087***	0.124***	0.067*	0.045
	5.539	6.198	6.889	-1.813	1.462
CONS	-0.631***	-0.792***	-0.536**	-0.155	-0.828***
	(-5.758)	(-6.598)	(-2.594)	(-0.475)	(-3.957)

续表

变量名称	普通面板	全国样本	东部地区	中部地区	西部地区
Wald 检验	—	9.48***	17.31***	28.46***	6.911***
	—	(0.00)	(0.00)	(0.00)	(0.010)
Adj-R^2	0.982	0.983	0.990	0.974	0.973
Obs	300	300	110	90	100

注：①K_a和K_b分别代表金融集聚度小于和大于或等于门槛值时的民营经济累计投资水平，即固定资产净值水平。②***、**、*分别代表1%、5%、10%水平上显著。③括号中内容为T值。④为克服异方差问题导致的统计推断不可靠问题，本书在获取参数估计值标准误时采用自助法（Bootstrap），通过自抽样300次获取参数估计值的标准误；⑤Wald检验一栏中，首行内容为F统计量估算值，括号中内容为伴随概率P值。

关于其他控制变量对民营经济成长的作用，与本章前部分实证分析结果整体上无异。劳动投入 *LnL* 和就业人员平均受教育年限 *EDU* 的系数表明劳动力数量和质量的提升大体均能促进民营经济成长，东部由于民营企业自主创新能力较强，尤其注重劳动力的素质，相比而言，西部民营企业大多还停留在劳动密集型，对劳动力的数量更为敏感。研发经费投入 *LnR&D* 和政府科技支持 *LnGOV* 的系数表明随着东部民营企业科技创新进入深水期，技术研发的边际效用降低，中、西部民营企业的技术升级开始起步，比如武汉东湖、长株潭和成都高新国家自主创新示范区的崛起，但是由于先天性差距较大，西部地区民营企业科技创新能力较弱，受政府科技扶持力度的影响较小。民营经济外向度 *EXP* 系数显示随着中部地区民营企业开始“走出去”，其边际效应大于外向型市场发展较为成熟的东部地区，而西部地区的民营企业国际化战略仍需加强。中、西部地区民营企业科技创新和海外发展的表现反映出国家均衡发展战略初见成效。

5.5 本章小结

本章旨在考察金融集聚对区域民营经济成长的影响效应。在理论分析的基础上，本章首先基于面板误差修正模型实证研究了金融集聚与区域民营经济成长的长短期均衡关系，再运用面板门槛模型进一步分析了金融集聚通过影响民营经济资本投入对其成长产生的间接效应，研究结论概括如下：

（1）对东部地区，无论是在长期还是短期，金融集聚对民营经济成长都有一定促进作用；而对于中、西部地区，无论是在长期还是短期，金融集聚对民营经济成长均没有显著促进作用，表明东部地区金融集聚比较成熟，能在一定程度上满足民营经济的融资发展需求；而中、西部区域金融集聚尚处于发展初期，尚不能改善民营企业的融资发展困境，这也与民营企业自身的发展水平和融资政策歧视有关。另外，金融集聚对民营经济成长的长期促进作用较大，这与资金转化为生产力具有一定周期相关。从全国范围来看，无论长期还是短期，金融集聚均不能有效促进区域民营经济成长。

（2）对全国或东、中、西部地区而言，无论金融集聚度高低，都能通过增加资本投入促进民营经济成长。当金融集聚度达到或超过门槛值时，资本投入对民营经济的促进作用明显增强。表明当金融集聚水平较高时，金融市场化水平才能有所提高，从而在一定程度缓解民营企业面临的融资约束问题，进而使民营经济固定资产投资支出显著增加，并最终促进民营经济成长。

第6章　金融集聚对区域民营经济规模水平的影响

第5章首先运用面板误差修正模型实证检验了金融集聚与区域民营经济成长的长短期均衡关系的区域异质性，即东部地区内有一定促进作用，而全国和中、西部地区没有。然后运用面板门槛模型进一步分析了金融集聚通过影响民营经济资本投入对其成长产生的间接效应，发现当金融集聚度达到或超过门槛值时，资本投入对民营经济的促进作用明显增强。这也是对前面两者均衡关系区域异质性的一种解释。民营经济成长，不仅意味着总量的增长，还意味着质量的提高。为了进一步分析金融集聚对区域民营经济成长的影响，本章将从总量层面，即民营经济规模水平角度来进行研究。从理论上分析金融集聚对区域民营经济规模增长的空间效应，然后以中国30个省区（西藏和港、澳、台除外）2004—2014年的数据为样本，利用空间杜宾模型（Spatial Durbin Model）来实证分析金融集聚对集聚区域内和周边区域民营经济规模水平的影响。

6.1　引　言

国内外学者已在相关领域进行了一定研究。国内文献用空间计量模型研究发现中国金融集聚具有空间相关性，不仅能促进本地经济增长，在邻近地区还存在空间溢出效应（李红和王彦晓，2014），但金融集聚的空间辐射能力有限（李林等，2011；张浩然，2014），且银行、证券和保险业集聚的溢出效应又存在差异（豆晓利，2013）。谭朵朵（2012）得出除西部部分省份外，大多数地区有显著的正向溢出作用；徐玲（2011）、豆晓利（2013）和赵轶（2014）得出金融集聚显著影响邻近地区的经济发展，但程度不同；丁艺（2013）和安荣荣（2013）得出金融集聚对区域经济增长的空间溢出效应主要表现在银行业，而证券业和保险业集聚对区域经济增长的空间溢出作用不显著；丁艺(2013)、李红和王彦晓(2014)得出金融人力资本、金融集聚规模与金融产出密度在邻近城市存在显著空间溢出效应。对于金融集聚度较高的长三角的研究发现，上海金融集聚对本地经济起到了很大促进作用，但刘红(2008b)得出上海金融集聚对周边地区的辐射效应还不明显，李静霞和丁艺(2009)得出上海银行业和证券业发展对整个长三角地区起到明显辐射作用。汪桥红(2013)发现上海对江苏的金融发展以扩散效应为主，对浙江以极化效应为主。黄永兴等(2011)则发现长三角金融集聚表现出负外部溢出效应。对于金融集聚度较高的京津冀的研究发现，北京金融发展长期看来对天津产生了较强的辐射效应，扩散效应发生了主要作用，而对河北以极化效应为主(汪桥红，2013)。另外，运用断裂点模型对城市群的金融集聚辐射范围进行测算，何宜庆和吕弦(2015)发现东部六大城市群比中部两大城市群的金融集聚程度和辐射范围更广，陈莹和李心丹(2013)则测度了南京区域金融中心的辐射范围。

现有文献从理论和实证两方面为金融集聚对经济增长的空间溢出/辐射效应提供了方法论和研究经验的支持，但大多没有涉及民营经济的问题，大概是由于缺乏关于民营经济的系统性统计数据，使得学界尚无关于金融集聚对民营经济空间影响的研究。本章将以规模以上非国有工业企业销售产值替代区域民营经济规模水平，利用静态和动态空间杜宾模型就金融集聚对区域民营经济规模水平的空间效应进行实证分析。

6.2　金融集聚影响区域民营经济规模水平的理论分析

金融集聚实际是金融产业的集聚，是一个动态过程：在金融中心成长初期，其功能以集聚为主，依靠集聚能力吸收尽量多的资金，并辐射周边地区；在金融集聚发展到高级阶段，金融中心城市的扩散作用才能得到更大体现，通过扩散效应，在与其他城市的相互联系和作用中，带动整个区域的经济发展(丁艺，2013)。无论金融产业在空间上表现为集中布局还是分散布局，都是由多种促进集聚的因素与多种抑制集聚或促进分散的因素相互作用决定的。即由第一类因素产生的集聚力与第二类因素产生的分散力的对比决定。

（1）规模经济。规模经济也称“规模收益递增”，指随着企业产出水平的增加，其平均单位成本下降。西托夫斯基（Scitovsky，1954）将规模经济分为内部规模经济和外部规模经济。内部规模经济指平均成本的下降由单个企业自身产出水平的增加引起；外部规模经济指平均成本的下降由整个行业的产出水平增加引起。城市经济学又将外部规模经济区分为局部化经济/地方化经济和城市化经济。前者表现为特定行业的企业的平均生产成本随着行业总产出的增加而下降；后者表现为单个企业的生产成本随着整个城市地区总产出的增长而下降。简言之，规模经济涉及内部、外部两种性质和企业、行业、跨行业三个层面。在本章，企业可专指金融企业、行业专指金融行业，跨行业指金融行业，及投资咨询、信用评级、资产评估、外语和金融专业技术培训等辅助性行业。在金融集聚前期，随着金融企业内部业务规模的扩大，金融企业间合作范围的扩大，以及金融业和辅助性行业间合作范围的扩大，金融业产生内外部规模经济效应，金融产品大量丰富、金融服务水平提升且企业融资成本降低，为集聚区域内民营企业提供了便利的融资条件，有利于拉动民营经济的投资型增长。当金融集聚区生产或经营规模达到一定临界值后，协调和控制大规模生产和经营的困难会增加，管理层次增加也使得决策和关键信息失真（魏埙等，2001），从而导致规模收益递减，产生规模不经济。

（2）消费偏好。消费偏好既指人有消费物品和劳务的需求，也指人在消费物品和劳务时表现出偏好物品和劳务的多样性。实体企业发展，在要求金融资源的数量增加的同时，也对金融产品的种类提出了要求。面对扩大的市场需求，作为金融资源的提供方，单个金融机构一方面要尽可能扩大生产规模以充分利用内部规模经济，另一方面需要彼此接近以充分利用外部规模经济，而这两点都表现为金融产业集聚。因此，区域实体企业集聚和实体经济成长，为金融集聚提供了动力。

（3）拥挤成本。金融集聚包括金融资本、金融机构和金融人才的集聚，再加上其辅助行业的集聚和与之相对应的实体产业集聚，意味着集聚区的狭小空间内人口的拥挤，对应需求的“拥挤”，对应供给的稀缺，对应价格的高企和生活成本的高昂，促使金融人才向集聚区外围流动。对于金融机构和实体产业也是同样的逻辑。金融机构集聚产生市场拥挤效应，即本地竞争效应，指企业空间分布的集中会使彼此争夺客户的市场竞争趋于激烈，降低盈利能力，导致金融企业有向集聚区外围转移的倾向。对于集聚区内的实体企业，产业集聚意味着采购、生产、运输、储存和销售需求的增长，导致对土地、建筑物等资源和服务的竞争更加激烈，推动其价格上涨，而高昂的成本积累到一定程度后将引发生产区域的转移。实体企业向集聚区外围转移带动的金融需求转移，促使金融资源向外扩散。

实体企业对金融资源的无限需求和多样化偏好，与规模经济的结合要求金融要素和金融产业在空间上集聚，而拥挤成本的存在则起着阻碍作用（殷广卫，2011）。在金融中心发展前期，前者发挥主要作用，促进金融资源向核心区域汇聚，并通过拉动投资促进集聚区民营经济增长，同时由于虹吸效应①阻碍周围地区民营企业融资和投资型增长，即产生“极化效应”；随着金融中心发展成熟，后者作用逐渐显现，诱使核心区域金融资源向外围地区扩散，同样通过拉动投资促进周围地区民营经济增长，即“涓流效应”开始显现。

6.3　金融集聚影响区域民营经济规模水平的实证分析

6.3.1　研究设计

（1）空间杜宾模型构建。

基于前文理论分析，为了研究金融集聚对区域民营经济规模水平的影响，首先根据 CD 生产函数建立基础模型：

$$Y_{it}=\beta_0+\beta_1 F_{it}+\beta_2 X_{it}+\mu_i+\varepsilon_{it},\ \varepsilon_{it}\sim(0,\ \sigma_{it}^2) \tag{6.1}$$

其中，i 和 t 分别表示第 i 个省区第 t 年的数据，被解释变量 Y 为区域民营经济规模，F 为区域金融集聚水平，X 为影响区域民营经济增长的其他控

① 指中心城市强大的吸引力会将别的地方的投资吸引过来，从而减缓这些地区的发展。

制变量，包括民营经济的资本投入(K)、民营经济的劳动力投入(L)、从业人员平均受教育水平(EDU)、民营经济的研发经费投入($R\&D$)、政府对民营经济的科技投入(GOV)和民营经济外向度(EXP)。μ_i 表示各省区之间不可观测的个体异质性，ε_{it}为服从正态分布的随机扰动项。

普通面板模型忽略了空间因素对因变量的影响。而空间面板模型则可改变其数据无关联和均质性的假定，将空间结构权重纳入分析，考虑了空间相关性对因变量的影响，使模型更加贴近客观事实。常见的空间计量模型有空间滞后模型（Spatial Lag Model，SLM）、空间误差模型（Spatial Error Model，SEM）和空间杜宾模型（Spatial Durbin Model，SDM），其中 SDM 同时考虑了因变量和自变量的空间滞后项。SDM 模型的一般形式是：

$$y=\alpha l_n+\rho Wy+\beta x+\delta Wx+\varepsilon,\ \varepsilon\sim(0,\ \sigma^2 I_N) \tag{6.2}$$

其中，α 为常数项，l_n 为 $N\times1$ 阶单位矩阵，N 为地区个数，W 为 $N\times N$ 阶空间权重矩阵，Wy 和 Wx 分别表示因变量和自变量的空间滞后项。LeSage 和 Pace(2009)指出，纳入空间滞后项的 SDM 模型无法直接反映其边际效应，其回归系数不能直接用来衡量自变量对因变量的影响，而需用偏微分方法将自变量对因变量 y 的影响按来源分解为直接效应和间接效应。将式(6.2)改为：

$$y=(I-\rho W)^{-1}\alpha l_n+(I-\rho W)^{-1}(\beta x+\delta Wx)+(I-\rho W)^{-1}\varepsilon \tag{6.3}$$

按照地区 1~N 将被解释变量 y 对第 k 个解释变量 x 求偏导数，得偏微分矩阵如下：

$$\left[\frac{\partial y}{\partial x_{1k}}\cdots\frac{\partial y}{\partial x_{Nk}}\right]=\begin{bmatrix}\frac{\partial y_1}{\partial x_{1k}} & \cdots & \frac{\partial y_1}{\partial x_{Nk}}\\ \vdots & \vdots & \vdots\\ \frac{\partial y_N}{\partial x_{1k}} & \cdots & \frac{\partial y_N}{\partial x_{Nk}}\end{bmatrix}=(I-\rho W)^{-1}\begin{bmatrix}\beta_k & w_{12}\delta_k & \cdots & w_{1N}\delta_k\\ w_{21}\delta_k & \beta_k & \cdots & w_{2N}\delta_k\\ \vdots & \vdots & \vdots & \vdots\\ w_{N1}\delta_k & w_{N2}\delta_k & \cdots & \beta_k\end{bmatrix} \tag{6.4}$$

其中，w_{ij}是权重矩阵 W 的第(i，j)个元素，右端矩阵主对角线元素之和的平均值为直接效应，主对角线以外元素之和的平均值为间接效应。直接效应表示区域 i 的自变量对本地区因变量 y 的平均影响，间接效应表示区域 i 周围地区的自变量对区域 i 因变量 y 的平均影响（朱玉杰和倪骁然，2014；刘传江和胡威，2016）。总效应是对直接效应和间接效应的综合反映。

考虑到金融集聚同时具有集聚效应和扩散效应，即除了本地区金融集聚对本地区民营经济规模产生影响外，还有周边地区金融集聚和民营经济规模水平对本地区民营经济规模产生影响，在上述方程引入空间变量，建立 SDM 模型：

$$Y_{it}=\rho WY_{it}+\beta_1 F_{it}+\delta_1 WF_{it}+\beta_2 X_{it}+\delta_2 WX_{it}+\mu_i+\gamma_t+\varepsilon_{it} \tag{6.5}$$

其中，W 为空间权重矩阵，WY_{it} 表示被解释变量区域民营经济规模水平的空间滞后项，WF_{it} 表示解释变量区域金融集聚度的空间滞后项，WX_{it} 为控制变量的空间滞后项，μ_i 为空间固定效应，γ_t 为时间固定效应。当 $\delta=0$ 时，SDM 模型可缩减为 SLM 模型，当 $\delta+\rho\beta=0$ 时，SDM 模型可缩减为 SEM 模型，因此 SDM 模型更具一般性。又因经济增长是连续性、动态的系统活动，受到多种因素的影响，而静态模型只能用易于衡量的指标来进行分析，其他不可衡量因素则无法量化体现，使模型准确性受到影响，而采用动态模型可以解决这一问题。考虑到区域民营经济规模增长的时间滞后效应，在式(6.5)中加入因变量 Y 的一阶滞后项，构成空间动态面板杜宾模型（Spatial Dynamic Panel Durbin Model，SDPD）：

$$Y_{it}=\tau Y_{i,t-1}+\rho WY_{it}+\beta_1 F_{it}+\delta_1 WF_{it}+\beta_2 X_{it}+\delta_2 WX_{it}+\mu_i+\gamma_t+\varepsilon_{it} \tag{6.6}$$

（2）空间权重矩阵构建。

参考现有文献，常用的空间权重矩阵大致有空间邻接权重矩阵和地理距离权重矩阵：

1）空间邻接权重矩阵：表示空间单元的相互邻接关系，其中对角线上元素为 0，其他元素满足：

$$W_{ij}=\begin{cases}1，\text{当区域 } i \text{ 和区域 } j \text{ 相邻时，空间相关}\\0，\text{当区域 } i \text{ 和区域 } j \text{ 不相邻时，空间不相关}\end{cases}\quad(i\neq j) \tag{6.7}$$

其中，$i=1, 2, \cdots, n$，$j=1, 2, \cdots, m$，$m=n$ 或 $m\neq n$。

2）地理距离权重矩阵：假定空间相互作用的强度决定于地区间的中心距离或者行政中心所在地之间的距离。

$$W_{it}=\begin{cases}1/d^2，i\neq j\\0，i=j\end{cases} \tag{6.8}$$

其中，d 为两地区省会城市之间的距离①。然而大部分经济问题除了与地

① 省会城市之间的公路距离数据来源于 http：//www.geobytes.com/City Distance.htm.

理距离相关外，还与经济相关性相关。在此借鉴张嘉为等(2009)的方法构建。

3) 经济协动权重矩阵：

$$y_{it}=\alpha+\beta y_{j,t}+\varepsilon,\ W_{ij}=\begin{cases}\dfrac{1}{std(\varepsilon)},\ i\neq j\\ 0,\ i=j\end{cases} \tag{6.9}$$

其中，变量 y_i，y_j 分别是 i，j 地区规模以上非国有工业企业固定资产合计(本研究用以替代民营经济固定资产合计)，两者之间通常具有相似的变化趋势。若两地区民营经济固定资产合计相关性越强，则方程的拟合效果越好，残差波动范围越小，空间权重系数越大；反之空间权重越小。

当然，经济协动权重矩阵也并非完美，因为没有考虑到经济单元之间的空间距离的影响。为了克服这一问题，本书还借鉴李靖等(2010)、刘和东(2013)的方法用省级民营经济固定资产总额来建立。

4)经济距离空间权重矩阵：

$$W=W_d\text{diag}=\left(\frac{\overline{y_1}}{\overline{y}},\ \frac{\overline{y_2}}{\overline{y}},\ \cdots,\ \frac{\overline{y_n}}{\overline{y}}\right) \tag{6.10}$$

其中，W_d 是地理距离权重矩阵，$\overline{y_i}=\dfrac{1}{t_1-t_0+1}\sum_{t_0}^{t_1}y_{it}$ 为第 i 省的民营经济固定资产合计的平均值，$\overline{y}=\dfrac{1}{n(t_1-t_0+1)}\sum_{i-1}^{n}\sum_{t_0}^{t_1}y_{it}$ 为考察期内民营经济固定资产投资的均值，t 为不同时期。

(3) 研究变量选取说明。

1) 区域民营经济规模水平(Y)。经济规模即经济总量，对企业而言指用产品产量或产品产值所表示的企业生产能力，对国家来说是用 GDP 表示的创造财富的总水平。本书选择规模以上非国有工业企业销售产值(PRO)衡量区域民营经济规模水平。需要解释的是，第 5 章民营经济成长水平替代变量的“主营业务收入”是会计概念，反映的是企业的资金运动，即企业的经营状况；而本章民营经济规模水平替代变量“销售产值”是统计学概念，描述的是总量，即经济规模。这里使用“总产值”指标更合适，但其完整统计数据仅到 2011 年。

2) 区域金融集聚度(F)。关于地区金融集聚度指标，实际为金融空间集聚的一系列信息综合体，需要将多维反映金融空间集聚的指标拟合为一维指标，具体采用主成分分析方法实现，详情请参阅本书第 3. 3. 1 节和 4. 1. 1 节。

3) 民营经济的资本投入(*K*)。民营经济的资本投入是一个连续过程，且最终对民营经济成长产生影响的是其历年累积并固化的结果，即固定资产余额。在资本的累积固化过程中，一方面新的投资促使其不断增加，另一方面使用中的损耗又使其不断减少，所以在衡量民营经济的总体资本投入时，还要扣除折旧部分。本书选择规模以上非国有工业企业固定资产合计指标(固定资产原价减去累计折旧)衡量区域民营经济的资本投入。

4) 民营经济的劳动投入(*L*)和从业人员平均受教育水平(*EDU*)。在衡量民营经济的劳动投入时，需要关注劳动力投入的数量和质量。本书选择规模以上非国有工业企业历年从业人数衡量其劳动投入的数量，用地区就业人员平均受教育年限衡量其质量。

5) 民营经济的研发经费投入(*R&D*)和政府对民营经济的科技投入(*GOV*)。与学术界大多相似研究一致，本书用民营经济的研发投入衡量技术进步因素。同时，还引入了政府对规模以上非国有工业企业的科技活动资金资助指标，以考察政府推动技术进步因素对民营经济规模增长产生的影响。

6) 民营经济外向度(*EXP*)。民营经济不仅可以从外域获得成长所需资金和技术，还可将其产品或服务销售给外域地区的消费者，均可促进民营经济规模增长。本书选择规模以上非国有工业企业出口交货值和工业销售产值之比来衡量民营经济外向度(见表 6. 1)。

民营经济变量的相关数据均为 2004—2014 年的省际数据，分别来源于相应年份的《中国工业经济统计年鉴》《中国劳动统计年鉴》和《工业企业科技活动统计年鉴》。

表 6. 1　相关变量说明

变量名称	变量含义	替代变量
LnY	民营经济增长规模	*Ln*(规模以上非国有工业企业销售产值)
F	区域金融集聚度	基于主成分分析法的估算结果

续表

变量名称	变量含义	替代变量
LnK	民营经济资本投入	*Ln*(规模以上非国有工业企业固定资产合计)
LnL	民营经济劳动投入	*Ln*(规模以上非国有工业企业从业人数)
EDU	民营经济从业人员受教育水平	地区就业人员平均受教育年限
LnR&D	民营经济的研发经费投入	*Ln*(规模以上非国有工业企业 R&D 项目经费内部支出)
LnGOV	政府对民营经济的科技投入	*Ln*(政府对规模以上非国有工业企业的科技活动资金资助)
EXP	民营经济外向度	规模以上非国有工业企业出口交货值占工业销售值之比

6.3.2 空间相关性检验

(1) 全局空间自相关检验。

首先运用空间自相关指数 Moran's I 检验区域民营经济规模水平(*LNPRO*)和区域金融集聚水平(*F*)的空间自相关性，计算公式如下：

$$\text{Moran's I} = \left[\sum_{i=1}^{N}\sum_{j=1}^{N} W_{ij}(U_i - \overline{U})(U_j - \overline{U})\right] \Big/ \left[S^2 \sum_{i=1}^{N}\sum_{j=1}^{N} W_{ij}\right] \tag{6.11}$$

其中，$U_i(i=1, 2, \cdots, N)$为经济体内第 i 个区域的统计指标值，如区域民营经济规模水平(*LnY*)和区域金融集聚水平(*F*)；N 为区域数目；W_{ij}为各省域的空间权重矩阵。Moran's I 指数取值在−1~1 之间，如果 Moran's I 指数小于 0，则表示空间负相关；Moran's I 指数等于 0 则表示不相关；Moran's I 指数大于 0 表示空间正相关。结果见表 6.2。

可以发现，若采用空间邻接权重矩阵和经济距离权重矩阵，金融集聚指标 *F* 的 Moran's I 指数的 P 值均大于 10%，没有拒绝空间随机分布的原假设，表明样本内金融集聚不存在明显的空间自相关性。

表 6.2　2004—2014 年区域民营经济规模指标与金融集聚指标的 Moran's I 值

年份	空间邻接权重				地理距离权重			
	LnY		*F*		*LnY*		*F*	
	Moran's I	P	Moran's I	P	Moran's I	P	Moran's I	P
2004	0.350	0.002	0.135	0.161	0.347	0.000	0.185	0.021
2005	0.356	0.002	0.095	0.283	0.339	0.000	0.167	0.034
2006	0.381	0.001	0.083	0.330	0.352	0.000	0.155	0.045
2007	0.393	0.001	0.085	0.321	0.353	0.000	0.168	0.031
2008	0.379	0.001	0.066	0.406	0.347	0.000	0.148	0.054
2009	0.346	0.002	0.113	0.220	0.334	0.000	0.164	0.035
2010	0.343	0.002	0.059	0.436	0.340	0.000	0.149	0.052
2011	0.348	0.002	0.045	0.486	0.340	0.000	0.078	0.206
2012	0.347	0.002	0.038	0.520	0.323	0.000	0.071	0.235
2013	0.313	0.005	0.041	0.502	0.312	0.000	0.074	0.216
2014	0.330	0.004	0.026	0.619	0.318	0.000	0.019	0.578
年份	经济距离权重				经济协动权重			
	LnY		*F*		*LnY*		*F*	
	Moran's I	P	Moran's I	P	Moran's I	P	Moran's I	P
2004	0.172	0.008	0.067	0.182	0.037	0.000	0.042	0.000
2005	0.163	0.011	0.051	0.263	0.042	0.000	0.039	0.000
2006	0.167	0.009	0.043	0.310	0.045	0.000	0.040	0.000
2007	0.164	0.010	0.050	0.266	0.049	0.000	0.039	0.000
2008	0.156	0.014	0.037	0.349	0.049	0.000	0.037	0.000
2009	0.143	0.022	0.049	0.271	0.047	0.000	0.041	0.000
2010	0.147	0.020	0.040	0.324	0.048	0.000	0.035	0.000
2011	0.144	0.022	0.013	0.515	0.047	0.000	0.038	0.000
2012	0.141	0.024	0.009	0.549	0.047	0.000	0.037	0.000
2013	0.136	0.028	0.015	0.488	0.042	0.000	0.038	0.000
2014	0.139	0.026	0.020	0.478	0.045	0.000	0.015	0.002

若采用地理距离权重矩阵，民营经济规模指标 LnY 的Moran's I 指数均大于0，P 值均为0，拒绝空间随机分布的原假设，表明样本内民营经济规模水平存在明显的空间正相关性；金融集聚指标 F 的Moran's I 指数均大于0，P 值除最后四年大于10%以外，其余均小于10%，拒绝空间随机分布的原假设，表明样本内金融集聚存在明显的空间正相关性。

若采用经济协动权重矩阵，民营经济规模指标 LnY 和金融集聚指标 F 的Moran's I 指数均大于0，P 值均为0，拒绝空间随机分布的原假设，表明样本内民营经济规模和金融集聚分别存在明显的空间正相关性。

(2) 局域空间自相关检验。

进一步地，通过绘制空间相关系数Moran's I 散点图，在二维空间图上将各省域的经济指标分为4个象限的集群模式，分别识别某一省区的集聚水平及其与邻近省区的空间相关性：如果Moran's I 散点图分布在第一象限，则说明这一省区的集聚水平较高，且邻近省区的集聚水平也较高(HH)；如果分布在第二象限，则说明这一省区的集聚水平较低，但邻近省区的集聚水平较高(LH)；如果分布在第三象限，则说明这一省区的集聚水平较低，且邻近省区的集聚水平也较低(LL)；如果分布在第四象限，则说明这一省区的集聚水平较高，但邻近省区的集聚水平较低(HL)。

以2014年数据为例，来观察各省区金融集聚和民营经济规模指标的Moran's I 散点图(见图6.1)。

若采用地理距离权重矩阵，对于金融集聚指标 F 的Moran's I 散点图而言，沪、苏、浙、鲁位于第一象限(HH)；津、冀、蒙、皖、闽、赣、豫位于第二象限(LH)；京、粤、川位于第四象限(HL)；其余省区位于第三象限(LL)。对于民营经济规模指标 LnY 的Moran's I 散点图而言，沪、浙、皖、闽、赣、鄂、湘位于第一象限(HH)；京、晋、黑位于第二象限(LH)；桂、琼、渝、黔、滇、甘、青、宁、新位于第三象限(LL)；津、辽、川位于第四象限(HL)。两者各象限里的地区并不是一一对应，但大部分一致，表明采用地理距离权重，能检验出各地区金融集聚和民营经济规模有局部空间集聚性。

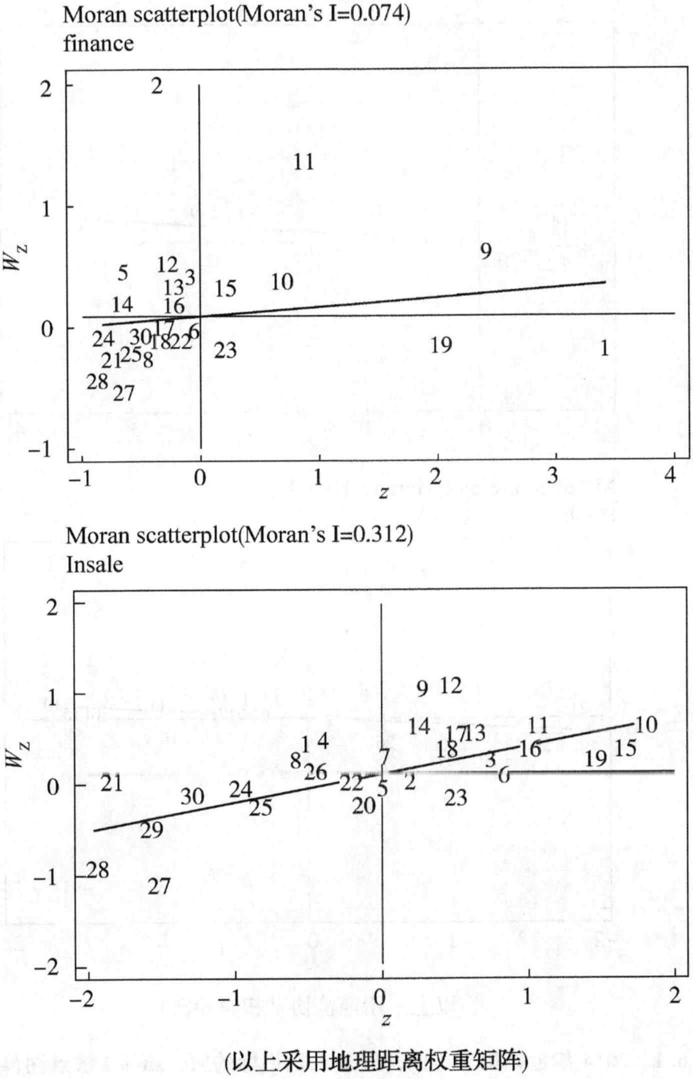

(以上采用地理距离权重矩阵)

图 6.1　2014 年金融集聚与民营经济规模指标的Moran's I 散点图①

① 东部：京 1，津 2，冀 3，辽 6，沪 9，苏 10，浙 11，闽 13，鲁 15，粤 19，琼 21；中部：晋 4，吉 7，黑 8，皖 12，赣 14，豫 16，鄂 17，湘 18；西部：蒙 5，桂 20，渝 22，川 23，黔 24，云 25，陕 26，甘 27，青 28，宁 29，新 30。

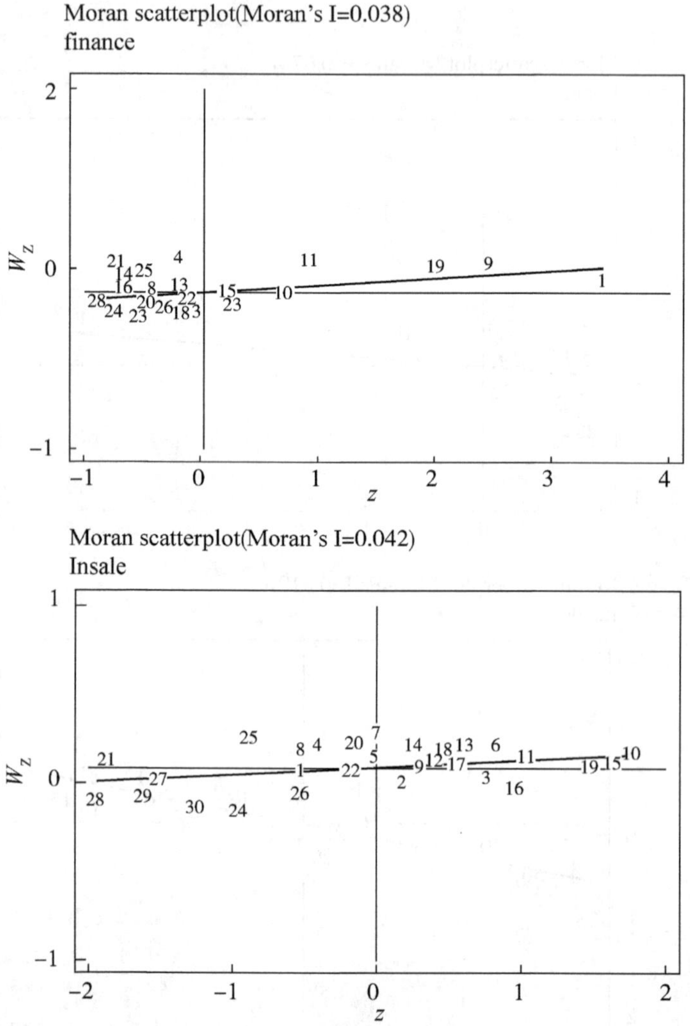

(以上采用经济协动权重矩阵)

图 6.1　2014 年金融集聚与民营经济规模指标的Moran's I 散点图(续)

若采用经济协动权重矩阵，对于金融集聚指标 F 的Moran's I 散点图而言，京、沪、苏、浙、鲁、粤位于第一象限(HH)；晋、黑、闽、赣、豫、琼、滇位于第二象限(LH)；川在第四象限(HL)；其余省区在第三象限(LL)。对于民营经济规模指标 LnY 的Moran's I 散点图而言，辽、沪、苏、浙、皖、闽、赣、鲁、鄂、湘、粤位于第一象限(HH)；晋、蒙、吉、黑、琼、云、桂位于第二象限(LH)；京、渝、黔、陕、甘、青、宁、新位于第三象限(LL)；津、冀、豫位于第四象限(HL)。显然，两者各象限里的地区并非一一对应，但大部分一致，表明在经济协动权重下，不可否认各地区金融集聚与民营经济规模存在局部空间集聚性。

考虑到用空间面板模型来研究金融集聚与区域民营经济规模的关系，并为了保证结果的稳健性，本章选用地理距离权重矩阵和经济协动权重矩阵。

6.3.3　空间杜宾模型分析结果

(1) 全国样本回归分析。

基于式(6.5)、式(6.6)的设定，本章运用 Stata 对样本数据进行基于地理距离权重矩阵和经济协动权重矩阵的极大似然估计。若采用混合效应和时间效应，都忽略了中国民营经济规模的区域差异，因此采用空间固定效应，不仅考虑了民营经济规模的地区差异，还将空间依赖的作用跟空间异质性和遗漏变量的影响区分开来。回归结果如表 6.3 所示。表中省略了静态和动态 SDM 模型的回归系数，只列出其分解效应系数。

表 6.3　全国样本静态和动态 SDM 模型估计结果

全国样本		地理距离权重		经济协动权重	
模型		SDM	SDPD	SDM	SDPD
Spatial rho		0.514***	0.346***	0.560***	0.326***
Variance sigma2_ e		0.010***	0.007***	0.011***	0.006***
R-square		0.976	0.991	0.967	0.991
FE		-0.006	0.446	0.515	-3.284
直接效应	*F*	-0.027	-0.007	-0.044*	-0.009
	LnK	0.583***	0.227***	0.678***	0.256***
	LnL	0.446***	0.221	0.334***	0.089
	LnEdu	0.117	0.213	0.035	0.266
	LnR&D	0.034*	0.009	0.046***	0.006
	LnGov	0.010	-0.010	-0.014	-0.021*
	EXP	0.228***	0.120***	0.246**	0.141***

续表

全国样本		地理距离权重		经济协动权重	
间接效应	*F*	−0.116	−0.020	−1.709**	−0.335
	LnK	0.530***	−0.010	0.595**	0.288
	LnL	−0.447**	−0.385***	−0.482**	−0.906***
	LnEdu	−0.765	−0.112	−0.916	4.746***
	LnR&D	0.046	0.017	−0.009	−0.284*
	LnGov	0.063	−0.034	−0.035	−0.275**
	EXP	−0.155	0.027	0.649	2.112***
总效应	*F*	−0.143	−0.027	−1.753***	−0.345
	LnK	1.113***	0.217	1.273***	0.544***
	LnL	−0.002	−0.164**	−0.148	−0.817***
	LnEdu	−0.648	0.101	−0.881	5.012***
	LnR&D	0.080	0.026	0.037	−0.278
	LnGov	0.073	−0.044	−0.049	−0.297**
	EXP	0.073	0.147	0.894	2.253***

注：*、**、*** 分别表示在 1%、5%和 10%水平上显著。

数据显示，两种权重矩阵下 SDM 和 SDPD 模型的 R^2 值均大于 0.96，表明模型的拟合效果较好；P 值均在 1%的水平上显著，表明变量间存在明显的空间相关性。从效应分解可以看出，无论是直接效应、间接效应还是总效应，金融集聚度 *F* 的系数大致都不显著，表明从全国范围来看，中国金融集聚尚不能有效改善民营企业的融资难题，从而促进民营经济规模增长。特别地，在经济协动权重矩阵下的 SDM 模型中，金融集聚对区域民营经济规模具有一定负向影响，表明当区域间民营经济成长水平相似时，对金融资源的争夺更加激烈，而在融资渠道缺乏的情况下，民营企业只能寻求民间借贷，比如借贷公司等。这些民间借贷组织经营不正规，借贷利率高，且乱收不合理费用，又增加了民营企业的借贷资金成本；且它们本身经营也存在风险，有的甚至从事非法集资，涉嫌违法也会殃及民营企业，遭受经济损失。

观察控制变量，两种权重矩阵下 SDM 和 SDPD 模型中，资本投入 *K* 大致对区域民营经济规模具有显著的促进作用，符合经济增长规律，而本书所用替代变量为固定资产投资，说明中国民营经济的规模尚有较大发展空间。劳动力投入 *LnL* 对区域民营经济规模的直接效应显著为正，符合经济增长规律，说明中国民营经济还处于劳动密集型阶段；而间接效应显著为负，反映出区域之间对劳动力的争夺比较激烈，这主要是由于随着人口老龄化的到来，中国人口红利逐渐减小，劳动力人口正在下降，导致工资上涨从而增加民营企业的运行成本。大体而言，从业人员平均受教育水平 *LnEdu* 对区域民营经济规模的影响并不显著，说明从全国范围来看，民营经济的技术转型尚不明显，对劳动力数量的需求依然强于对劳动力素质的需求。民营企业研发经费投入 *LnR&D* 对区域内民营经济规模有较小的促进作用，反映民营企业正在寻求技术转型，然而由于管理体制、市场定位和研发能力等因素，民营企业技术研发转化为经济效益的能力较弱，因此 *LnR&D* 的总效应并不显著。政府的科技投入 *LnGov* 对区域民营经济规模大体并不显著，反映由于所有制偏好，政府财政支持更多偏向国有经济，而非民营经济，对民营企业的技术扶持力度较弱。民营经济外向度 *EXP* 对区域民营经济规模的直接效应显著为正，反映出中国民营企业的产品由于相对成本较低，在海外尚有一定的竞争力，而积极开拓海外市场无疑是促进区域民营经济增长的战略之一。而由于中国民营企业的区域间合作较差，民营经济的区域联动性较弱，*EXP* 对区域民营经济规模的间接效应和总效应并不显著。

(2) 分地区样本回归分析。

由于中国东、中、西部区位特征、资源禀赋以及区域政策等存在明显差异，会在金融集聚对区域民营经济规模的影响效应上有所反映，因此本章还将分东、中、西部三个地区样本进行效应分解，回归结果见表 6.4。

表 6.4　分区域样本动态和静态 SDM 模型估计结果

分区域样本		东部				中部				西部			
权重		地理距离权重		经济协动权重		地理距离权重		经济协动权重		地理距离权重		经济协动权重	
模型		SDM (1)	SDPD (2)	SDM (3)	SDPD (4)	SDM (5)	SDPD (6)	SDM (7)	SDPD (8)	SDM (9)	SDPD (10)	SDM (11)	SDPD (12)
Spatial rho		0. 198	0. 284**	0. 327**	0. 142	0. 357***	0. 348***	−0. 181	0. 253	0. 396***	0. 138	0. 438***	0. 175
Variance sigma2_e		0. 007***	0. 004***	0. 008***	0. 004***	0. 007***	0. 006***	0. 007***	0. 005***	0. 011***	0. 006***	0. 011***	0. 006***
R−square		0. 969	0. 981	0. 977	0. 981	0. 847	0. 873	0. 971	0. 967	0. 917	0. 950	0. 957	0. 981
FE		−1. 244	−4. 957	−1. 570	−9. 542	−0. 080	0. 600	−1. 513	−4. 718	−2. 940	−1. 492	−3. 670	−1. 473
直接效应	*F*	−0. 034***	0. 006*	0. 026*	0. 003	0. 047	0. 046	−0. 034	0. 062	−0. 077	−0. 030	−0. 129	0. 011
	LnK	0. 486***	0. 250***	0. 527***	0. 302***	0. 461***	0. 251**	0. 373***	0. 100	0. 408***	0. 028	0. 424***	0. 127*
	LnL	0. 743***	0. 224**	0. 615***	0. 161	0. 607***	0. 449***	0. 584***	0. 489***	0. 588***	0. 493***	0. 490***	0. 145
	LnEdu	−0. 188	0. 597	−0. 263	0. 567*	−0. 662	−0. 178	1. 484***	−0. 549	1. 233***	1. 150***	0. 801**	0. 658**
	LnR&D	0. 015	−0. 028	0. 017	−0. 027*	0. 151***	0. 034	0. 059	−0. 015	0. 001	0. 000	0. 018	0. 006
	LnGov	0. 020	−0. 027	0. 002	0. 004	−0. 056	−0. 024	0. 012	0. 018	0. 005	−0. 036**	0. 032	−0. 055***
	EXP	0. 242	0. 168	0. 591*	0. 184	3. 574***	−3. 228***	3. 032***	−2. 697***	0. 101	0. 034	0. 066	−0. 055***

续表

分区域样本		东部				中部				西部			
权重		地理距离权重		经济协动权重		地理距离权重		经济协动权重		地理距离权重		经济协动权重	
间接效应	*F*	−0.014	0.061**	0.052	0.239***	−0.672***	−0.565***	−0.888***	−0.588**	−0.596***	−0.297**	−1.145**	0.179**
	LnK	0.597***	0.252	0.707***	0.290*	0.364**	0.309**	0.747***	0.910***	0.705***	0.297***	0.420	0.137
	LnL	−0.678***	−0.143	−0.555***	−0.227	−0.754***	−0.614***	−0.773***	−0.778***	−0.553***	−0.621***	−0.070	0.219
	LnEdu	−0.224	2.072**	0.265	4.319***	1.405	0.467	2.307**	3.632***	0.478	0.059	0.310	−0.086***
	LnR&D	0.034	−0.138	−0.119	−0.166	0.119	−0.060	0.032	−0.272*	−0.070	0.013	−0.016	3.144***
	LnGov	0.138**	−0.040	0.188	−0.045	−0.123	−0.029	−0.136	0.037	0.159**	0.046	0.340**	−0.088
	EXP	1.070*	2.548***	1.006	4.171***	−4.528	−0.552	2.664	3.327	−0.367*	0.015	−1.174	−0.189*
总效应	*F*	−0.048	0.066*	−0.078	0.242***	−0.625***	−0.519**	−0.922***	−0.527	−0.673**	−0.327**	−1.274**	1.229**
	LnK	1.083***	0.502***	1.234***	0.592***	0.825***	0.560***	1.120***	1.009***	1.113***	0.325***	0.844***	0.148
	LnL	0.065	0.081	0.060	−0.066	−0.148	−0.165	−0.188**	−0.289***	0.0035	−0.128	0.420	0.347**
	LnEdu	−0.412	2.669**	0.002	4.887***	0.743	0.239	0.823	3.084**	1.712**	1.208**	1.111	−0.941***
	LnR&D	0.049	−0.166	−0.101	−0.193	0.269**	−0.026	0.091	−0.286	−0.070	0.014	0.002	3.802***
	LnGov	0.158**	−0.067	0.190	−0.041	−0.179	−0.053	−0.123	0.054	0.165**	0.010	0.372**	−0.244**
	EXP	1.311*	2.716***	1.597	4.355***	−8.102	−3.781	−0.368	0.631	−0.266	0.050	−1.108	1.408**

注：*、**、*** 分别表示在 1%、5%和 10%水平上显著。

数据显示，东、中、西部地区两种权重矩阵下的SDM和SDPD模型的R^2值均大于0.80，表明模型的拟合效果较好；模型(2)、(3)、(5)、(6)、(9)、(11)的P值均在5%以上的水平上显著，表明变量间存在明显的空间相关性，因此着重观察以上6个模型的回归结果。从直接效应来看，东部地区金融集聚对民营经济规模有较小的促进作用，而中、西部地区金融集聚对民营经济规模均无显著作用；从间接效应来看，东部地区金融集聚对民营经济规模也具有较小的促进作用，而中、西部地区金融集聚对民营经济规模有一定的负向影响。说明东部地区金融资源丰富、金融市场比较完备，再加上民营企业整体实力和融资能力较强，获得部分金融集聚的红利；且东部地区金融集聚比较成熟，"涓流效应"开始显现，即金融集聚增长极通过向周围地区设立金融分支结构和网络，或增加投资来带动周围地区金融业和民营经济的发展。相比而言，中、西部地区金融集聚尚不能有效改善民营企业的融资困境，从而促进区域内民营经济规模增长；且中、西部地区金融集聚尚处于发展初期，"极化效应"比较明显，即金融集聚增长区金融企业或服务提供商的效率较高，外围地区金融企业或服务提供商的效率较低，两相竞争使外围地区金融业逐渐萎缩；地区之间争夺金融资源的竞争较激烈，从而加剧了民营企业融资难度，阻碍民营经济增长。总体而言，东部地区金融集聚对民营经济规模的正向影响较小，而中、西部地区金融集聚对民营经济规模有一定的负向影响。

观察控制变量，两种权重矩阵下SDM和SDPD模型中，各地区资本投入*K*对民营经济规模的直接效应均显著为正，符合经济增长规律；资本投入*K*对民营经济规模的间接效应大致为正，印证了区域之间民营经济存在一定的竞争性和联动性。各地区劳动力投入*LnL*对民营经济规模的直接效应均显著为正，符合经济增长规律；劳动力投入*LnL*对民营经济规模的间接效应均大致为负，原因同全国样本的分析，不再累述。西部地区从业人员平均受教育程度*LnEdu*对民营经济规模的直接效应大致为正，而东、中部地区不显著，因为东、中部地区从业人员的整体素质较高，其促进民营经济规模增长的边际效用较小，也反映出西部地区民营企业开始寻求技术转型。总体而言，从业人员受教育水平的提升对区域民营经济规模具有正向影响。各地区民营企业研发经费投入*LnR&D*对民营经济规模的直接效应大体不显著，原因同全国样本的分析，不再累述；间接效应均不明显，因为专利保护政策等区域间技术壁垒的存在，使得区域研发成果不具备外溢效应，符合客观现实。各地区政府的科技投入 *LnGov* 对区域民营经济规模的直接效应均不显著，原因同全国样本的分析，不再累述；特别地，西部 *LnGov* 对区域民营经济规模的间接效应显著为正，大概是西部省区在发展过程中加强政府合作战略初见成效。东、中部民营经济外向度 *EXP* 对民营经济规模有一定的直接促进作用，而西部的直接效应并不显著，说明东、中部民营企业外向型发展比西部较早，海外市场份额较大；东部 *EXP* 对民营经济规模亦有一定的正向间接影响，而中、西部的间接效应并不显著，说明东部民营企业区域间合作比较成熟，区域经济一体化发展较好，而中、西部区域民营经济发展还比较独立。

总体而言，东部地区金融集聚对区域内民营经济规模有较小正向作用，而中、西部地区金融集聚对区域内民营经济规模没有显著影响，说明东部比中、西部地区金融资源丰富，且民营企业的融资能力也较强。东部地区金融集聚对周边区域民营经济规模有较小正向作用，而中、西部地区金融集聚对周边区域民营经济规模有一定的负向作用，说明东部地区金融集聚比较成熟，“涓流效应”开始显现；而中、西部地区金融集聚还处于发展初期，“极化效应”比较显著。而即使在金融集聚水平较高的东部区域，区域金融增长极已经开始带动区域层面的金融发展，但金融集聚对民营经济规模的促进作用依然较小。究其原因，主要有：①主观方面，民营企业自身存在的一些缺点不利于其贷款融资。比如民企现代财务管理机制的缺失，导致银行无法获悉其真实的财务状况，包括资产负债、现金流量和损益情况等；而由于无法有效评估其信用等级，商业银行对民企的贷款申请往往持谨慎态度。②客观方面，金融机构配置金融资源并非按照市场原则，将稀缺的资本分配到边际效用较高的经济部门，而是更多地按照所有制原则，将其分配给效率较低但信用度较明显的国有经济。银行利益趋向和国家信贷政策向国有企业倾斜明显；主板市场对于民营企业上市存在实质性的准入限制；企业债券市场规模小，依然在较低水平徘徊，与整个债券市场或者股票市场比显得微不足道。③当前中国经济存在“脱实向虚”现象，即脱离实体经济的投资、生产、流通，转向虚拟经济的投资。相当部分的资金从银行流出，通过高利贷再流入实体经济，牟取信贷暴利。中国民营经济大多从事实体经济生产，不可避免地受到信贷歧视（向松祚，2015）。东部尚且如此，更不用说金融集聚水平较低的中、西部区域，民营经济很难分享金融资源聚集的红利。

6.4 本章小结

本章旨在分析金融集聚对区域民营经济规模水平的空间影响。规模经济、消费偏好和拥挤成本共同作用，促使金融产业先集聚后扩散，对集聚区内民营经济规模增长产生促进作用，而对集聚区周边地区民营经济规模增长产生先阻碍后促进的影响。在理论分析的基础上，本章运用静态和动态空间杜宾模型，从地理区位特征和经济社会特征两方面构建空间权重矩阵，并基于2004—2014年中国30个省区（西藏和港、澳、台除外）的面板数据，检验了金融集聚对区域民营经济规模水平的空间效应。研究结论概括如下：

（1）当采用地理距离权重矩阵和经济协动权重矩阵时，金融集聚指标和民营经济规模指标分别存在明显的空间正相关性和局部空间集聚性，可以进行空间计量分析。

（2）从全国范围来看，无论是采用地理距离权重矩阵还是经济协动权重矩阵，金融集聚对区域民营经济规模的直接效应、间接效应和总效应均不显著，表明整体而言，中国金融集聚尚不能有效改善民营企业的融资难题，从而促进民营经济规模增长，这与金融市场机制不健全、民营企业自身存在缺点和中国经济“脱实向虚”的宏观背景有关。

（3）分地区来看，东部地区金融集聚对民营经济规模增长有较小的直接和间接促进作用，表明东部地区金融集聚比较成熟，“涓流效应”开始显现；中、西部地区金融集聚对民营经济规模增长有较小的负向间接作用，而无显著直接效应，表明中、西部地区金融集聚尚处于发展初期，“极化效应”比较明显。总体而言，东部地区金融集聚对民营经济规模增长的正向影响较小，而中、西部地区金融集聚对民营经济规模增长有一定的负向影响，这也跟金融集聚水平、民营企业自身发展水平和融资政策歧视有关。

第 7 章　金融集聚对区域民营经济生产效率的影响

第 6 章首先运用Moran's I 指数及其散点图对中国金融集聚与区域民营经济规模指标分别做了全局和局部空间自相关检验，发现当采用地理距离权重矩阵和经济协动权重矩阵时，两者均通过检验，可以对其进行空间计量分析。然后运用静态和动态空间杜宾模型分别就全国和地区样本分析了金融集聚对区域民营经济规模的空间效应。虽然总体而言，金融集聚不能有效促进区域民营经济规模增长，但该影响表现出一定的区域异质性：东部地区金融集聚的“涓流效应”开始显现，对民营经济增长有较小的直接和间接促进作用，而中、西部地区金融集聚“极化效应”比较明显，对民营经济增长有较小的负向间接作用而无显著直接效应。为了进一步分析金融集聚对区域民营经济成长的影响，本章将从民营经济质量提升，即生产效率的角度，继续分析金融集聚的空间效应。首先从理论上分析金融集聚对区域民营经济生产效率的空间效应，然后以中国 30 个省区（西藏和港、澳、台除外）2004—2014 年的数据为样本，利用空间杜宾模型（SDM）来实证分析金融集聚对集聚区域内和周边区域民营经济生产效率的影响。

7.1 引　言

研究经济/企业的生产效率，学界一般采用全要素生产率（Total Factor Productivity）进行替代。全要素生产率（TFP）是宏观经济学中分析经济增长效率的指标，是产出增长率超出要素投入增长率的部分，反映的是扣除要素贡献（包括资本和劳动）后的“剩余”生产率水平，通常可以理解为技术进步和制度变革等非生产要素投入因素的贡献。用 TFP 来进行跨地区、跨部门和跨时期的经济增长因素比较，可以作为评判经济增长方式的有力工具（赵自芳和王争，2009）。

关于金融集聚对国民经济/企业 TFP 的影响，学界已有相关的研究。李思霖(2015)运用面板数据模型研究发现金融集聚对区域经济全要素生产率(TFP)增长有显著促进作用，而政府干预在两者之间产生了负效应。韦锦祥(2015)研究发现金融集聚通过本地效应和溢出效应显著提升本地区和周边地区制造企业的生产率，金融集聚溢出效应对于企业规模和企业财务风险较为敏感，而本地化的金融集聚则容易导致地方国有企业融资约束弱化而阻碍其生产率的提高。洪功翔等(2014)用动态面板模型研究发现银行业集聚比证券业集聚更能促进区域经济 TFP 增长，而保险业集聚对 TFP 增长存在消极作用。

相较而言，研究金融发展对国民经济/企业生产效率影响的文献较多。张军和金煜(2005)，姚耀军(2010)以及金雪军和郑冰开(2013)分别利用界限检验法、基于 ARDL 法的协整系数估计、向量误差修正模型及其 Granger 因果关系检验等研究发现，金融发展、企业技术进步与国民经济 TFP 存在长期均衡关系。金融发展可通过分散风险和提高货币供给，改善信息不对称及其引发的逆向选择和道德风险，来促进资源优化配置和技术进步，进而推动 TFP 增长(陈志刚和郭帅，2012)。徐清(2014)采用多层线性模型研究发现，金融规模扩张、金融结构调整和金融效率提升都能促进企业生产率的提升。金融规模扩张与 TFP 增长呈双向因果关系，而金融效率提升与 TFP 增长呈单向格兰杰原因(邹新月和赵江，2013)。但郑文(2013)研究发现金融效率提升通过促进经济体的技术进步和优化经济体的资本配置状况促进中国 TFP 增长，而金融规模扩张的促进效应不明显。金融发展规模和效率均对 TFP 增长存在明显的门槛效应(李梅，2014)，当金融发展水平超过一定临界值时，金融发展对 TFP 的促进效应趋近于 0(郑文，2013)，甚至产生阻碍作用(Coricelli 等，2012)。在对全要素生产率(TFP)进行分解研究的文献中，于震等(2008)和余利丰等(2011)发现，金融发展通过推动技术进步而非提高技术效率促进 TFP 增长；而李健和卫平(2015)，Lai 等(2016)却分别研究发现中国民间金融和外资金融发展通过技术效率增长效应而非技术进步效应对 TFP 增长产生促进作用。另外，以国家、产业和企业层次的时间序列或面板数据为研究样本，经验研究总体上支持金融发展可通过优化资源配置和技术进步来促进 TFP 增长的理论预期。当然，金融发展促进 TFP 提高的最终目的是促进经济增长

（王舒健和李钊，2007；黄燕萍，2016；Christiansen 等，2013）。相反，Kaihatsu 和 Kurozumi（2014）通过建立新凯恩斯主义动态随机一般均衡模型研究发现，金融紧缩通过降低 R&D 投入和错配资源导致 TFP 增长减速，从而诱发了 20 世纪 90 年代日本经济停滞。

由于民营经济缺乏系统性统计数据，研究金融对民营经济生产效率影响的文献较少。Haskel 和 Wallis（2013）研究发现公共金融通过技术溢出效应促进私营经济 TFP 增长。孙灵燕和崔喜君（2014）发现 FDI 通过融资效应推动民企要素配置效率的提高，而通过技术溢出效应提升民企的管理效率与技术进步。然而，民营企业存在吸收外资产业内水平溢出和产业间后向溢出的门槛效应，即民营企业只有具有一定的生产率水平才能吸收到外资的正向溢出（赵自芳和王争，2009）。除了金融，民营企业 TFP 的增长还受到政府干预、企业家精神和技术因素的影响。Antonopoulos 和 Sakellaris（2009）指出信息和通信技术投资是发达国家经济复苏和 TFP 增长的动力源泉。而技术投资也离不开金融的支持。

现有文献从理论和实证两方面为金融发展/金融集聚与国民经济/企业 TFP、金融发展与民营经济/企业生产效率的研究提供了方法论和研究经验的支持，但由于缺乏关于民营经济的系统性统计数据，尚没有文献研究金融集聚对区域民营经济生产效率的影响。本章将以规模以上非国有工业企业 TFP 替代区域民营经济生产效率，利用空间杜宾模型就金融集聚对区域民营经济生产效率的空间效应进行实证分析，分析当前中国金融集聚影响区域民营经济成长的实质。

7.2　金融集聚影响区域民营经济生产效率的理论分析

基于第 3 章的理论分析，由于金融资本的趋利性导致其向收益率高的部门流动，且民营经济具有比国有经济更大的活力和更高的收益率，因此在理想状态下，民营经济定会受益于金融集聚的资源配置。为了简化分析过程，不考虑国有经济和非国有经济（广义的民营经济）间的相互转化。假设非国有经济和国有经济占比分别为 β 和 $1-\beta$，$0<\beta<1$。

假定：①TFP 提高（技术进步）通过新发明的资本产品来体现；②在一个封闭经济中，存在三种类型的部门：最终产品生产部门、创新部门及消费部门，且每一最终部门的生产者都租用 N 种由创新部门研发的资本品；③每一创新部门只专门研发一种资本品，且对其产品的生产和销售具有垄断权；④某种资本品 i 的研发和生产需要经过若干时期，其销售价格 P_i 由最大化研发投入回报的现值来确定，通过求一阶最优条件，可证明 P_i 是生产成本的一个固定加成。Barro 和 Sala-I-Martin（1995）已经证明。在均衡状态下，资本回报率（均衡利率）为：

$$r=\frac{1}{\lambda}\cdot LA^{1/(1-\alpha)}\cdot\left(\frac{1-\alpha}{\alpha}\right)\alpha^{2/(1-\alpha)} \tag{7.1}$$

其中，α 是资本的收入份额，即 CD 生产函数中资本的产出弹性；L 是劳动投入；A 是技术进步；λ 是创新部门进行 R&D 活动的成本。假定研发任何一种资本品的成本都相同，且 R&D 成本依赖于技术的扩散。金融集聚区往往是知识中心、技术中心，具有丰富的未编码知识，知识库和创新资源丰富，且金融集聚区内的网络效益会加速信息技术的流动，加快先进知识和技术在企业间的技术外溢（Technology Spillover，TS），从而降低创新部门的 R&D 成本。假设研发一种新资本品的成本为 $\lambda=f(TS, OTHER)$，且 $\partial\lambda/\partial TS<0$，$OTHER$ 表示其他决定研发成本的因素。由于金融集聚对于技术溢出 TS 的影响体现在技术进步 A，即金融集聚（Financial Agglomeration，FA）可通过技术进步效应来促进经济（包括非国有经济）增长，因此技术进步 $A=\gamma(FA, OTHER)$，$\partial A/\partial FA>0$，FA 表示金融集聚水平，$OTHER$ 是其他影响技术进步的因素。由此，式（7.1）可改写为：

$$r=\frac{L}{f(TS, OTHER)}\cdot\gamma(FA, OTHER)^{1/(1-\alpha)}\cdot\left(\frac{1-\alpha}{\alpha}\right)\alpha^{2/(1-\alpha)} \tag{7.2}$$

为了将以上模型引入到 TFP 增长的分析，需首先通过推导出经济一般均衡条件，使式（7.2）与经济增长相联系，然后通过具有“干中学”式生产率增长的假设，将式（7.2）与 TFP 相联系。假设代表性消费者在预算约束下做出理性消费决策以最大化一个标准形式的跨期效用函数。根据 Barro 和 Sala-I-Martin（1995）的研究，最优消费增长率的欧拉条件为：

$$g_c=\frac{\dot{c}}{c}=\frac{r-\rho}{\theta} \tag{7.3}$$

其中，θ 表示边际效用的弹性；ρ 表示折现率；在稳定状态下，消费增长率等于经济增长率 g_y，即：

$$g_c=\frac{r-\rho}{\theta}=g_y \tag{7.4}$$

结合式(7.2)和式(7.4)得：

$$g_y=\frac{1}{\theta}\left[\left(\frac{L}{f(TS,\ OTHER)}\right)\gamma(FA,\ OTHER)^{1/(1-\alpha)}\left(\frac{1-\alpha}{\alpha}\right)\alpha^{2/(1-\alpha)}-\rho\right] \tag{7.5}$$

假设 TFP 随着经济发展而增长，即企业在生产经营实践中具有学习先进技术和现代管理经验的能力，因此有如下关系式：

$$\overset{g}{TFP}=\omega+\delta g_y \tag{7.6}$$

其中，$\overset{g}{TFP}$是全要素生产率增长率；ω 表示除“干中学”效应以外的，影响 TFP 增长的其他因素；δ 为企业的学习能力系数，$\delta\in(0,\ 1)$。将式(7.5)代入式(7.6)得：

$$\overset{g}{TFP}=\omega+\frac{\delta}{\theta}\left[\left(\frac{L}{f(TS,\ OTHER)}\right)\gamma(FA,\ OTHER)^{1/(1-\alpha)}\left(\frac{1-\alpha}{\alpha}\right)\alpha^{2/(1-\alpha)}-\rho\right] \tag{7.7}$$

式(7.7)显示，金融集聚将通过技术外溢效应提高 TFP 增长率(周杰琦，2011)。由于非国有经济占比为 $\beta(0<\beta<1)$，因此非国有经济 TFP 也会相应提升。

金融中心一般也是经济中心，众多企业汇聚，形成网络。网络的系统性特征可以减少企业之间信息交流和搜寻的成本，加快企业间信息流转速度；且大量人才在企业间流动，实现了人力资源共享，并通过加快信息和技术交流实现知识溢出，这两点都可提高企业创新效率，推动技术进步和传播。

第一，金融中心一般也是知识中心和创新中心，不仅拥有大量未编码知识，而且拥有大量的技术人才、技术诀窍和技术信息，创新资源丰富，形成了有利于技术创新的区域环境。第二，金融集聚区内竞争压力大，迫使金融企业加快金融产品研发，提高产品技术水平和经营管理水平，这也对潜在客户的融资能力提出了更高的要求，促使民营企业不断提升产品技术和经营管理水平。第三，金融集聚区内充足的资本总额和较好的融资环境，有利于改善民营企业的融资状况，可以加快民营企业的研发速度，而且能提高其研发成果的转化效率。因此，金融集聚通过创新效益、知识溢出效益和技术进步效益促进集聚区域内民营经济 TFP 的增长。

又根据第 3 章对金融集聚发展阶段的分析，在金融集聚前期，“极化效应”占主要地位，即金融集聚区金融企业或服务提供商的效率高，与外围地区的金融企业或服务提供商竞争，吸引大量的金融资本、机构和人才向核心区域聚集，使外围地区金融业逐渐萎缩，增大周边区域民营企业的投融资障碍，阻碍其成长(黄解宇和杨再斌，2006)；随着金融集聚发展到成熟，“涓流效应”逐渐占据主导，即金融集聚区通过向周围地区设立金融分支机构和网络，或者向外围地区增加投资等途径来带动周围地区金融业和民营经济的发展(黄解宇和杨再斌，2006)。因此，金融集聚对集聚区域周边地区民营经济 TFP 增长产生先抑制后促进的效应。金融集聚对周边地区民营经济 TFP 的促进机制同上，不再累述。

7.3 金融集聚影响区域民营经济生产效率的实证分析

7.3.1 研究设计

(1) 空间杜宾模型构建。

为了研究金融集聚对区域民营经济生产率的影响，首先根据 CD 生产函数建立基础模型：

$$Y_{it}=\beta_0+\beta_1F_{it}+\beta_2X_{it}+\mu_i+\varepsilon_{it}, \quad \varepsilon_{it}\sim N(0, \sigma_{it}^2) \tag{7.8}$$

其中，i 和 t 分别表示第 i 个省区第 t 年的数据，被解释变量 Y 为区域民营经济 TFP，F 为区域金融集聚水平，X 为影响区域民营经济 TFP 的其他控制变量，包括民营经济的研发经费投入($R\&D$)、政府对民营经济的科技投入(GOV)和民营经济外向度(EXP)。μ_i 表示各省区之间不可观测的个体异质性，ε_{it}为服从正态分布的随机扰动项。

普通面板模型忽略了空间因素对因变量的影响。而空间面板模型则可改变其数据无关联和均质性的假定，将空间结构权重纳入分析，考虑了空间相关性对因变量的影响，使模型更加贴近客观事实。考虑到金融集聚同时具有集聚效应和扩散效应，即除了本地区金融集聚对本地区民营经济 TFP 产生影响外，还有周边地区金融集聚和民营经济 TFP 对本地区民营 TFP 产生影响，在上述方程引入空间变量，建立 SDM 模型：

$$Y_{it}=\rho WY_{it}+\beta_1 F_{it}+\delta_1 WF_{it}+\beta_2 X_{it}+\delta_2 WX_{it}+\mu_i+\gamma_t+\varepsilon_{it} \tag{7.9}$$

其中，W 为空间权重矩阵，WY_{it} 表示被解释变量区域民营经济 TFP 的空间滞后项，WF_{it} 表示解释变量区域金融集聚度的空间滞后项，WX_{it} 为控制变量的空间滞后项，μ_i 为空间固定效应，γ_t 为时间固定效应。当 $\delta=0$ 时，SDM 模型可缩减为 SLM 模型，当 $\delta+\rho\beta=0$ 时，SDM 模型可缩减为 SEM 模型，因此 SDM 模型更具一般性。LeSage 和 Pace（2009）指出，纳入空间滞后项的 SDM 模型无法直接反映其边际效应，其回归系数不能直接用来衡量自变量对因变量的影响，而需用偏微分方法将自变量 F 对因变量 Y 的影响按来源分解为直接效应和间接效应[①]。直接效应表示区域 i 的自变量 F 对本地区因变量 Y 的平均影响，间接效应表示区域 i 周围地区的自变量 F 对区域 i 因变量 Y 的平均影响（朱玉杰和倪骁然，2014）。总效应是对直接效应和间接效应的综合反映。

（2）空间权重矩阵构建。

和第 6 章一样，本章构建四个空间权重矩阵：

1）空间邻接权重矩阵：表示空间单元的相互邻接关系，其中对角线上元素为 0，其他元素满足：

$$W_{ij}=\begin{cases}1，\text{当区域 } i \text{ 和区域 } j \text{ 相邻时，空间相关}\\0，\text{当区域 } i \text{ 和区域 } j \text{ 不相邻时，空间不相关}\end{cases}\quad (i\neq j) \tag{7.10}$$

其中，$i=1, 2, \cdots, n$，$j=1, 2, \cdots, m$，$m=n$ 或 $m\neq n$。

2）地理距离权重矩阵：假定空间相互作用的强度决定于地区间的中心距离或者行政中心所在地之间的距离。

$$W_{it}=\begin{cases}1/d^2，& i\neq j\\0，& i=j\end{cases} \tag{7.11}$$

其中，d 为两地区省会城市之间的距离[②]。

① SDM 模型的原理见第 6. 3. 1 节。

② 省会城市之间的公路距离数据来源于 http：//www. geobytes. com/City Distance. htm.

3）经济协动权重矩阵：

$$y_{it}=\alpha+\beta y_{j,t}+\varepsilon,\ W_{ij}=\begin{cases}\dfrac{1}{std(\varepsilon)}, & i\neq j\\ 0, & i=j\end{cases} \tag{7.12}$$

其中，变量 y_i，y_j 分别是 i，j 地区规模以上非国有工业企业固定资产合计（本研究用以替代民营经济固定资产合计），两者之间通常具有相似的变化趋势。若两地区民营经济固定资产合计相关性越强，则方程的拟合效果越好，残差波动范围越小，空间权重系数越大；反之空间权重越小。

4）经济距离空间权重矩阵：

$$W=W_d\mathrm{diag}=\left(\frac{\overline{y_1}}{\overline{y}},\ \frac{\overline{y_2}}{\overline{y}},\ \cdots,\ \frac{\overline{y_n}}{\overline{y}}\right) \tag{7.13}$$

其中，W_d 是地理距离权重矩阵，$\overline{y_i}=\dfrac{1}{t_1-t_0+1}\sum_{t_0}^{t_1}y_{it}$ 为第 i 省的民营经济固定资产合计的平均值，$\overline{y}=\dfrac{1}{n(t_1-t_0+1)}\sum_{i-1}^{n}\sum_{t_0}^{t_1}y_{it}$ 为考察期内民营经济固定资产投资的均值，t 为不同时期。

（3）研究变量选取说明。

1）区域民营经济 TFP。参照学界常用方法，本章运用数据包络分析（Data Envelopment Analysis，DEA）计算 Malmquist 指数来测度区域民营经济 TFP，详见第 7.3.2 节。

2）区域金融集聚度（F）。关于地区金融集聚度指标，实际为金融空间集聚的一系列信息综合体，需要将多维反映金融空间集聚的指标拟合为一维指标，具体采用主成分分析方法实现，详见第 3.3.1 节和第 4.1.1 节。

3）民营经济的研发经费投入（*R&D*）和政府对民营经济的科技投入（*GOV*）。民营经济的研发投入直接推动了企业技术进步。还引入了政府对规模以上非国有工业企业的科技活动资金资助指标，以考察政府推动技术进步因素对民营经济成长产生的影响。

4）民营经济外向度（*EXP*）。民营经济不仅可以从外域获得成长所需资金和技术，还可将其产品或服务销售给外域地区的消费者，均可促进民营经济的成长。本研究选择规模以上非国有工业企业出口交货值和工业销售产值之比来衡量民营经济外向度(见表 7.1)。

表 7.1　相关变量说明

变量名称	变量含义	替代变量
TFP	民营经济全要素生产率	基于数据包络分析法计算的 Malmquist 指数
F	区域金融集聚度	基于主成分分析法的估算结果
LnR&D	民营经济的研发经费投入	*Ln*(规模以上非国有工业企业 R&D 项目经费内部支出)
LnGOV	政府对民营经济的科技投入	*Ln*(政府对规模以上非国有工业企业的科技活动资金资助)
EXP	民营经济外向度	规模以上非国有工业企业出口交货值占工业销售值之比

为了与金融集聚数据保持一致，民营经济变量的相关数据均为 2004—2014 年的省际数据，分别来源于相应年份的《工业企业科技活动统计年鉴》和《中国工业经济年鉴》。为增加可比性，对涉及价格指数的指标均调整为以 2004 年为基期的不变价格。

7.3.2　民营经济 TFP 测度

(1) Malmquist 指数介绍。

参照学界常用方法，本章基于数据包络分析(Data Envelopment Analysis, DEA)下的 Malmquist 指数来测度区域民营经济 TFP。Malmquist 指数模型无需特定的生产函数和无效率项的分布假设，无需相关的价格信息，尽可能弱化数据质量对结果的影响，通过距离函数将全要素生产率的变动分解为技术变动和技术效率变动(Kumbhakar, 1991)。基于投入的 TFP 指数可用 Malmquist 指数来表示：

$$M_i^t = D_i^t(x^t,\ y^t) / D_i^t(x^{t+1},\ y^{t+1}) \tag{7.14}$$

测度了在时期 t 的技术条件下，从时期 t 到 $t+1$ 的技术效率的变化。以时期 t 为基期的 $t+1$ 期的 TFP 变化率为：

$$M(x^{t+1},\ y^{t+1};\ x^t,\ y^t) = \left\{ \left[\frac{D_i^t(x^t,\ y^t)}{D_i^t(x^{t+1},\ y^{t+1})} \right] \left[\frac{D_i^{t+1}(x^t,\ y^t)}{D_i^{t+1}(x^{t+1},\ y^{t+1})} \right] \right\}^{1/2}$$

$$=\frac{D_i^t(x^t,\ y^t)}{D_i^{t+1}(x^{t+1},\ y^{t+1})}\left[\frac{D_i^{t+1}(x^{t+1},\ y^{t+1})}{D_i^t(x^{t+1},\ y^{t+1})}\times\frac{D_i^{t+1}(x^t,\ y^t)}{D_i^t(x^t,\ y^t)}\right]^{1/2}$$

$$=TE(x^{t+1},\ y^{t+1};\ x^t,\ y^t)TP(x^{t+1},\ y^{t+1};\ x^t,\ t^t) \tag{7.15}$$

其中，$M>1$ 表示由 t 期到 $t+1$ 期 TFP 增长；$M<1$ 表示 TFP 下降；$M=1$ 表示 TFP 不变。技术进步指数 TP 表示生产系统的生产技术从 t 期到 $t+1$ 期的变化程度，即生产技术创新程度；$TP>1$ 表示生产技术进步，反之生产技术后退。技术效率变化指数 TE 是规模报酬不变且要素自由处置条件下的相对效率变化指数，测度生产系统从 t 期到 $t+1$ 期对生产可能性边界的追赶程度（孙爱军等，2011），是对生产系统的资源配置能力、资源使用效率等多方面能力的综合衡量与评价；$TE>1$ 表明技术效率有所改善，反之技术效率下降。TE 可分解为规模效率变化指数 SE、要素可处置度变化指数 FC、纯技术效率变化指数 PE。规模效率 SE 是由于生产系统规模因素影响的生产效率，纯技术效率 PE 是生产系统由于管理和技术等因素影响的生产效率。$TE=1$ 表示该生产系统的投入产出是综合有效的，即同时技术有效和规模有效。因此，Malmquist 生产率指数可以分解为：

$$M(x^{t+1},\ y^{t+1};\ x^t,\ y^t)=PE(x^{t+1},\ y^{t+1};\ x^t,\ y^t)\times SE(x^{t+1},\ y^{t+1};\ x^t,\ y^t)\times FC(x^{t+1},\ y^{t+1};\ x^t,\ y^t)\times TP(x^{t+1},\ y^{t+1};\ x^t,\ y^t) \tag{7.16}$$

由于无法获得可靠的要素价格，不能计算要素支出比例，资源的配置效率可忽略不计，Malmquist 生产率指数可以简化为：

$$M(x^{t+1},\ y^{t+1};\ x^t,\ y^t)=PE(x^{t+1},\ y^{t+1};\ x^t,\ y^t)\times SE(x^{t+1},\ y^{t+1};\ x^t,\ y^t)\times TP(x^{t+1},\ y^{t+1};\ x^t,\ y^t) \tag{7.17}$$

（2）民营经济 Malmquist 指数分析。

为了测度各省民营经济的 Malmquist 指数，本章选用多投入、单产出模型。依据 CD 生产函数，产出指标即民营经济规模，选择规模以上非国有工业企业销售产值（PRO）替代；投入指标包括资本（K）、劳动力数量（L）和质量（EDU）投入，分别用规模以上非国有工业企业固定资产投入和从业人数，以及地区就业人员平均受教育年限替代（见表 7.2）。相关数据为 2004—2014 年的中国 30 个省区（西藏和港、澳、台除外）数据，来源于相应年份的《中国工业经济统计年鉴》和《中国劳动统计年鉴》，计算区域 Malmquist 指数见表 7.3。

表 7.2　相关变量说明

变量名称	变量含义	替代变量
LnY	民营经济规模	*Ln*(规模以上非国有工业企业销售产值)
LnK	民营经济资本投入	*Ln*(规模以上非国有工业企业固定资产合计)
LnL	民营经济劳动投入	*Ln*(规模以上非国有工业企业从业人数)
EDU	民营经济从业人员受教育水平	地区就业人员平均受教育年限

可见，2004—2014 年间，全国各区域民营经济 TFP 都在增长，西部平均增速(11.8%)快于中部(10.8%)和东部(9.2%)。技术进步 TP 增速东部(8.6%)快于西部(8.0%)和中部(6.7%)，表明东部民营企业生产技术创新程度最强，而西部超越了中部。技术效率 TE 增速中部(3.9%)和西部(3.5%)快于东部(0.6%)；其中，纯技术效率 PE 增速中部(1.4%)快于西部(0.8%)和东部(0.4%)；规模效率 SE 增速西部(2.7%)和中部(2.4%)快于东部(0.2%)。表明中部民营企业经营管理能力的提升已经开始偏重于管理和技术的提升，而西部民营企业还偏重于投资规模的扩张，中部民营经济成长较西部成熟，已经从粗犷型发展向集约型发展转变。但中、西部民营企业的经营管理能力尚处于发展初期，而东部已经比较成熟，因此中、西部的提升空间大于东部。

表 7.3　各区域 2004—2014 年平均 Malmquist 生产率指数分解结果

地区	TEch	TPch	PEch	SEch	TFPch
北京	1.011	1.057	1.011	1.000	1.068
天津	1.000	1.071	1.000	1.000	1.071
河北	1.000	1.113	1.002	0.998	1.112
辽宁	1.047	1.092	1.024	1.022	1.143
上海	0.993	1.061	0.994	0.999	1.054
江苏	1.000	1.132	1.000	1.000	1.132
浙江	0.994	1.061	0.997	0.997	1.055

续表

地区	TEch	TPch	PEch	SEch	TFPch
福建	1.029	1.039	1.007	1.021	1.069
山东	1.007	1.108	1.005	1.002	1.116
广东	1.000	1.072	1.000	1.000	1.072
海南	0.986	1.142	1.000	0.986	1.126
东部平均	1.006	1.086	1.004	1.002	1.092
山西	1.019	1.109	1.008	1.011	1.130
吉林	1.060	1.103	1.027	1.032	1.169
黑龙江	1.066	1.058	1.021	1.044	1.128
安徽	1.048	1.046	1.010	1.037	1.096
江西	1.051	1.046	1.017	1.034	1.099
河南	1.004	1.064	1.013	0.991	1.068
湖北	1.026	1.066	1.007	1.019	1.094
湖南	1.036	1.043	1.012	1.024	1.081
中部平均	1.039	1.067	1.014	1.024	1.108
内蒙古	1.066	1.133	1.021	1.044	1.208
广西	1.059	1.043	1.016	1.042	1.104
重庆	1.025	1.037	1.003	1.022	1.063
四川	1.02	1.055	1.004	1.016	1.076
贵州	1.024	1.053	1.001	1.023	1.078
云南	1.004	1.100	1.000	1.004	1.104
陕西	1.027	1.061	1.006	1.020	1.090
甘肃	1.076	1.070	1.006	1.070	1.152
青海	1.069	1.121	1.000	1.069	1.199
宁夏	1.011	1.101	1.015	0.996	1.113
新疆	1.006	1.106	1.016	0.99	1.113
西部平均	1.035	1.080	1.008	1.027	1.118
全国平均	1.025	1.078	1.008	1.017	1.105

7.3.3　空间杜宾模型分析结果

在进行空间效应分析之前，先运用空间自相关系数Moran's I 指数检验关键变量的全局空间自相关性，并通过绘制空间自相关系数Moran's I 散点图检验变量的局部空间自相关性。在第 6.3.2 节中，已经检验发现当采用地理距离权重矩阵和经济协动权重矩阵时，金融集聚指标和民营经济成长指标分别存在明显的空间正相关性和局部空间集聚性，可以进行空间计量分析，本章不再累述，并运用 Stata 对区域样本数据进行基于地理距离权重矩阵和经济协动权重矩阵的极大似然估计。若采用混合效应和时间效应，都忽略了中国民营经济成长的区域差异，因此采用空间固定效应，不仅考虑了民营经济成长的地区差异，还将空间依赖的作用跟空间异质性和遗漏变量的影响区分开来。回归结果见表 7.4、表 7.5、表 7.6。表中省略了 SDM 模型的回归系数，只列出其分解效应系数。

表 7.4　东部样本 SDM 模型估计结果

权重		TFP		TP		TE	
		地理距离	经济协动	地理距离	经济协动	地理距离	经济协动
Spatial rho		0.589***	0.640***	0.715***	0.761***	0.083*	0.091*
Variance sigma2_e		0.015*	0.013**	0.006**	0.006**	0.003**	0.003**
FE		−1.664	−3.606	−1.178	−2.139	1.033	0.382
直接效应	*F*	0.034**	0.040*	0.036*	0.046*	0.0001	−0.005
	LnR&D	0.160**	0.094*	0.118**	0.120*	0.017***	−0.015
	LnGov	−0.159**	−0.118	−0.137*	−0.100	−0.019	−0.243**
	EXP	−0.015	0.254	0.242	0.615	0.261***	0.124
间接效应	*F*	0.201***	0.816*	0.234***	0.702*	0.006	0.083**
	LnR&D	0.566***	0.946**	0.602**	0.957	0.025	0.083***
	LnGov	−0.331***	−0.337**	−0.423**	−0.399	−0.002	−0.024
	EXP	2.295*	7.587*	1.583	7.396*	0.151	0.431

续表

权重		TFP		TP		TE	
		地理距离	经济协动	地理距离	经济协动	地理距离	经济协动
总效应	*F*	0.235***	0.856*	0.270**	0.748*	0.006	0.119
	LnR&D	0.656***	1.040**	0.720**	1.077	0.008	0.067**
	LnGov	-0.490***	-0.455***	-0.560**	-0.499	-0.021	-0.040
	EXP	2.280	7.841*	1.825	8.011*	-0.110	0.188

注：*、**、***分别表示在1%、5%和10%水平上显著。

（1）东部地区样本回归分析。

由表7.4可见，空间相关性系数P值均在10%以上的水平上显著，表明变量间存在明显的空间相关性。经济协动权重下的空间相关系数大于地理距离权重下的系数，表明民营经济发展的空间相关性主要由地区民营经济的经济特征所引起。无论是直接效应、间接效应还是总效应，东部地区金融集聚对区域民营经济TFP和TP都呈显著正向影响，而对TE无显著作用，表明东部地区金融集聚主要通过促进民营企业生产技术进步而非经营管理能力提升，来促进区域民营经济生产率的提高。间接效应大于直接效应，表明东部地区金融集聚已经比较成熟，进入扩散运行阶段，涓流效应开始显现。经济协动权重下的数值大于地理距离权重下的数值，表明地区之间民营经济的相关性越强，区域金融集聚的扩散效应越显著。

观察控制变量。民营经济研发投入*LnR&D*对区域民营经济TP产生促进作用，而对TE的影响不明显，表明民营企业研发主要是用于生产技术的提升，符合客观现实；总体而言，研发投入能提升民营经济TFP。政府科技投入*LnGov*对区域民营经济TP产生负向作用，且对TE的影响不显著，可能是因为为了获得政府的资助，民营企业需要花费大量的资金或资源来疏通相关政府官员，从而降低了企业的生产效率（郑延冰，2016）；总体而言，政府科技投入降低民营经济TFP。在经济协动权重下，民营经济外向度*EXP*对区域民营经济TFP和TP有一定正向影响，但在地理距离权重下，民营经济外向度对区域民营经济生产率并无显著影响。

(2) 中部地区样本回归分析。

由表 7.5 可见，空间相关性系数 P 值均在 10%以上的水平上显著，表明变量间存在明显的空间相关性。经济协动权重下的空间相关系数大体上大于地理距离权重下的系数，表明民营经济发展的空间相关性主要由地区民营经济的经济特征所引起。无论是直接效应、间接效应还是总效应，金融集聚对区域民营经济 TFP 和 TP 的影响均不显著；金融集聚对区域民营经济 TE 的直接效应显著为正，表明中部地区金融集聚对于本区域民营企业经营管理能力提升有一定的促进作用，而对生产技术水平提高没有影响，可能是因为技术发展过快，且民营企业自身存在一些管理方面的差距，使得通过技术创新来做大做强的民营企业还不多(LeSage 和 Pace，2009)；而民营企业在技术创新前还需首先提升管理水平。金融集聚对区域民营经济 TE 有一定的负向间接作用，说明中部地区金融集聚还处于发展初期，极化效应比较明显。总体而言，中部区域金融集聚对区域民营经济生产率的提升并不显著。

表 7.5　中部样本 SDM 模型估计结果

权重		TFP		TP		TE	
		地理距离	经济协动	地理距离	经济协动	地理距离	经济协动
Spatial rho		0428***	0.579***	0.790***	0.764***	0.115*	0.211*
Variance sigma2_e		0.024***	0.021***	0.002***	0.003***	0.015***	0.015***
FE		1.185	0.508	0.171	0.370	2.122	1.319
直接效应	*F*	0.032	0.158	−0.014	0.094	0.064*	0.104*
	LnR&D	−0.162*	−0.209**	−0.056	−0.118	−0.087***	−0.125***
	LnGov	0.105*	0.186*	0.034	0.151	0.072**	0.093***
	EXP	−0.228	0.699	0.497	1.897	−0.213	−0.383
间接效应	*F*	−0.226	0.037	−0.008	0.557	−0.163**	−0.129
	LnR&D	0.032	−0.489	0.051	−0.770	−0.038	−0.015
	LnGov	−0.012	0.701	−0.002	0.982	0.011	0.092
	EXP	−1.825	9.135	1.358	10.464	−3.316**	1.591

续表

权重		TFP		TP		TE	
		地理距离	经济协动	地理距离	经济协动	地理距离	经济协动
总效应	*F*	−0.194	0.528	−0.021	0.651	−0.099	0.233
	LnR&D	−0.129	−0.698	−0.005	−0.887	−0.125***	−0.140
	LnGov	0.093	0.888	0.032	1.133	0.084**	0.185*
	EXP	−2.054	9.834	1.855	12.361	−3.529**	1.208

注：*、**、*** 分别表示在1%、5%和10%水平上显著。

观察控制变量。民营经济研发投入 *LnR&D* 对区域民营经济 TE 有一定负向作用，而对 TP 和 TFP 的影响并不显著，说明中部地区民营企业技术创新尚处初期，技术投入的经费大多用于直接购买成熟技术，因而影响管理经费的投入。政府科技投入 *LnGov* 对区域民营经济 TE 有一定的促进作用，而对 TP 的影响不显著，说明政府科技投入对于民营企业管理水平提升有效，但由于管理方面的差距较大，尚无法有效促使民营企业通过技术创新来推动生产技术进步。*LnR&D* 和 *LnGov* 对区域民营经济生产率的间接效应全都不显著，说明中部区域省际经济协作程度较低，联系不紧密。总体而言，民营经济外向度 *EXP* 对区域民营经济生产率无显著影响。

（3）西部地区样本回归分析。

由表 7.6 可见，空间相关性系数 P 值均在 10%以上的水平上显著，表明变量间存在明显的空间相关性。经济协动权重下的空间相关系数大体上等于地理距离权重下的系数，表明民营经济发展的空间相关性同时由地区民营经济的经济特征和地理特征所引起。无论是直接效应、间接效应还是总效应，西部区域金融集聚对民营经济 TFP、TP 和 TE 的影响均不显著，可能是因为西部地区民营企业不仅管理水平较低，而且不注重管理模式创新，而较低的管理水平更不利于技术水平的提升；也可能是因为西部地区民营企业无法享受金融业发展的红利，融资难已经阻碍了民营经济生产率的提升，成为民营经济发展的一大瓶颈。

观察控制变量。总体而言，民营经济研发投入 *LnR&D* 对民营经济 TP 有正向影响，而对 TE 的影响不明显，表明民营企业研发主要是用于生产技术的提升，符合客观现实。政府科技投入 *LnGov* 对区域民营经济 TP 有负向作用，而对 TE 影响不显著，可能是因为为了获得政府的资助，民营企业需要花费大量的资金或资源来疏通相关政府官员，从而降低了企业的生产效率(郑延冰，2016)。民营经济外向度 *EXP* 对区域民营经济 TE 有一定负向影响，而对 TP 影响不显著，表明发展外向型经济首先会加剧管理落后民营企业的运营难度，资源配置能力和使用效率均会下降。综合来看，发展外向型经济会阻碍西部区域民营经济生产率的提升。

表 7.6　西部样本 SDM 模型估计结果

权重		TFP		TP		TE	
		地理距离	经济协动	地理距离	经济协动	地理距离	经济协动
Spatial rho		0.557***	0.557***	0.835***	0.835***	0.024*	0.024*
Variance sigma2_e		0.032***	0.032***	0.005*	0.005**	0.012***	0.012***
FE		−0.120	−0.120	0.064	0.064	0.316	0.316
直接效应	*F*	−0.059	−0.059	−0.011	−0.011	−0.037	−0.038
	LnR&D	0.072***	0.072***	0.049***	0.049***	0.038***	0.038***
	LnGov	−0.028	−0.028	−0.033***	−0.033***	−0.015**	−0.015***
	EXP	−0.605***	−0.605***	−0.377***	−0.377***	−0.125***	−0.125***
间接效应	*F*	−0.350	−0.350	−0.141	−0.141	−0.168	−0.168
	LnR&D	0.108	0.108	0.198***	0.198***	−0.012	−0.012
	LnGov	−0.104	−0.104	−0.236***	−0.236***	0.027	0.027
	EXP	−1.396	−1.396	−0.964	−0.964	−0.192	−0.192
总效应	*F*	−0.409	−0.409	−0.152	−0.152	−0.206	−0.206
	LnR&D	0.180*	0.180*	0.246***	0.246***	0.025	0.025
	LnGov	−0.131	−0.131	−0.269***	−0.269***	0.013	0.012
	EXP	−2.001*	−2.001*	−1.341	−1.341	−0.317*	−0.317*

注：*、**、*** 分别表示在 1%、5%和 10%水平上显著。

最后，再横向比较东、中、西部地区金融集聚对民营经济生产率的影响(见表 7.7)。西部地区金融集聚对区域民营经济 TP 和 TE 均没有显著影响；中部地区金融集聚对区域民营经济 TP 没有显著影响，而对 TE 有正向直接作用。可能是因为融资能力或观念的问题，中部民营企业更能享受到金融集聚的融资便利，并将资金用于经营管理能力；但由于管理水平还较低，阻碍了技术创新的进程。东部地区金融集聚对区域民营经济TP有正向直接作用，而对TE无显著影响，可能是因为东部民营企业经营管理水平已经较高，发展重心已从提升管理能力转为技术研发。这也反映出民营经济发展水平由西向东依次递增的趋势。中部地区金融集聚对区域民营经济发展有间接负向作用，而东部金融集聚对区域民营经济发展有间接正向作用，可能是因为中部地区金融集聚尚处于发展初期，极化效应占主导地位，区域之间争夺金融资源比较激烈；而东部地区金融集聚已经比较成熟，涓流效应开始显现，区域经济一体化趋势开始出现。这也反映出金融集聚水平由西向东依次递增的趋势。从东、中部金融集聚对区域民营经济各生产率的影响指数还可以看出，金融集聚主要通过促进民营企业生产技术进步而非经营管理能力提升，来促进区域民营经济全要素生产率的提高。

表7.7　东、中、西部地区金融集聚对民营经济生产率的影响比较

权重		TFP		TP		TE	
		地理距离	经济协动	地理距离	经济协动	地理距离	经济协动
东部	直	0.034**	0.040*	0.036*	0.046*	0.0001	−0.005
	间	0.201***	0.816*	0.234***	0.702*	0.006	0.083**
	总	0.235***	0.856*	0.270**	0.748*	0.006	0.119
中部	直	0.032	0.158	−0.014	0.094	0.064*	0.104*
	间	−0.226	0.037	−0.008	0.557	−0.163**	0.129
	总	−0.194	0.528	−0.021	0.651	−0.099	0.233
西部	直	−0.059	−0.059	−0.011	−0.011	−0.037	−0.038
	间	−0.350	−0.350	−0.141	−0.141	−0.168	−0.168
	总	−0.409	−0.409	−0.152	−0.152	−0.206	−0.206

注：*、**、***分别表示在1%、5%和10%水平上显著。

7.4　本章小结

本章旨在分析金融集聚对区域民营经济生产效率的空间效应。金融集聚通过创新效益、知识溢出效益和技术进步效益促进集聚区域内民营经济TFP

的增长。再根据金融集聚发展的“极化效应”和“扩散效应”规律，金融集聚对集聚区内民营经济 TFP 增长产生促进作用，而对集聚周边区域民营经济 TFP 增长产生先抑制后促进的作用。在理论分析的基础上，本章运用空间杜宾模型，从地理区位特征和经济社会特征两方面构建空间权重矩阵，并基于 2004—2014 年中国 30 个省区（西藏和港、澳、台除外）的面板数据，检验了金融集聚对区域民营经济 TFP 的空间效应。研究结论概括如下：

（1）在考察期内中国区域民营经济 TFP 都在增长，且发展水平由西部到东部依次提高。东部地区民营经济已经比较成熟，而中、西部地区民营经济还处于发展初期；西部民营企业还偏重于投资规模的扩张，中部民营企业已经开始偏重于管理和技术的提升。

（2）金融集聚主要通过促进民营企业生产技术进步而非经营管理能力提升，来促进区域民营经济全要素生产率的提高，但是民营企业生产技术进步以经营管理能力提升为基础。若企业经营管理能力欠缺，不仅影响企业的信用等级，导致其难以从金融系统实现外源性融资，因而缺乏资金进行技术创新；还会影响企业的技术创新效率。

（3）金融集聚发展初期，极化效应占主导，区域之间争夺金融资源竞争激烈；随着金融集聚发展成熟，涓流效应逐渐显现，区域经济一体化趋势才开始呈现。

第8章　金融集聚促进区域民营经济成长的机制设计

所谓机制设计就是要探索一套达成既定目标的体系或规则。前面章节的理论分析结果显示，金融集聚(包括银行业、证券业和保险业集聚)可促进区域民营经济成长，但实证分析结果显示，该作用具有区域异质性，且总体而言，金融集聚对区域民营经济成长的促进作用并没有充分发挥，这跟中国金融体制和金融产业发展现状有关，本质上还是各金融业支持力度不足和民营企业自身发展缺陷的问题。为了更加有效地实现金融集聚促进区域民营经济成长，需要构建资金有效供给、风险防范化解、金融产业合作，以及外部环境优化的协同机制。本章将从以上方面来阐述发挥金融集聚效应以促进区域民营经济成长的机制设计。

8.1　资金有效供给机制

要充分发挥金融集聚对区域民营经济成长的促进作用，首先从主观方面，需要实现各金融产业本身对后者的扶持作用。然而，由于观念落后、体制僵化和既得利益等原因，中国金融产业保留了建立之初的国有经济倾向，而随着民营经济发展并成为国民经济的重要组成部分，金融产业并没有完全转变观念，并找到为民营经济服好务的有效路径。因此，改革金融产业，即纠正其对非公经济的歧视性政策，将民营经济和国有经济平等对待，并根据各经济主体的具体情况，研发金融产品，提供有效服务，解决其融资问题至关重要。本节将具体从银行业、证券业和新兴的金融租赁业阐释有效供给资金以促进民营经济成长的机制设计。

8.1.1　银行业资金供给机制

中国的民营企业95%以上是中小型企业，而中国的中小型企业中

95%以上属于非公有制经济；另外，中国中小企业间接融资比例高达98%（李子彬，2009）。因此，可以说银行贷款在民营经济融资中占有很大比重。

改革开放以来，中国银行业取得了巨大发展，现代银行体系基本确立，整体实力明显增强，商业银行体制基本确立，市场化程度大幅提升，服务功能全面升级，而国际地位也得到了提升（吴晓灵，2008）。在中国，银行业是金融服务业的主要组成部分，80%的资金集中在商业银行（胡德平，2009）。据统计①，2014 年社会融资规模增量中，银行贷款②约占 72.73%。而商业银行放款的 70%左右又向国有企业及国有控股企业倾注（胡德平，2009）。又据统计，2014 年，金融机构投向广义民营经济③贷款余额为 47.33 万亿元，投向狭义民营经济④贷款余额为 36.21 万亿元，投向私营和个体经济贷款余额为 13.42 万亿元，分别占金融机构贷款总额的比为 65.83%、50.36%、18.66%。可见，并非所有的民营企业都融资难，而是大部分中小型民营企业融资（银行贷款）比较难（中国民（私）营经济研究会，2010）。商业银行之所以对中小型民营企业惜贷，主要基于以下原因。

民营企业自身方面：①申请贷款的企业总体规模小，经济实力弱，信用等级低，不符合银行贷款条件；②中小型民营企业内部经营不规范，缺乏健全、科学的公司法人治理结构，且由于自身抗风险能力弱等原因可能会影响银行的信贷资金安全；③中小型民营企业财务信息不真实，影响对其正确评估等级和合理授信；④中小型民营企业大多依赖地域和资源优势发展，行业雷同，缺乏有效合理分工，科技含量低，发展前景欠佳。

商业银行方面：①商业银行具有大企业偏好，银行对中小企业贷款的信贷成本和管理成本是大中型企业的 5~8 倍，而中小企业贷款利率低也抑制了商业银行为其放贷的冲动；②多数银行现行的业务流程、制度体系和金融服务等以成熟企业为样本设置，不符合中小民营企业信贷需求的特点；③国有商业银行的经营意识没有根本转变，贷款审批中的非市场因素及歧视性政策

---

① 《中国统计年鉴（2015）》。

② 包括人民币贷款、外币贷款（折合人民币）、委托贷款、信托贷款和未贴现银行承兑汇票。

③ 广义民营经济是对除国有和国有控股企业以外的多种所有制经济的统称，包括个体工商户、私营经济、集体企业、港澳台投资企业和外商投资企业。

④ 狭义民营经济则不包括港澳台投资企业和外商投资企业。

阻碍了中小民营企业贷款，面向中小企业的金融产品和服务创新滞后；④对民营企业金融业务风险管理体系不健全，缺乏完善的识别、预警、控制、转化机制，不能有效化解民营企业信贷风险(俞小江，2003；蔡利农，2004)。

要解决中小民营企业信贷难的问题，除了提升它们自身的综合素质、信用水平和融资能力之外，银行方面也需进行一定的改革。第一，商业银行需转变观念，认识到民营经济在国民经济中的重要性，把民营经济视为新的经济增长点。一方面树立按照企业良性增长方式的需要进行贷款的意识，对各类经济主体采取一视同仁的办法；另一方面允许存在合理的信贷风险。第二，现有商业银行需调整业务结构，对大额贷款业务和小额贷款业务分别制定规划和分别核算，即对小额贷款业务另行制定规划和单独核算，避免贷款部门因担心小额贷款的成本高而予以放弃；并创新贷款营销机制，调动客户经理开拓民营企业业务的积极性。第三，引导和鼓励银行创新金融服务方式，根据不同情况对民营企业实行差别化的金融服务策略；创新信贷业务品种，包括循环贷款、分期还款流动资金贷款、活期账户透支、出口退税账户质押贷款和国际国内保理等新的信贷业务，并大力发展票据业务，增加对优质民营企业的信贷投入。第四，商业银行应制定符合民营企业，尤其是中小型企业特点的信贷管理和风险控制制度，包括建立信贷审批机制，放宽贷款利率浮动幅度，简化贷款手续和减少审批环节，以便提高工作效率(尹建国，2005)。第五，继续完善银行体系，打破(中、西部地区)国有银行垄断市场的局面，引进外资银行和股份制区域性银行，扶植建立本地区中小型商业银行，构建多元化、多层次的银行类金融机构，一方面可以为不同层次的客户提供多样化的服务，另一方面可以通过加大市场竞争来提高银行的创新和服务效率。第六，建立专门为民营企业提供金融服务的中小型商业银行，吸收民间资本参股，促使民间资本从体外循环转入体内循环。让民营银行与国有商业银行拥有同等待遇，统一宏观政策和监管标准，降低民营银行准入门槛，减少民营银行经营限制；并加快有利于民营银行的制度建设，修改完善监管机构提出的相关规定。2014 年，中国首批 5 家民营银行①获批建立，截至 2019 年，民营银行获批筹建 19 家，开业 18 家②。第七，发挥政策性银行的引导作用，

---

① 上海华瑞银行、温州民商银行、天津金城银行、浙江网商银行、前海微众银行。

② 民营银行五年：互联网银行领跑[N]. 北京商报，2019-12-15.

与商业银行相互补充和协作，根据国家政策，为相关产业的民营企业提供资金支持。

8. 1. 2　证券业资金供给机制

1981 年恢复发行国库券，标志中国资本市场开始建立；1990 年上海证券交易所成立，标志着新中国证券市场脱离银行体系独立发展。30 年来，中国证券业从无到有，由小到大，但与境外成熟市场相比，依然存在一定差距，比如资本市场整体规模偏小，直接融资比例较低，如 2015 年，中国社会融资规模增量中，间接融资和直接融资比例约为 3 : 1[①]，而中小企业(95%以上属于民营经济)间接融资比例高达 98%，直接融资不足 2%。中国中小型民营企业直接融资难，除了多层次资本市场刚刚起步，不能满足多元化的投融资需求；证券交易品种和数量不够丰富；公司债券市场发展滞后；商品期货和金融期货市场规模较小，品种结构简单，品种创新不足，金融衍生品市场尚未形成等(吴晓灵，2008)表象性原因之外，主要基于以下制度性因素。

证券市场制度方面：①中国证券市场目的在于为国有企业筹资，股票上市标准大多符合国有大中型企业情况，民营企业，尤其是中小型企业难以跨越市场的门槛。并且，政府实行行政审批制度，通过证券配额制和审核制，确保资金流向大中型国有上市企业。②中国政府对证券市场的“隐形担保”[②]导致的国有企业“预算软约束”，引发国有企业和民营企业对直接融资成本差异，从而导致阻碍民营企业上市融资的“逆向选择”。大量绩效很差的国有企业进入证券市场，而绩效优良的民营企业难以进入，市场资金向前者集中(杨天宇，2002)。③市场化的债券信用体系尚未建立，债券市场的多头管理体制[③]以及银行间、交易所和银行柜台三个市场的相互分割，影响了企业债券市场的发展，限制了企业债券有效配置资本的功能发挥。因此企业债券发展缓慢，债券市场产品结构以政府债券和准政府债券为主(吴敬琏，2016)。

相比于间接融资，直接融资可避开金融中介环节，节约交易成本，且有

---

① 《中国统计年鉴(2016)》。

② 以国家信用的形式为证券市场发展做担保，但并未采取明确的契约形式。

③ 性质上完全相同的企业债券的发行被分割成三个行政部门审批：发改委审批企业债的发行，证监会审批上市公司债的发行，人民银行审批企业短期融资券和中期票据的发行。

利于筹集具有稳定性的，能长期使用的投资资金，是民营企业融资的重要方式。为了开拓民营企业的直接融资渠道，证券业需要进行以下改革：第一，将证券市场的功能定位为有效配置资源，而不仅是筹资。在上市方面，国有企业、国有控股企业、民营企业应该一视同仁，将企业素质、业绩和发展潜能作为上市的重要标准，鼓励和扶持有发展潜力的民营企业，尤其是达到一定规模的高科技民营企业上市融资，包括海外上市。第二，解除政府对证券市场的隐形担保，并保证证券监管部门的独立性，使国有企业和民营企业享有同等上市融资的机会。厘清政府与市场的关系：政府不再通过救市向国有上市企业注资，使其不再享有政府的“政策租金”，将直接融资成本转嫁至国家信用；调整国有上市公司的股权结构，改变国有股“一股独大”的局面，使其面临被恶意收购的可能性，将其直接融资成本内部消化；建立健全上市公司退出机制，包括强制性的市场退出程序，或由绩优上市公司廉价收购绩差上市公司的退出途径（杨天宇，2002）。第三，健全和完善多层次股票市场体系，满足多元化的投融资需求。大力发展主板市场；继续推进中小企业板和创业板建设；构建统一监管下的全国性场外交易市场；建立适应不同层次市场的交易制度和转板制度；完善登记、托管和结算体系。第四，推进债券市场的市场化改革，引导和扶持有条件的民营企业发行企业债券。完善监督体制，改革发行制度；建立健全债券市场主体的信用责任机制；建立统一互联的债券交易结算体制；丰富债券品种，完善债券投资者结构（吴晓灵，2008）。

8.1.3 金融租赁业服务机制

金融租赁是一种以融物代替融资，融物与融资密切联系的信用方式。它以融通资金为直接目的，以技术设备等动产为租赁对象，以企业为承租人，是现代化大生产条件下产生的实物信用与银行信用相结合的新型金融服务方式，是集金融、贸易、服务为一体的跨领域、跨部门的交叉行业。大力推进金融租赁发展，可缓解中小企业融资困境，提高资源配置效率。

中国的融资租赁是改革开放政策的产物。为了扩大国际经济技术合作与交流，开辟利用外资的新渠道，吸收和引进国外的先进技术和设备，1980 年中国国际信托投资公司引进租赁方式；1981 年 4 月中国东方租赁有限公司成立；7 月，中国租赁公司成立。这些公司的成立，标志着中国金融租赁业的诞生。40 年来，中国金融租赁业高速发展，据《中国融资租赁行业 2018 年度报告》，截至 2018 年底，全国融资租赁企业总数达 11777 家，合同余额约 6.65 万亿元，已成为仅次于银行信贷的第二大融资方式，以及为中国民营中小企业筹措长期资金的重要融资渠道。然而，该行业也存在发展规模较小、业务水平较低、租金拖欠严重、对租赁项目不了解等问题：①租金过高引起支付风险。开展金融租赁的中小企业大多处于资金匮乏期，无力支付高昂的租金，且可能产生抵触情绪，陷入拖欠租金的恶性循环。②金融租赁的法律不完善。中国金融租赁业起步较晚，还没有得到相关部门的充分重视，没有为行业的发展提供良好的发展环境，如没有专门且完善的法律为之服务。③行业现状不乐观。企业对该行业的认识不全面，还不能充分发挥其巨大潜力；且发展不平衡，主要集中在一线城市；经营人才紧缺，风险意识薄弱，租赁资金短缺，缺乏统一的行业监管。④政府支持力度不够。国家财政、税收和信贷对金融租赁业在信贷政策上没有有效优惠措施，限制了其行业发展。⑤租赁标的形式单一：企业拥有好的项目是通过租赁进行融资的前提，因而，对于企业单纯的流动资金紧张或其他不以物权为载体的金融租赁，目前还存在政策障碍，无法为企业直接解决资金难题。

金融租赁在解决中小企业融资难问题方面存在巨大优势。针对中国金融租赁业相对落后于发达国家的现状，除了企业应当转变“一次性买断设备”的传统融资观念和加强自身信用之外，政府和金融租赁业本身还应采取以下措施或改革：第一，健全金融租赁的法制建设。应从自身国情出发，制定统一的法规，其他有关融资租赁的规定都要以此法为标准。当然，融资租赁行业的发展不是独立的，其良好的发展需要其他行业的共同进步来对其进行辅助，尤其是会计行业的进步。第二，完善政府扶持政策。税收方面加大优惠力度；建立政策性保险机构，当中小企业金融租赁违约时，通过保险机构、中小企业、担保方三方清偿的模式，使中小企业更易获得资金；适当降低行业的准入条件，鼓励民间闲散资本进入市场，有效地起到活跃市场的目的，并通过更加严格的监管来降低风险。第三，建立金融租赁协会，完善行业监管机制，发挥行业自律作用。第四，加大对金融租赁的宣传力度，让这一新兴融资方式迅速进入广大中小企业的视野。第五，调整金融租赁公司的市场定位，从中小企业市场上寻求新的利润增长点，重点是中小企业的技术更新和改造，以期为市场发展提供保障。第六，积极创新，不断开拓新的金融租赁业务和市场。加大杠杆租赁、回租租赁、委托租赁、风险租赁、项目融资租赁等业务范围；采用合作租赁、收益百分比租赁等复合式租赁方式；开展多层次的金融租赁业务。

8.2 风险防范化解机制

8.2.1 保险业风险保障机制

自1980年中国人民保险公司恢复国内保险业务以来，保险业取得了飞速发展：保费收入从1980年的0元增长至2015年的2.43万亿元，保险业总资产增长到2015年的12.36万亿元[①]。涉及民营企业的保险产品多达8类，包括企业团体保险、企业财产保险、企业责任保险等。但民营企业参保率相对较低，尤其是在员工福利保障方面。根据《2014年中国企业员工福利保障指数大中城市报告》，国有企业的员工福利保障[②]最好，外资企业次之，民营企业排名则在最后。总体而言，中国大中城市企业员工社会保险的覆盖范围较好，超过九成，但商业补充保险的覆盖范围不够理想，只有五成半左右。具体来说，企业已经提供的商业补充保险项目并没有完全涵盖职工可能遇到的所有风险，商业意外保险和重大疾病保险等规避"疾病风险"产品在已提供商业补充保险项目的公司中的普及率为六成左右，而企业年金和商业补充养老保险等规避"长寿风险"产品在已提供商业补充保险的公司中的普及率仅为四成左右[③]。可以推断，民营企业在拉低商保率方面发挥了主要作用。除了国家强制性的社会保险[④]外，民营企业商业保险参保率较低，除了民营企业的风险意识不强，保费支付能力较弱等客观性因素以外，还有保险业方面的原因：①由于民营企业保险市场风险大，经营成本高，业务管理难度大，保险公司对民营企业重视度欠缺，往往注重保险意识较强、参保面较大的大单位

① 《中国统计年鉴(2016)》。

② 包括社会保险、住房公积金、非保险类福利和商业补充保险。

③ 经济参考报．我国企业员工商业补充保险覆盖率不足六成[EB/OL]. http://finance.ce.cn/rolling/201501/16/t20150116_4356515.shtml.

④ 根据《中国企业社保白皮书2016》，企业参保率高达90%，但缴费基数不足。

和企业。而民营企业往往希望能以较小的保险投入来获得较大的保障范围，一旦保险产品无法满足其要求，就会放弃投保，这也增加了保险的展业难度，降低了保险销售人员的积极性。②针对民营企业的保险品种单一，缺乏灵活性，不能完全适应民营企业的风险特征。保险产品和服务有效供给不足，影响民营企业投保的积极性。基于安全性和收益性原则，保险资金一般投向银行存款、国债、金融债券、大型国企债券和证券投资基金，而不会直接用于民营企业融资。因此，保险业在为民营企业提供风险保障和融资，以促进民营经济成长方面的作用发挥并不显著。

要充分发挥保险业对民营经济成长的促进作用，保险业需要进行以下改革。第一，改变传统观念，树立为民营企业服务的意识，并通过宣传，帮助民营企业树立保险意识。第二，改进保险公司的经营机制：组织结构扁平化发展，增强保险公司对市场反应的灵敏性；推进个人营销方式，加强营销队伍建设，并借助银行、信贷等机构拓展保险销售渠道，在把脉民营企业最新抗风险和融资需求的同时，加强对其保险意识的宣传。第三，根据民营企业的经营类别和特点进行产品和业务创新，构建全方位、多层次的民营企业保险体系。不仅需提升保险产品的种类和设计，还需改进展业方式，开展网上保险、电子商务和通保通赔等服务，并建立客户经理负责制，为民营企业的保险工作提供一对一专业服务。此外，还可发挥保险公司优势，向民营企业提供风险咨询、管理和评估，投资咨询，理财和法律顾问等保险责任外的高附加值服务。第四，有序发展保证保险业务，为民营企业提供信用支持，帮助中小型民企走出担保难、可供抵押资产少的困局。第五，加强银保合作，拓展民营企业融资担保业务，解决民营企业的融资难题。需制定和完善相关法律法规，为保险公司办理民营企业融资担保业务提供保障；建立有效的风险防控体系，合理分配企业和保险公司的融资风险比例；借鉴西方国家成功经验，培养相关业务人才。

8.2.2　民间金融规范化机制

民间金融的产生和发展是典型的“内源融资”，是民营经济为了摆脱外部融资限制而出现的一个自我突破，是市场选择的结果，在促进非公有制经济发展方面发挥了非常重要的作用。①民间金融资金规模庞大。民间金融的参与主体包括城乡居民、个体私营企业主、中小企业、行政事业单位等；民间金融的组织形式包括个人之间借贷、民间集资、典当行、合会、私人钱庄、私募基金等。参与主体和组织形式的多样性导致资金来源的多样性，包括居民的个人收入、中小企业的营业利润和闲置资金等。因此，民间金融的资金规模相当庞大。2014 年，中国民间融资市场规模已超过 5 万亿元[①]。②民间金融具有灵活性，主要体现在手续的灵活性和利率的灵活性。一般情况下，资金需求者通过正规金融机构进行借款时，手续相当复杂，对于急用资金的需求方来说条件严格且时间过长，很难解决燃眉之急。而民间借贷手续灵活、简便，很受资金需求者的青睐。在利率方面，民间金融交易不通过正规金融机构且不在国家金融监管体系监管之下，不用严格执行官方利率，民间借贷的利率按照市场机制进行灵活调整。但是，民间金融也具有隐蔽性。由于民间金融不在正规金融机构的范围内，很多民间金融活动属于地下活动，存在的形态多种多样，交易频繁，且每笔交易或大或小，交易行为缺乏有效的监督和法律保护，存在信用风险、道德风险、高利率风险和操作风险，对中国金融行业健康发展、民营经济快速成长和国家经济稳定带来了很多隐患。

中小民营企业融资难与民间金融存在天然的配对，可以相互促进，共同发展。因此，应当在防范和控制民间金融风险的同时，引导民间金融的发展。一方面，加强对民间金融的监管。第一，建立民间金融行业协会，跟踪民间金融利率、期限、用途、借贷规模，及时反映民间金融风险。第二，政府须做好立法、监督和管理工作，加强对民间金融的监管。第三，鼓励发展民间金融中介机构，包括民间资金管理企业、民间融资信息服务企业和民间融资服务公共机构，以逐步规范民间金融市场。第四，民间借贷者间须完善交易手续，要求信息透明，规范书面文件，增加抵押担保，保证借款用途正当和约定合法理论，从源头上控制金融风险。另一方面，引导非正规金融正规化。建立农村互助合作机构或商业银行、小额贷款公司、区域中小型商业银行等，使之成为正规金融的有益补充，为民营企业融资和民营经济成长保驾护航；此外，还可以为大量的民间资本寻找新的投资方式，如参股正式的金融机构、发展私人银行合作制度、发展投资基金和信托基金、发行公司债、发展三板

① 中华工商时报．市场规模已超 5 万亿，民间金融市场不能放任自流［EB/OL］．http://finance.chinanews.com/fortune/2014/09-24/6624526.shtml.

市场等，使民间资本通过更多方式满足中小民营企业的资金需求。

8.3　金融产业合作机制

金融集聚意即银行业、证券业和保险业等机构的空间集中及其业务的相互交织。要发挥金融集聚对区域民营经济成长的促进作用，不仅需要充分发挥金融子产业各自的融资或保障作用，还需构建金融子产业间合作的平台和运作机制，充分发挥其业务互补性和市场活力，达到“1+1>2”的效果。

（1）根据民营企业分布区域，构建多层次的金融中心。在“十二五”规划中，中国曾有 30 多个城市提出规划建设金融中心[①]。这反映出地方政府认识到金融集聚对区域经济发展的促进作用，然而，城市间盲目地抢夺金融资源，将会导致金融资源的巨大浪费。应当根据区域经济发展的现实情况，合理布局金融资源。由于民营经济在国民经济中占比高达 60%，一般而言，区域经济发达的地区，其民营经济也比较发达，比如珠三角、长三角和京津冀地区，其中心城市深圳、上海和北京本来就是金融中心，只是定位不同：北京是国家金融控制中心，上海、深圳（联合香港）为国际性金融中心。随着国家级城市群[②]和区域性城市群的确立，再在各区域选择中心城市建立区域性金融中心或地区内金融中心。三级金融中心功能各异，且相互补充，共同为区域内民营企业提供融资支持和风险担保。

（2）加强区域间金融合作，发挥金融集聚区辐射作用。金融集聚发展一般会经历四个阶段：初期金融集聚能力有限，辐射能力较弱；发展阶段集聚能力增强，极化效应[③]显著；成熟阶段集聚速度降低，极化效应降低；扩散阶

---

① 人民日报．我国 30 多个城市提出规划建设金融中心遭质疑［EB/OL］. http://finance. sina. com. cn/g/20110720/082310177605. shtml.

② 除长三角城市群、珠三角城市群、京津冀城市群以外，截至 2015 年，中国已形成中原城市群、长江中游城市群、哈长城市群、成渝城市群、辽中南城市群、山东半岛城市群、海峡西岸城市群、关中城市群共 8 个国家级城市群。

③ 金融集聚区金融企业或服务提供商的效率高，与外围地区的金融企业或服务提供商竞争，吸引大量的金融资本、机构和人才向核心区域聚集，使外围地区金融业逐渐萎缩，增大周边区域民营企业的投融资障碍，阻碍其成长。

段涓流效应①显著，扩散效应显现（黄解宇和杨再斌，2006）。当前，北京和上海由于金融集聚比较成熟，位于三、四阶段交替区间，开始带动周边区域经济发展；而大部分区域性金融中心位于一、二阶段，区域之间对金融资源的争夺激烈。不仅中心城市的强大集聚力可能造成周边区域内金融资源匮乏，而且由于行政区划导致的地区割据可能使得区域间金融资源流动不畅，从而影响周边区域民营经济成长。金融集聚的客观发展无法改变。这就需要中央政府调整或发布相关的法律法规或政策文件，从制度层面上消除地区割据；且地方政府间加强交流合作，通过市场化机制和利益补偿机制，达成双赢格局（丁艺，2013）。只有形成区域经济一体化，各区域发展不一的金融中心的辐射范围相互交织，才能尽可能地规避区域内金融极化效应对周边区域民营经济的不利影响。

（3）集聚金融人才，加强金融创新。金融集聚首先是金融人才的集聚。据统计，国际金融中心城市的金融从业者占比一般为10%以上：伦敦和纽约约为11.5%，香港约为14%，上海约为2%，而上海已经是中国内地金融人才密度最高的城市了。除了数量匮乏，中国内地也缺乏高端金融人才，如高级管理人才、高级资本运作及金融产品研发人才等。要在增加金融人才数量的基础上提升人才质量，可以从人才培养和引进两方面着手。一方面，完善高等教育中的金融人才培养机制，改革和完善金融人才开发体系，实施全方位多元化的培养模式，并与国际接轨，培养高层次的金融理论与实践人才。另一方面，创新人才激励机制，并建设以能力为核心的金融体制，建立市场化的管理制度，不仅要吸引外部高端金融人才，还要为他们创造广阔的发展空间（丁艺，2013）。金融人才是金融创新的主体。金融业不仅是资本密集型产业，也是知识密集型产业。金融创新不但可以增加金融资产数量，还能带来金融产品结构变化，为民营企业提供更多融资支持。应在加强监管的基础上，逐步取消金融分业经营，允许不同类型金融机构的并购重组，促进金融机构规模和功能增长，从而提高金融资源的配置效率（黄解宇等，2015）。

（4）完善金融市场，推进金融产业升级。改革开放四十年多来，中国金

① 金融集聚区通过向周围地区设立金融分支机构和网络，或者向外围地区增加投资等途径来带动周围地区金融业和民营经济的发展。

融市场尚不成熟，深度和广度均不够，未形成高度开放、规模巨大、品种繁多、盈利性和安全性达到规范的金融市场；且不完备，除了传统的银行信用间接融资外，仅仅局限于同业拆借业务和票据承兑业务。为满足民营企业融资需求，需逐步建立和完善开发性金融机构、风险基金、信托投资公司、票券公司、财务公司、保险公司和租赁公司（胡德平，2009）；此外，还可发展有利于民营企业融资的信用担保机构（厉以宁，2009），中小企业创业投资、风险投资机构，疏通风险资本的进入和退出渠道（李子彬，2009），搭建民营企业融资平台。

（5）完善金融市场的法律监管体系。资本是贪婪的[①]，而金融则实现其需求。2008 年美国金融危机就是市场缺乏监管，金融过度创新的后果（美国金融危机调查委员会，2012）。金融集聚加大了金融业的竞争压力，可能使某些金融机构超出其自身能力而承担过高风险，且金融集聚使得金融风险发生时的传播更加迅速。随着金融混业经营和金融创新的开展，金融风险也随之增长，也对金融监管体系提出了更高的要求。应改变以机构监管为主的分业监管模式，加强监管政策间的协调配合（丁艺，2013）。旨在创造公平竞争的市场环境的同时，保证金融市场的稳定，防范和化解金融风险，为金融市场的发展提供稳定的制度环境（黄解宇等，2015）。

8.4　外部环境优化机制

民营经济的产生源于市场需求，而民营经济是市场自由化的产物。民营经济成长为金融集聚提供动力，而金融集聚为民营经济成长提供保障。然而，市场的调节作用存在自发性、盲目性、滞后性等弊端，再加上计划经济体制下对民营经济的歧视政策影响尚未消除，国家应当加强宏观调控，即国家利用经济政策、经济法规、计划指导和必要的行政管理，对市场经济的有效运作发挥调控作用，为民营经济成长创造好的外部环境。本节主要就宏观调控的经济手段（包括财政政策、货币政策）阐释国家政策促进民营经济成长的机制设计。

---

① 马克思曾尖锐地指出了资本的贪婪本性："如果有 10%的利润，资本就会保证到处被使用。有 20%的利润，资本就能活跃起来。有 50%的利润，资本就会铤而走险。为了 100%的利润，资本就敢践踏人间的一切法律。有 300%以上的利润，资本就敢犯任何罪行。"

8.4.1 财政政策服务机制

2008 年金融危机使得全球主要经济体都处于需求下降，进口需求不足的局面，使中国的出口市场受到波及。中国出口行业和企业面临取消订单或拖延货款的窘境，不得不减产割价，甚至倒闭(绝大多数为民营企业)，导致工人大量失业。为了维持国内经济的增长，2009 年起，中国开始施行积极的财政政策，一直到 2019 年，中国连续实施的积极财政政策进入第 11 个年头，一方面通过财政赤字来扩大财政支出，重点支持民生及基础设施建设，另一方面通过减税减费刺激企业成长。比如，2014 年推进的“营改增”前三季度累计减税 3276 亿元，且财政部对小微企业①加大企业所得税、增值税、营业税等优惠政策力度，前三季度共为小微企业减免税 371 亿元。财政政策为民营经济的成长提供了重要的外部环境。

财政政策指政府变动收入和支出以便影响总需求进而影响就业和国民收入的政策。政府收入包括税收和公债收入，变动税收是指改变税率和税收结构；变动政府支出指改变政府对商品和劳务的购买支出及转移支付。财政政策本身具有自动调节经济的运行机制，包括个人所得税及其累进所得税的自动稳定作用和政府福利支出的自动稳定作用。财政政策可分为扩张性和紧缩性两种，前者指通过财政分配活动来增加和刺激社会的总需求，如增加国债，降低税率，提高政府购买和转移支付；后者指通过财政分配活动来减少和抑制总需求，如减少国债，提高税率，减少政府购买和转移支付。

民营经济的生存和发展离不开政府的支持，尤其是作为民营经济主体的中小型民营企业②。民营企业有先天性劣势：国家政策的制定及享受方面受到歧视；自身规模上的弱势使其信息来源不充分，研发能力低，物质基础薄弱，以至在市场竞争中不仅受大企业挤压，而且同行间低水平竞争激烈；自身资信较差，融资渠道狭窄，融资不足造成企业发展后劲不足。以上原因造成民营经济成长受到抑制。政府须为民营经济健康发展创造良好的外部环境，为其提供一定的政策支持。

---

① 小微企业一般都是民营企业。

② 中小型民营企业数量约占民营企业总量的 85%。

财政政策是国家进行宏观调控的主要手段之一，有助于消除市场失灵，改善资源配置。财政政策主要通过货币供给和价格、收入分配等宏观经济变量，影响民营经济的投资和生产行为，从而调控民营经济总产出。根据凯恩斯主义和供给学派财政理论，当民营经济发展水平较低时，政府应该实行扩张性的财政政策。具体而言，增发国债，使得政府有更多的资金用于商品或劳务采购、公共支出以及投资，增大社会商品总需求；降低税率，一方面为民营企业减轻负担，使之增加投资，另一方面增加消费者的实际收入，提高其对社会商品的购买力；提高转移支付能力包括对民营企业和个人的补贴，以及对下级政府的拨款，同样能够既提高民营企业的产出能力，又提高社会对商品的总需求。当针对民营经济供需在更高的水平上达到平衡时，民营经济本身也得到了增长（见图 8.1）。政府增发国债，聚集社会闲置资金，扩大采购规模，刺激有效需求，这是财政政策的直接传导机制；通过政府减税来带动民营投资，或者通过转移支付来平衡社会购买力，从而刺激就业和消费，这是财政政策的间接传导机制。

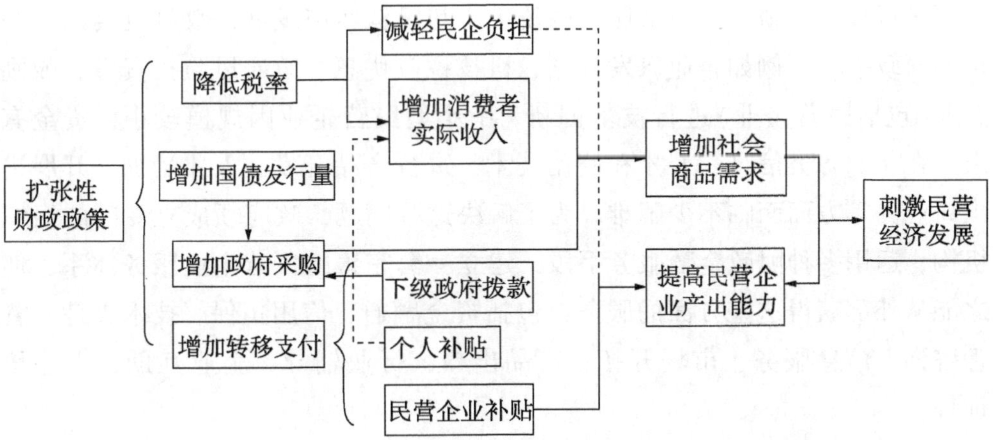

图 8.1　财政政策对民营经济的影响

换个角度，财政政策主要从货币供给、收入分配、价格传导三方面来影响民营经济。第一，不论是增发国债，政府增加财政支出，还是减税，都是通过扩大社会的货币供给来扩大社会总需求。第二，财政政策不仅通过税收和转移支付（如个人补贴）来对居民劳动与闲暇选择产生收入效应或替代效应，从而影响居民的收入水平与社会实际购买力，影响居民的消费和储蓄决策，最终影响社会总需求和民营经济的发展；而且针对民营企业，政府也通过税收和转移支付(如出口退税、专项拨款)来影响企业成本和市场价格机制，从而影响企业生产。其中，企业所得税对民营企业投资同时产生抑制和刺激效应。第三，在现实中，物价水平并非一成不变。当政府实施财政政策调节总供给和总需求时，市场价格会在短时间内自动做出相应调整。若总供给受限，政府增加财政支出导致工资物价水平上升，增加厂商的劳动力成本，从而对劳动力产生“挤出效应”。相对于国有经济，民营经济对劳动力成本具有更高的敏感性，且由于国有企业人事制度的复杂性和稳定性，挤出的劳动力大多来自民营企业。民营经济发展受到抑制。

通俗而言，财政政策主要通过拉动创业、技术创新来促进民营经济成长。第一，相应的财政政策，例如政府拨款、贴息贷款、担保贷款、税收减免、加速折旧、再投资退税等，可为民营企业发展提供必要的政策环境与资金支持，以便创业者以较少的投入，在短期内实现创业目标。第二，企业的发展壮大始终与技术创新相伴随，因此，民营企业为了在竞争中生存并发展，必须要进行技术创新。而为了促进科技进步与民营经济发展，政府也会采取一定的财政手段，例如企业研发补贴、科技税收优惠、政府风险投资等，鼓励企业(包括民营企业)进行技术创新。中小型民营企业因规模较小，资金有限，在获取各类信息、人才和使用技术，进行产品开发、人才培训，开展进出口业务等方面面临不少困难。为了解决这些问题，政府须成立专门的组织机构，运用多种财政金融服务手段，建立一套完善的民营企业服务体系，使之能从外部获得这些方面的服务，包括资金融通、信用担保、技术支持、管理咨询、信息服务、市场开拓、产品出口、行业辅导、企业互助、人才培训等。

8.4.2 货币政策服务机制

根据统计数据①，中国个体工商户在 1984 年、1994 年前后经历过两个快速发展期，在 1989 年、2000 年前后有两个发展低潮期，私营企业在 1994 年、2002 年左右有两个快速发展期，而在 2006 年以后，个体经济和私营经济均进

① 《中国改革开放 30 年民营经济发展数据》。

入平稳发展期。纵观中国金融政策演变，发现中央金融政策大致可分为几个阶段：中国经济从 1982 年开始高速增长，到 1984 年明显过热，中央实施“控制总量，调整结构”的紧缩性货币政策，经济于 1991 年恢复低通胀下的快速增长。1992 年中国经济开始新一轮周期启动，到 1993 年通胀压力全面释放，中央实施紧缩性货币政策，1996 年后取得明显效果。1997 年，亚洲金融危机爆发，国民经济出现通缩，中央实施适度从紧的货币政策，抑制了经济衰退和通货紧缩。2003 年中国经济再次出现通胀压力过大，信贷和投资增长过快，外资流入偏多等问题，中央实施稳健的货币政策，使经济发展回归平稳。2006 年至今，稳健的货币政策成为中国金融治理的主旋律。可见，中国个体经济和私营经济（都属于民营经济）的发展受到货币政策的影响。货币政策，作为中央政府宏观调控的主要手段之一，能为民营经济成长创造良好的外部环境。

货币政策指中央银行调节货币供应量及信用量的方针策略，包括利率政策、信贷政策和外汇政策。货币政策又可分为扩张性和紧缩性两种。前者是提高货币供应量的增长率，降低市场利息率，刺激社会总需求的迅速增长，以缓和经济萧条或衰退造成的困难，促进经济繁荣；而后者是压低货币供应量的增长率，提高利息率，抑制社会总需求的增长，缓和通胀压力，促进经济稳定正常发展。货币政策的目的在于稳定货币供应和金融秩序，实现经济增长，物价稳定，充分就业和国际收支平衡。

货币政策对民营经济的作用机理体现在央行通过调节货币供应量来对民营经济发展产生影响。经济增长需要货币供给的支持，而货币供给量必须适应经济发展对货币的需求。货币供给不足，购买力下降，物价下跌，会抑制投资与生产，导致失业率升高及经济衰退。货币供应过度，造成物价上涨，导致居民生活水平下降，社会经济生活秩序混乱，也不利于经济增长。因此，央行要采取货币政策措施，来调节货币供应量。

利率政策是货币政策实施的主要手段之一。央行根据货币政策实施的需要，适时运用利率工具，对利率水平和结构进行调整，影响社会资金供求状况。利率作为货币的价格，其高低必然影响货币的供给和需求水平：短期来看，利率提高，民营企业借款成本增大，融资意愿和筹资能力都会降低，民间资本投资规模也会受到抑制，民营经济发展速度下降；利率降低，民营企业借款成本下降，融资需求和筹资能力上升，民间资本投资规模增大，民营经济加速发展。此外，利率下降会降低居民用于消费的成本，消费的欲望和能力都会增加，内需扩张，民营企业产品市场需求量增加，民营经济加速增长；利率提高，则居民消费的机会成本增加，消费欲望下降，内需萎缩，民营经济成长受到抑制(见图 8.2)。

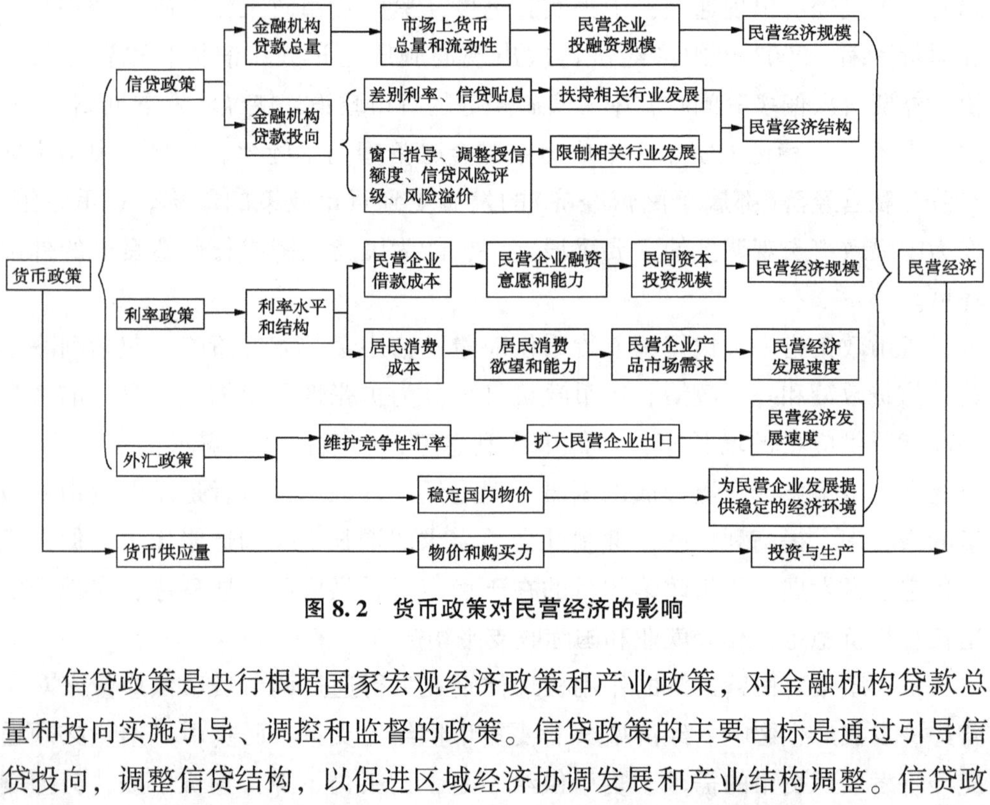

图 8.2　货币政策对民营经济的影响

信贷政策是央行根据国家宏观经济政策和产业政策，对金融机构贷款总量和投向实施引导、调控和监督的政策。信贷政策的主要目标是通过引导信贷投向，调整信贷结构，以促进区域经济协调发展和产业结构调整。信贷政策可通过调节经济发展规模和调控经济发展结构来影响民营经济成长。目前，中国金融市场尚欠发达，间接融资仍是中国中小企业(95%以上为民营企业)融资的主要方式。信贷规模决定了市场上货币总量和流动性，决定了民营企业投融资规模，也就决定了民营经济发展动力。另外，信贷政策与国家产业政策相配合，通过差别利率、信贷贴息等多种手段，引导信贷资金朝国家政策指导的领域流动，以扶持相关地区或行业的发展，比如信息消费、集成电路、新能源汽车及光伏等战略性新兴产业。而央行也可以通过“窗口指导”或引导商业银行通过调整授信额度、信贷风险评级和风险溢价等方式，限制信贷资金向某些行业或地区过度投放，比如煤炭、钢铁及地产等行业。信贷政策通过扶优限劣，使民营经济结构得以优化。

外汇政策是央行控制和调节外汇市场和汇率、实施外汇管制、控制国际资本流动、平衡国际收支所采取的方针和措施，包括行政管制和汇率管制等。外汇政策的目标有维护竞争性汇率，扩大本国商品出口(包括民营企业的产品)；稳定国内物价，避免受国际市场价格较大变动的影响，为民营经济发展提供比较稳定的经济环境。

8.5　本章小结

金融集聚对民营经济成长的促进作用不明显，其本质上还是金融业对民营企业支持力度不足和民营企业自身发展缺陷的问题。为了解决这个问题，本章在前文理论分析和实证检验结果的基础上，构建了资金有效供给、风险防范化解、金融产业合作和外部环境优化层面的协同机制。其中，资金有效供给机制主要分银行业、证券业和金融租赁业三方面进行了阐释；风险防范化解机制主要分保险业和民间金融两方面进行了阐释；外部环境优化机制主要分财政政策和货币政策两方面进行了阐释。

第9章 研究结论、政策建议及研究展望

本章首先总结和梳理本研究的结论，然后以此为基础，提出关于发挥金融集聚效应，促进区域民营经济成长的政策建议，最后指出本研究需要进一步拓展的方向。

9.1 研究结论

本书在回顾相关的经济增长理论、金融发展理论和产业集聚理论，并厘清金融集聚与民营经济相关概念的基础上，构建了金融集聚与民营经济成长间关系原理的理论框架；然后在探讨金融集聚度与民营经济成长评价方式和指标的基础上，分析了金融集聚和民营经济成长的现状及问题；接下来，实证研究了金融集聚影响区域民营经济成长的总体影响，以及金融集聚对区域民营经济规模水平和生产效率的影响，并以此为基础设计了金融集聚促进区域民营经济成长的协同机制。通过本书的研究，主要得到以下结论：

(1) 从理论上看，金融集聚与民营经济成长相辅相成，相互促进。作为特殊的产业集群，金融集聚实际上是对传统金融业的功能强化和效用升级，可通过强化金融的基本功能促进资本积累和技术创新，从而促进民营经济成长；金融集聚可通过“集聚效应”促进集聚区域内民营经济成长；金融集聚还可通过“极化效应”和“涓流效应”先抑制再促进集聚周边区域内民营经济成长；区域民营经济成长带来的投融资需求的增长，通过提供承载空间和动力源泉促进金融集聚。在对纽约、东京和香港的案例研究中，发现国际金融中心均充分发挥了金融集聚优势，为中小企业提供融资以促进其成长。

(2) 中国金融集聚和民营经济区域发展不平衡，且有向东部集聚的趋势。①中国金融集聚水平表现出较强的区域异质性，即东部地区金融集聚水平高于中部地区，中部地区金融集聚水平高于西部地区。然而，中国各地区金融

集聚水平在时序上的变动并不显著。②中国民营经济成长势头强劲，且表现出较强的区域异质性，即东部地区民营经济成长最慢，但发展水平高于中部地区，中部地区民营经济发展水平高于西部地区，且两区域增速相当。具体而言，中国民营经济存在的空间差异主要源自三大地区内部，而非来自三大地区之间；而民营经济成长三大地区内部的差异，又主要源于东部地区民营经济成长的差异；民营经济有向东部集聚的趋势。

（3）金融集聚对区域民营经济成长的促进作用具有门槛效应。若金融集聚水平较低，该促进作用不显著；当金融集聚水平较高时，金融市场化水平才能有所提高，从而在一定程度上缓解民营企业面临的融资约束问题，进而通过增加资本投入，来促进区域民营经济成长。东部地区金融集聚比较成熟，能在一定程度上满足民营经济的融资发展需求；而中、西部区域金融集聚处于发展初期，尚不能改善民营企业的融资发展困境。由于资金转化为生产力具有一定周期性，所以金融集聚对民营经济成长的长期促进作用较大。

（4）从全国来看，中国金融集聚未能显著有效促进民营经济规模增长，且区域发展并不平衡。东部地区金融集聚比较成熟，“涓流效应”开始显现，对民营经济规模增长有较小的正向直接和间接作用；中、西部地区金融集聚尚处于发展初期，“极化效应”比较明显，对民营经济规模增长有较小的负向间接作用，而无显著直接效应。而这又印证了结论(3)的门槛效应。总体而言，东部地区金融集聚对民营经济规模增长的正向影响较小，而中、西部地区金融集聚对民营经济规模增长有一定的负向影响。

（5）从全国来看，中国金融集聚尚未显著有效促进民营经济生产效率提升，且区域发展并不平衡。金融集聚主要通过促进民营企业生产技术进步而非经营管理能力提升，来促进区域民营经济生产效率的提升。但是民营企业生产技术进步以经营管理能力提升为基础：东部地区民营经济已经比较成熟，经营管理能力较强，民营经济 TFP 提升主要源自生产技术进步；中、西部地区民营还处于发展初期，经营管理能力较弱，民营经济 TFP 没有提升；西部民营企业还偏重于投资规模的扩张，中部民营企业已经开始偏重于管理和技术的提升。

（6）要充分发挥金融集聚对区域民营经济成长的促进作用，需要从资金有效供给、风险防范化解、金融产业合作和外部环境优化方面构建协同机制。

资金有效供给机制从银行业、证券业和金融租赁业方面进行了阐释；风险防范化解机制从保险业和民间金融方面进行了阐释；外部环境优化机制从财政政策和货币政策方面进行了阐释。

9.2 政策建议

要实现金融集聚对区域民营经济成长的促进作用，除了充分激发金融行业的市场竞争性和信贷积极性之外，还需提升民营企业自身的融资能力和生产水平。而中国地域辽阔，区域经济发展不平衡，且区域间合作存在藩篱。因此，还需协调各区域的金融产业和民营企业发展，最终才能实现全国范围内金融集聚和民营经济成长的有机结合。具体而言，可从以下几个方面提出发挥金融集聚效应促进区域民营经济成长的政策建议。

9.2.1 促进各区域金融资源的有效集聚

（1）完善金融市场体系。①需要完善主要由市场决定价格的机制，提高金融资源配置效率和公平性。要使市场在资源配置中起决定性作用，就要充分发挥价格的调节作用，让市场决定价格，让价格引导供需。相应地，在金融市场上，就需要推动利率和汇率形成机制改革。②需要形成直接融资与间接融资功能互补、结构合理、协调发展的金融市场体系[①]。前者需要健全多层次资本市场体系，多渠道推动股权融资，规范发展债券市场、货币市场等；后者需要构建多层次的信贷市场。③促进信贷组织多元化发展，让各种类型的金融主体得以共存，如扩大民间资本进入金融业，允许具备条件的民间资本发起设立中小型民营银行等金融机构。以上为国家层面的措施。

（2）引进金融机构人才。制定优惠政策，鼓励境内外金融机构前来设立分支机构，吸引更多金融人才。其中，功能性金融机构、新型金融机构和各类金融中介组织有利于完善区域金融机构体系；大型外资金融机构可以提高区域金融业的国际化水平。

---

① 金融市场体系包括货币市场、资本市场。货币市场包括同业拆借市场、回购协议市场、商业票据市场、银行承兑汇票市场、短期政府债券市场、大面额可转让存单市场。资本市场包括中长期银行信贷市场、证券市场（债券市场、股票市场）、保险市场、融资租赁市场。

(3) 促进金融服务创新。创新是金融业发展的动力。金融创新旨在使信贷融资和非信贷融资相结合，间接融资与直接融资相结合，正规金融与民间金融相结合。金融创新离不开金融机构间合作的开展，使得为金融机构服务的相关辅助性产业或社会中介服务业迅速发展起来。

(4) 优化金融产业环境。①要坚决打击各种非法金融活动，改善金融生态①。良好的金融生态环境有利于提高金融运行质量和效率，实现经济金融的良性互动和协调发展。而金融生态环境好的地区，也能更多地吸引金融机构、金融人才进驻和资金流入。②推进区域内金融机构改革重组，壮大区域金融机构实力。③拓宽融资渠道，扩大股票和债券发行规模，增强区域融资能力。

以上 4 点适用于全国各区域，而对于金融集聚水平较低的中、西部地区，还需促进金融资源的有效开发。①国家应当制定相关政策，鼓励金融资源向中、西部地区流动，比如有差别的利率政策和存款准备金率。②中、西部地区应当加强招商引资，吸引东部及外国资本的流入，丰富货币资本性金融资源。在做大金融资源总量的同时，还需拓宽融资渠道，增加金融资源配置的途径。③中、西部地区应当制定优惠政策，吸引东部金融机构在本地设立分支机构。

9.2.2　实现各区域金融市场的有序竞争

推进金融市场化改革，通过加强金融行业的市场竞争来实现金融资源的有效分配。

(1) 在外资银行享有同中资银行同等待遇的情况下，对民间资本开放金融业，允许民间资本创设包括民营银行在内的民间金融机构，使大多数地区现有的非正规金融合法化、规范化，并加强信用体系建设。截至 2019 年，全国已经开业 18 家民营银行②，另有无锡锡商银行正在筹建。民营银行的发展

---

① 金融生态环境包括与金融业生存、发展密切相关的经济环境、法制环境、信用环境、市场环境和行政管理体制、中介服务体系、银企关系以及人文地理等。

② 第一批 5 家：深圳微众银行、温州民商银行、天津金城银行、浙江网商银行、上海华瑞银行；第二批 12 家：重庆富民银行、四川新华银行、北京中关村银行、江苏苏宁银行、湖南三湘银行、吉林亿联银行、武汉众邦银行、福建华通银行、威海蓝海银行、梅州客商银行、安徽新安银行、辽宁振兴银行；第三批 1 家：江西裕民银行。

不仅可以丰富和完善中国金融组织体系的内部结构；可以抑制地下金融活动，有利于金融秩序的稳定；可以为民营中小型企业提供更多外源性融资，提高储蓄向投资转化的效率，改善金融资源的配置格局；还可以将竞争机制引入金融业，打破金融业原有的垄断格局，增大金融资源配置中的市场化成分，构筑多元产权共存的竞争性的市场环境，这对体制僵化、效率低下的国有金融机构会施加强大的外部压力，迫使国有金融机构进一步深化改革。

（2）进一步改革中国证券发行制度，由当前的核准制①向申报注册制②过渡。核准制使证券监管部门继续保留着不少行政控制的权力，对某些证券所代表的权利能否在一级市场上交易首先作出价值判断，不仅容易导致证券市场权力滥用和腐败行为，而且为民营企业设置了较高的准入门槛，确保资金流向大中型国有上市企业。而申报注册制则规避了行政力量对证券发行的干预，将证券的良莠交给市场来决定，不仅通过打破对国有企业的政策保护，引入证券发行的市场化竞争，迫使国有企业深化改革，而且消除了对民营企业的政策歧视，通过消除证券发行的资格藩篱，实现金融资源的有效配置。

9.2.3 加强各区域民营企业的融资能力

（1）制定相关政策，成立相关机构，拓展民营企业的融资渠道，努力改善民营企业的融资环境。①建立民营企业金融体系。规范现有的民间融资渠道和行为，成立专门为民营企业提供金融服务的小型商业银行，并吸收民间资本参股，或允许具备条件的民间资本发起设立中小型民营银行，使民间资本从体外循环转入体内循环，提高民间资金运用的效率和专业性。②建立和完善支持民营企业发展的经济金融政策体系。政府建立相关机构，专门负责对民营企业的管理和扶持，包括利用政府资金向符合条件的民营企业提供贷款担保或投资基金；发展为民营企业融资提供服务的信用担保机构，建立民营企业贷款担保基金和信用保险基金，完善民营企业贷款风险缓冲机制；建

① 发行人发行证券，不仅要公开全部的，可以供投资人判断的材料，还要符合证券发行的实质性条件，证券主管机关有权依照公司法、证券交易法的规定，对发行人提出的申请以及有关材料，进行实质性审查，发行人得到批准以后，才可以发行证券。

② 政府对发行人发行证券，事先不做实质性审查，仅对申请文件进行形式审查，发行者在申报申请文件以后的一定时期以内，若没有被政府否定，即可以发行证券。

立、健全面向民营企业的信用评价体系，鼓励商业银行综合运用多种金融工具，向民营企业提供承兑、贴现、转账、财务管理、信息服务等新型金融服务，使其享受与国有企业同等待遇；制定有效引导社会资本投资民营企业的税收政策；引导和扶持有条件的民营企业发行企业债券。

(2) 因地制宜，根据区域优势，通过相关政策引导发展本地民营企业，增强民营企业的融资能力。①帮助民营企业建立现代企业制度，提升民营企业的市场竞争力和民营经济整体素质，以提升民营企业的贷款信用度。规范企业治理结构，明晰企业产权结构，加强企业监管；建立多层次内部控制体系，加强风险控制；建立健全财务管理机制，强化内部审计和外部监督机制。②提升人力资源管理能力，吸引专业人才，提高民营企业的管理水平。改善家族式管理观念，举贤任能，大胆启用具有管理特长和专业技能的人才进入企业中高层，努力塑造知识型的团队；建立和完善人力资源管理体系，包括制定企业人力资源规划，以满足企业经营发展的需要，运用市场机制，大力引进紧缺的各类高级技术人才和管理人才，加强人力资源开发培训，提高人员和业务素质，建立公平的绩效考核体系和激励制度，激发员工的主人翁意识和工作积极性。③加强对民营企业的技术和财政扶持。对符合相关条件的民营企业，实行税收减免或财政资助；政府出资培训人才的计划指标向民营企业从业人员开放；完善技术和人才服务体系，引导高等院校、科研机构和大企业的研发部门为民营企业提供技术创新支持。

9.2.4　提升各区域民营企业的生产水平

民营企业应当转变发展观念，注重管理进步和技术创新，从投资拉动型向技术推动型发展方式转变。①加强生产和科技对接。②支持和帮助民营企业依靠自主创新，实现向产业高端、产业链上游、高附加值转移，向拥有自主知识产权、自有品牌转型，向产业融合、投资主体和市场多元化拓展，走内涵式增长、集约型发展的科学发展道路。③推动民营企业参与各级各类科技计划，科技项目申报适当向民营企业倾斜。④支持符合条件的民营企业争取列入各级节能减排及循环经济专项计划，以及重点技改项目、技术创新项目。

管理进步也是技术创新的前提和保证，只有先进的管理能力才能提升民营企业的外源性融资能力；更多的资金投入到技术研发，才可能提升企业的生产技术；提高企业的生产效率，才能增强市场竞争力而实现可持续性发展。反之，企业发展才能增强其内源和外源性融资能力，形成良性循环。管理方法应该与企业发展阶段相适应，随着民营企业从“初创期”向“成长期”“成熟期”不断进化，民营企业需适时增加或削减一些组织机构，进行制度创新，增强企业的凝聚力和员工的向心力，充分调动全员的积极性和创新性，使企业走上管理规范化、科学化、制度化的发展之路。①制定并实施基于价值链分析的利基战略，即对价值链进行分解，根据自身优势选定较小的产品或服务领域，集中力量做好做强，逐步提高企业市场竞争力。②不断完善法人治理结构，优化企业组织架构。从满足市场需求出发优化业务流程，适当简化部门分工，实现机构综合化；减少组织结构的有效执行；积极开展现代化的企业间合作。③加快管理信息化建设，对内共享企业的信息资源，提高信息的生产效率，对外为客户提供及时的信息服务。加大企业信息化建设的投入，大力发展电子商务，并积极探索现代企业管理、市场营销的新思路；强化对信息人才乃至全体员工的信息化培训。④不断拓宽管理领域，丰富管理内涵。随着竞争主体从单个企业转向整条价值链，管理的重心应由对企业内部的管理转到对供应链的管理；随着经济资源从传统的人、财、物竞争转向知识、信息和品牌竞争，企业应加强信息化管理、风险管理、跨文化管理；随着业务从大而全转向专注核心，企业应重视业务外包、战略联盟；随着目标由单纯追求效益转向追求持续成长，企业应重视绿色管理、社会责任管理、和谐管理、诚信管理。

9.2.5 形成区域间金融合作和技术交流

(1) 制定相关地方政府间合作措施，实现区域之间金融资源的有效配置，缓解区域之间由于争夺金融资源而对民营企业带来的融资困难。推动区域金融合作，应以市场为主导，同时注重发挥政府和各金融管理部门的作用，加强机制、环境建设，为区域金融合作创造良好的外部条件。①加强金融合作机制建设。设立高层次的区域协同发展合作平台，研究制定区域统一的发展规划，协调解决区域协同发展中面临的突出问题；加强金融合作平台建设，研究区域金融发展、机构网点布局政策以及协调解决金融机构跨区域设置分支机构问题，支持法人金融机构开展深度合作；加强金融部门与政府及经济部门的合作，消除行政区划对金融合作的阻碍，为实现区域金融资源优化配置创造良好环境。②推动区域金融生态建设。建立区域信息网络，实现区域经济社会科技人才的信息互通，资源共享；建设区域信用体系，实现信用信息共享，建立统一的、跨区域的企业资信评级标准和认定体系，推动跨区域金融服务；加快区域金融基础设施的一体化建设，降低金融机构在区域内的运营成本；加强维护区域金融稳定方面的合作，制定适宜的金融监管政策，加强监管合作，防止发生区域性金融风险。③建立区域统一的行业标准。建立区域统一的金融业务流程、服务标准、风险标准和合作层面的利益分配机制，实现区域内业务互认，金融产品互通互联，促进区域内金融机构跨区发展，实现金融资源优化配置。

（2）建设区域间相关行业的交流合作机制，促进区域间同行业民营企业的管理经验和生产技术交流，并制定相关政策，消除技术溢出的区域壁垒。①构建区域间统一大市场。改革现行体制和机制中阻碍生产要素[①]合理、自由流动的制度，通过调整制度安排和制度创新促进商品和各类生产要素的流动，减少行政干预；建立合理的资本和人才流动机制，在保障资本和人才立足于各区域权益的同时，加大对投资的各项优惠和在工资福利待遇等方面的支持力度。②协调竞争机制。提升政府对市场的创新服务能力，并限制其参与市场运作，充分发挥企业或企业集团的资源配置功能；鼓励区域间的企业兼并，促进区域间技术合作。③合理进行产业分工。以市场作用为基础，结合相关政策，根据各地区的比较优势配置资源，强调优势互补，形成既有分工又有协作的产业分工格局，发挥区域优势。

9.2.6　促进金融集聚与民营经济成长良性互动

提高民营企业的成长性和信用等级，不仅可以提高民营企业的融资能力，还可通过市场的作用吸引一部分资金“脱虚向实”，向民营经济流动，进一步改善民营企业的融资环境。随着区域金融水平的提高，金融市场内部竞争性增大，金融产业的市场化水平提高，出于逐利的目的，才会有更多的金融资

① 指进行社会生产经营活动时所需要的各种社会资源，是维系国民经济运行及市场主体生产经营过程中所必须具备的基本因素，包括劳动力、土地、资本、企业家才能、技术、信息等要素。

源向民营经济倾斜。各地区都应首先打破制约本地金融资源的行政约束，为民营企业提供必需的资金支持，促进区域民营经济的发展，并通过市场的力量吸引更多金融资源的汇聚，以此形成良性循环。①调整产业发展战略，促进民营经济对资金的吸纳和消化能力。推进农业和农村经济结构战略性调整，实现农业现代化，提高农产品的科技含量和产品附加值；发展高新技术产业，并用先进技术改造提升传统产业；发展新兴第三产业，如现代金融、现代物流、信息服务等，并发展法律服务、科技服务、咨询服务等专业化中介服务业。②优化整合金融资源，促进金融产业集聚发展。提高银行业金融机构的风险防范能力和可持续发展能力，加快信托投资公司的债权债务清理；鼓励银行业金融机构加大创新力度，积极寻找新的利润增长点，进一步提高金融服务水平。③提供政策支持，为金融集聚和民营经济的协调发展提供资金保障。实施适当倾斜的货币政策，适当调低中、西部地区金融机构的准备金率，并向中、西部地区民营企业适当扩大再贷款、再贴现规模；在金融基础较好的大中城市发行中长期企业债券和企业短期融资债券，拓宽民营企业的融资渠道；设立中、西部发展基金，支持基础设施建设，支持发展壮大中心城市经济圈实力，进一步增加对民营经济的辐射和拉动作用。④采取可行措施，为畅通民营企业融资渠道提供环境保障。取消不合理收费，提高政府部门履行职能的公正性和效率性；严厉打击逃废银行债务行为。

9.3 研究展望

本书已对金融集聚与民营经济的相关概念、成长历程、评价方式及发展现状，两者间的关系原理及相关性统计分析，金融集聚与区域民营经济成长间的不协调问题及原因、协同机制及政策建议等方面进行了研究，但是由于多方面原因使得本研究尚不充分，有些内容仍有继续拓展的空间，包括以下方面：

（1）鉴于统计数据的可获得性，本书以官方金融统计指标体系来测算金融集聚水平，以规模以上非国有工业企业数据作为民营经济的替代变量，来研究金融集聚与区域民营经济成长的协调关系。前者忽略了地下金融、影子银行和民间借贷等因素，更多偏向于官方金融资源集聚，而后者忽略了规模以下以及其他产业的非国有企业数据，均具有一定的局限性。未来可尝试采用作问卷调查以获得微观企业数据的方式来对上述关系做进一步研究。

（2）鉴于本书民营经济的替代变量为工业企业数据，无法研究金融集聚对区域民营经济增长结构的影响，而仅研究了金融集聚对区域民营经济规模水平和生产效率的影响。未来若搜集到各行业民营企业的微观数据，则可尝试从民营经济增长结构方面进行实证研究。

（3）本书仅从传统的东、中、西部分野来研究金融集聚对区域民营经济成长的单向影响，未来可以尝试以更多的区域划分角度来实证研究二者之间的相互影响，比如沿海地区和内陆地区、发达地区和落后地区、国家中心城市和区域中心城市等。

参考文献

[1] 安荣荣．我国金融集聚发展及其对区域经济增长的空间溢出作用分析[D]．中国海洋大学博士学位论文，2013.

[2] 博迪，默顿，克利顿．金融学[M]．北京：中国人民大学出版社，2010.

[3] 蔡利农．国有商业银行应加快民营经济金融业务市场的开拓[J]．江西财经大学学报，2004(6)：30-32.

[4] 曹强．全要素生产率、政府支出与实际汇率的关系研究——基于亚洲国家的面板误差修正模型的分析[J]．国际商务——对外经济贸易大学学报，2014(6)：77-87.

[5] 陈铭仁．金融机构集聚论——金融中心形成的新视角[M]．北京：中国金融出版社，2010.

[6] 陈莹，李心丹．区域金融中心辐射力研究——以南京为例的实证分析[J]．南京社会科学，2013(3)：141-154.

[7] 陈志刚，郭帅．金融发展影响全要素生产率增长研究述评[J]．经济学动态，2012(8)：129-136.

[8] 成学真，岳松毅．西北五省区金融集聚与区域经济增长的耦合匹配研究[J]．兰州学刊，2017(1)：199-208.

[9] 丁艺．金融集聚与区域经济增长[M]．北京：国家行政学院出版社，2013.

[10] 豆晓利．基于空间模型的中国金融集聚对区域经济增长的溢出作用分析[J]．区域经济评论，2013(6)：113-120.

[11] 高朋．金融集聚影响因素研究[D]．西南财经大学博士学位论文，2013.

[12] 国家统计局企业调查总队课题组．民营经济发展和民营企业成长研究[J]．统计教育，2004，2(2)：2-12.

[13] 何莉．协整分析与误差修正模型——从增长率看民营企业进出口对我国经济增长的影响[J]．经济经纬，2006(3)：108-110.

[14] 何宜庆，吕弦．我国东中部地区城市群金融集聚辐射分析[J]．生态经济，

2015，31(5)：44-48.

[15] 何宜庆，钟宇生．金融集聚、要素禀赋对区域经济增长差异分析[J]．经济研究参考，2014(46)：44-53.

[16] 洪功翔，张兰婷，李伟军．金融集聚对全要素生产率影响的区域异质性——基于动态面板模型的实证分析[J]．经济经纬，2014，31(7)：7-12.

[17] 黄德春，徐慎晖．新常态下长江经济带的金融集聚对经济增长的影响研究——基于市级面板数据的空间计量分析[J]．经济问题探索，2016(10)：160-167.

[18] 黄解宇，杨再斌．金融集聚论——金融中心形成的理论与实践解析[M]．北京：中国社会科学出版社，线装书局，2006.

[19] 黄解宇，张秀娟，孙维峰．金融集聚影响区域经济发展的机制研究[M]．北京：中国社会科学出版社，2015.

[20] 黄孟复．纪事本末：中国民营经济史[M]．北京：中华工商联合出版社，2010.

[21] 黄燕萍．金融发展、人力资本与全要素生产率[J]．厦门大学学报(哲学社会科学版)，2016(2)：102-110.

[22] 黄永兴，徐鹏，孙彦骊．金融集聚影响因素及其溢出效应——基于长三角的实证分析[J]．投资研究，2011，30(8)：111-119.

[23] 胡德平．实业和金融业[A]//单忠东．民营经济三十年——思考与展望[M]．北京：经济科学出版社，2009.

[24] 胡国晖，郑萌．金融集聚向扩散转化的机理及模型化分析[J]．软科学，2014(2)：118-135.

[25] 金雪军，郑冰开．金融发展、技术进步与全要素生产率关系研究[J]．统计与决策，2013(11)：163-166.

[26] 李宝礼，胡雪萍．金融集聚与城市经济绩效的空间相关性研究[J]．统计与决策，2006(23)：144-148.

[27] 李标，宋长旭，吴贾．创新驱动下金融集聚与区域经济增长[J]．财经科学，2016(1)：88-99.

[28] 李国荣，彭建松．民营经济概论[M]．北京：北京大学出版社，2008.

[29] 李红，王彦晓．金融集聚、空间溢出与城市经济增长——基于中国286个城市空间面板杜宾模型的经验研究[J]．国际金融研究，2014(2)：89-96.

[30] 李健，卫平．民间金融和全要素生产率增长[J]．南开经济研究，2015(5)：74-91.
[31] 李敬．中国区域金融发展差异研究[D]．重庆大学博士学位论文，2007.
[32] 李静，马丽娟．金融集聚的区域经济增长效应分析[J]．社会科学战线，2016(10)：249-253.
[33] 李靖，谭清美，白俊红．中国区域创新生产的空间计量分析——基于静态与动态空间面板模型的实证研究[J]．管理世界，2010(7)：43-65.
[34] 李静霞，丁艺．金融集聚对区域经济增长的辐射作用[J]．求索，2009(10)：42-43.
[35] 李丽辉，田俊荣，许志峰，欧阳洁．美国风暴难撼中国金融[N]．人民日报，2008-10-13(14).
[36] 李林，丁艺，刘志华．金融集聚对区域经济增长溢出作用的空间计量分析[J]．金融研究，2011(5)：113-123.
[37] 李梅．金融发展、对外直接投资与母国生产率增长[J]．中国软科学，2014(11)：170-182.
[38] 李思霖．金融集聚、政府干预与全要素生产率[J]．金融理论与实践，2015(8)：81-84.
[39] 李子彬．宏观经济调控与中小企业发展面临的机遇和挑战[A]//单忠东．民营经济三十年——思考与展望[M]．北京：经济科学出版社，2009.
[40] 厉以宁．切实解决民营企业融资难问题[A]//单忠东．民营经济三十年——思考与展望[M]．北京：经济科学出版社，2009.
[41] 刘传江，胡威．外商直接投资提升了中国的碳生产率吗？——基于空间面板 Durbin 模型的经验分析[J]．世界经济研究，2016(1)：99-109.
[42] 刘和东．区域创新内溢、外溢与空间溢出效应的实证研究[J]．科研管理，2013，34(1)：28-36.
[43] 刘红．金融集聚影响区域经济增长的机制研究[D]．同济大学博士学位论文，2008a.
[44] 刘红．金融集聚对区域经济的增长效应和辐射效应研究[J]．上海金融，2008b(6)：14-19.
[45] 刘军，黄解宇，曹利军．金融集聚影响实体经济机制研究[J]．管理世界，2007(4)：152-153.

[46] 刘慕伟．典型国际金融中心的中小企业融资体系构架及其对我国的借鉴意义[J]．理论与改革，2005(4)：96-99.
[47] 刘儒，董研林，石白茜．区域民营经济与包容性增长相关性的实证分析[J]．西安交通大学学报(社会科学版)，2015(5)：47-52.
[48] 陆军，徐杰．金融集聚与区域经济增长的实证分析——以京津冀地区为例[J]．经济研究，2014(2)：107-133.
[49] 卢成万，周昭雄，孙珺．民间金融发展与民营经济增长关系的实证分析——基于诱致性制度变迁下的视角[J]．管理现代化，2012(12)：30-32.
[50] 卢颖，胡春涛，白钦先．中国金融资源地区分布差异性研究[M]．北京：中国金融出版社，2014.
[51] 罗子嫄，何宜庆，毛华．华东地区金融集聚与经济发展耦合关系研究[J]．企业经济，2013(8)：135-138.
[52] 吕承超，张学民．中国民营经济发展空间差异与极化研究——基于金融危机后中国民营企业500强省际数据的实证分析[J]．经济与管理，2015(5)：51-57.
[53] 美国金融危机调查委员会．美国金融危机调查报告[M]．俞利军，丁志杰，刘宝成，译．北京：中信出版社，2012.
[54] 潘辉，冉光和，张冰，李军．金融集聚与实体经济增长关系的区域差异研究[J]．经济问题探索，2013(5)：102-107.
[55] 瞿卫军，毛昊．从专利统计数据看我国民营企业的自主创新[J]．中国科技论坛，2008(9)：61-66.
[56] 冉光和等．金融产业资本论[M]．北京：科学出版社，2007.
[57] 冉光和，张冰．财政金融政策对中国民营经济发展的影响效应研究[J]．经济与管理研究，2012(1)：11-17.
[58] 任淑霞．金融集聚与城市经济增长研究[D]．北京邮电大学博士学位论文，2011.
[59] 佘时飞．经济增长理论文献综述[J]．科技经济市场，2009(8)：38-39.
[60] 孙爱军，蒋彧，方先明．金融支持经济发展效率比较——基于DEA-Malmquist指数方法的分析[J]．中央财经大学学报，2011(11)：34-39.
[61] 孙刚．区域金融发展的空间集聚与上市企业创新研究[J]．投资研究，2015(3)：19-38.

[62] 孙晶，李涵硕．金融集聚与产业机构省级——来自 2003—2007 年省际经济数据的实证分析[J]．经济学家，2012(3)：80-86.

[63] 孙灵燕，崔喜君．外商直接投资对民营企业生产率影响的融资效应分析——来自中国企业层面的证据[J]．经济与管理评论，2014(2)：97-103.

[64] 孙武军，宁宁，崔亮．金融集聚、地区差异与经济发展[J]．北京师范大学学报，2013(3)：92-103.

[65] 孙兆斌．金融产业集聚论[D]．南京大学博士学位论文，2008.

[66] 孙志红，王亚青．金融集聚对区域经济增长的空间溢出效应研究——基于西北五省数据[J]．审计与经济研究，2017(2)：108-118.

[67] 谭朵朵．金融集聚的演化机理与效应研究[D]．湖南大学博士学位论文，2012.

[68] 陶军锋．劳动分工、专业化人力资本积累与收益递增——内生增长理论研究[D]．中国社会科学院研究生院博士学位论文，2003.

[69] 田泽永，江可申，江宏．FDI 溢出效应对民营经济的影响——基于省际面板数据的实证研究[J]．研究与发展管理，2010，22(1)：10-17.

[70] 王丹，叶蜀君．金融集聚对经济增长的知识溢出机制研究[J]．北京交通大学学报(社会科学版)，2015(3)：38-44.

[71] 王静．我国中小企业成长的决定因素研究[D]．西南财经大学硕士学位论文，2012.

[72] 汪桥红．区域金融中心的极化与扩散效应——京津冀和长三角的比较分析[J]．统计与决策，2013(21)：131-134.

[73] 王钦敏．中国民营经济发展报告(2014—2015)[M]．北京：社会科学文献出版社，2016.

[74] 王舒健，李钊．中国金融发展与全要素生产率的协整关系检验与波动影响分析[J]．统计与决策，2007(2)：79-81.

[75] 王婷，叶军．金融发展差异与中国区域经济增长非均衡性研究[M]．天津：南开大学出版社，2012.

[76] 汪潇，姚辉．城市总部经济发展能力与金融集聚实证研究[J]．经济理论与经济管理，2011(5)：60-66.

[77] 韦锦祥．金融集聚、企业异质性与制造业生产率[D]．暨南大学硕士学位论文，2015.

[78] 魏埙，蔡继明，刘俊民等．现代西方经济学教程(第二版)[M]．天津：南开大学出版社，2001.

[79] 温涛．中国农村金融风险生成机制与控制模式研究[D]．西南农业大学博士论文，2005.

[80] 吴敬琏．当代中国经济改革教程[M]．上海：上海远东出版社，2016.

[81] 吴晓灵．中国金融体制改革 30 年回顾与展望[M]．北京：人民出版社，2008.

[82] 向松祚．新资本论[D]．北京：中信出版社，2015.

[83] 熊德平．农村金融与农村经济协调发展研究[M]．北京：社会科学文献出版社，2009.

[84] 许高峰，杨名．民营经济发展的影响因素分析[J]．河北师范大学学报，2010(5)：29-33.

[85] 邢志平．政府干预的金融资源错配效应研究——以中国国有经济部门和民营经济部门为例的分析[J]．上海经济研究，2016(4)：23-68.

[86] 徐玲．金融集聚与区域经济增长的空间计量研究[D]．湖南大学博士学位论文，2011.

[87] 徐清．金融发展、生产率与中国企业对外直接投资[D]．南开大学博士学位论文，2014.

[88] 徐晓光，许文，郑尊信．金融集聚对经济转型的溢出效应分析：以深圳为例[J]．经济学动态，2015(11)：90-97.

[89] 徐忠伟．中国民营企业可持续成长影响因素的实证研究[D]．复旦大学博士学位论文，2005.

[90] 颜洪平，陈平．金融集聚与经济发展耦合协调性评价——以中部六省为例[J]．经济体制改革，2016(3)：63-67.

[91] 杨剑波，郭小群．R&D 内生经济增长理论综述与引申[J]．改革，2008(1)：154-157.

[92] 杨天宇．我国民营企业直接融资的制度性障碍[J]．经济管理，2002(10)：75-79.

[93] 杨志群．金融集聚、金融发展对企业技术创新的影响研究[D]．南开大学博士学位论文，2013.

[94] 姚耀军．中国金融发展与全要素生产率——基于时间序列的经验证据[J]．

数量经济技术经济研究，2010，27(3)：68-81.
[95] 殷广卫．新经济地理学视角下的产业集聚机制研究[M]．上海：上海世纪出版集团，2011.
[96] 尹建国．商业银行支持民营企业的对策和建议[J]．金融经济，2005(4)：97-98.
[97] 渝鸿林．关系网络、商业信用融资与民营企业成长[J]．经济科学，2013(4)：116-128.
[98] 余利丰，邓柏盛，王菲．金融发展与中国生产率增长——随机前沿分析的视角[J]．管理科学，2011，24(4)：105-112.
[99] 俞小江．影响民营企业银行贷款的因素[J]．经济管理，2003(1)：55-56.
[100] 喻小军．我国民营企业增长模型分析[J]．中南财经大学学报，1995(5)：89-92.
[101] 于震，杨萓，刘淼．中国金融发展与生产率增长[J]．社会科学战线，2008(5)：48-53.
[102] 张冰．财政金融服务于民营企业科技创新成果转化研究[D]．重庆大学博士论文，2015.
[103] 张浩然．空间溢出视角下的金融集聚与城市经济绩效[J]．财贸经济，2014(9)：51-61.
[104] 张浩然，魏琳．金融集聚与城市经济绩效：基于城市异质性视角的分析[J]．当代财经，2015(10)：61-69.
[105] 张嘉为，陈曦，汪寿阳．新的空间权重矩阵及其在中国省域对外贸易中的应用[J]．系统工程理论与实践，2009(11)：84-92.
[106] 张金鑫．重庆民营经济发展与财政金融服务研究[D]．重庆大学硕士学位论文，2009.
[107] 张军，金煜．中国的金融深化和生产率关系的再检测：1987—2001[J]．经济研究，2005(11)：34-45.
[108] 张林泉．多独立样本 Kruskal-Wallis 检验的原理及其实证分析[J]．苏州科技学院学报，2014(3)：14-16.
[109] 张晓燕．金融产业集聚及其对区域经济增长的影响研究[D]．山东大学博士学位论文，2012.
[110] 张玄，冉光和，郑强．金融集聚、研发投入与民营企业成长——基于制造

业上市民营企业数据[J]. 预测，2016(1)：49-54.
[111] 张远秀. 重新界定民营经济和私营经济[J]. 经济学家，2003(6)：111-113.
[112] 张志民. 中国民营经济产业结构演进研究[D]. 厦门大学博士学位论文，2009.
[113] 赵晨. 民营经济发展与区域经济竞争力提升的实证研究——以江西省为例[D]. 江西师范大学硕士学位论文，2009.
[114] 赵晓霞. 金融集聚视角下的中国大城市经济增长方式探究[J]. 管理世界，2014(5)：174-175.
[115] 赵轶. 金融集聚、空间溢出与区域经济增长——基于空间计量模型的实证研究[D]. 西南财经大学硕士学位论文，2014.
[116] 赵自芳，王争等. 中国民营企业的生产率研究[M]. 杭州：浙江大学出版社，2009.
[117] 郑文. 金融发展对中国全要素生产率的影响及其作用机制研究[D]. 华中科技大学博士学位论文，2013.
[118] 郑延冰. 民营科技企业研发投入、研发效率与政府资助[J]. 科学学研究，2016，34(7)：1036-1043.
[119] 中国民(私)营经济研究会. 民营企业加快转变经济发展方式简明读本[M]. 北京：中华工商联合出版社，2010.
[120] 周杰琦. 金融发展对中国全要素生产率增长的影响：作用机制与实证分析[D]. 中国社会科学院研究生院博士学位论文，2011.
[121] 周立. 金融发展促进经济增长的理论综述[J]. 经济学动态，2003(9)：68-73.
[122] 朱玉杰，倪骁然. 金融规模如何影响产业升级：促进还是抑制？——基于空间面板 Durbin 模型(SDM)的研究：直接影响与空间溢出[J]. 中国软科学，2014(4)：180-192.
[123] 宗晓武. 中国区域经济增长中的金融集聚因素研究[D]. 南京大学博士学位论文，2008.
[124] 邹新月，赵江. 全要素生产率与金融发展关系研究——基于广东省数据[J]. 金融经济学研究，2013，28(2)：77-85.
[125] 左大培，杨春学. 经济增长理论模型的内生化历程[M]. 北京：中国经济

出版社，2007.

[126] Abdelhafidh, S. Potential financing sources of investment and economic growth in North African countries: A causality analysis[J]. Journal of Policy Modeling, 2013(35): 150-169.

[127] Ang, J. B. What are the mechanisms linking financial development and economic growth in Malaysia? [J]. Economic Modelling, 2008, 25(1): 38-53.

[128] Antonopoulos, C., Sakellaris, P. The contribution of information and communication technology investments to Greek economic growth: an analytical growth accounting framework[J]. Information Economics and Policy, 2009, 21(3): 171-191.

[129] Baldwin, R. E., Martin, P. Agglomeration and regional growth[A]. Henderson, J. V., Thisse, J. F. eds. Handbook of Regional and Urban Economics [M], Volume 4. North Holland, 2004.

[130] Barro, R. J., Sala-I-Martin, X. Economic growth[M]. New York: McGraw-Hill Inc., 1995.

[131] Beck, T., Degryse, H., Kneer, C. Is more finance better? Disentangling intermediation and size effects of financial systems[J]. Journal of Financial Stability, 2014, 10(1): 50-64.

[132] Beck, T., Demirguc-Kunt, A. Small and medium-size enterprise: Access to finance as a growth constraint[J]. Journal of Banking & Financing, 2006, 30(11): 2931-2943.

[133] Berkowitz, D., Hoekstra, M., Schoors. K. Bank privatization, finance and growth[J]. Journal of Development Economics, 2014(110): 93-106.

[134] Bittencourt, M. Financial development and economic growth in Latin America: Is Schumpeter right? [J]. Journal of Policy Modeling, 2012, 34(3): 341-355.

[135] Calderon, C., Liu, L. The direction of causality between financial development and economic growth [J]. Journal of Development Economics, 2003, 72(1): 321-334.

[136] Che, X. W., Li, B., Guo, K., Wang, J. Property prices and bank

lending: Some evidence from China's regional financial centers[J]. Procedia Computer Science, 2011(4): 1660–1667.

[137] Chen, K., Chen, G. The rise of international financial centers in mainland China[J]. Cities, 2014(47): 10–22.

[138] Christiansen, L., Schindler, M., Tressel, T. Growth and structural reforms: A new assessment[J]. Journal of International Economics, 2013(89): 347–356.

[139] Christopoulos, D. K., Tsionas, E. G. Financial development and economic growth: Evidence from panel unit and cointegration Tests[J]. Journal of Development Economics, 2004, 73(1): 55–74.

[140] Coricelli, F., Driffield, N., Pal, S., Roland, I. When does leverage hurt productivity growth? A firm-level analysis[J]. Journal of International Money and Finance, 2012, 31(6): 1674–1694.

[141] Coskun, Y., Seven, U., Ertuğrul, H. M., Ulussever, T. Capital market and economic growth nexus: Evidence from Turkey[J]. Central Bank Review, http://dx.doi.org/10.1016/j.cbrev.2017-0203.

[142] Deltuvaitě, V., Sinevičienė L. Investigation of relationship between financial and economic development in the EU countries[J]. Procedia Economics & Finance, 2014, 14(14): 173–180.

[143] Du, H. B., Xia, Q. Q., Ma, X., Chai, L. H. A new statistical dynamic analysis of ecological niches for China's financial centers[J]. Physica A, 2014(395): 476–486.

[144] Ellison, G., Glaeser, E. L., Kerr, W. What causes industry agglomeration? Evidence from coagglomeration patterns[A]. Working Paper, National Bureau of Economic Research, 2007.

[145] Fuente, ADL., Martin, J. Innovation, bank monitoring and endogenous development[J]. Journal of Monetary Economics, 1995, 38(2): 269–301.

[146] Gambacorta. L., Yang, J., Tsatsaronis, K. Financial structure and growth [J]. BIS Quarterly Review, 2014(3): 21–35.

[147] Greenwood J., Smith, D. Financial markets in development, and the development of financial markets[J]. Journal of Economic Dynamics and Control,

1997, 21(1): 145-181.

[148] Grossman, Helpman. Innovation and growth in the world economy[M]. Cambridge MA: MIT Press, 1991.

[149] Guo, D., Jiang, K., Kim, B. Y., Xu, C. G. Political economy of private firms in China [J]. Journal of Comparative Economics, 2014, 42 (2): 286-303.

[150] Hao, C. Development of financial intermediation and economic growth: The Chinese experience[J]. China Economic Review, 2006, 17(4): 347-362.

[151] Han H, Cheng S Y. The dynamic effects of banking, life insurance and stock markets on economic growth[J]. Japan and the World Economy, 2017(41): 87-98.

[152] Hansen, B. E. Threshold effects in non-dynamic panels: Estimation, testing, and inference[J]. Journal of Econometrics, 1999, 93(2): 345-368.

[153] Haskel, J., Wallis, G. Public support for innovation, intangible investment and productivity growth in the UK market sector[J]. Economics Letters, 2013, 119(2): 195-198.

[154] Hassan, M. K., Sanchez, B., Yu, J. S. Financial development and economic growth: New evidence from panel data[J]. The Quarterly Review of Economics and Finance, 2011, 51(1): 88-104.

[155] Hu, C., Xu, Z. Y., Yashiro, N. Agglomeration and productivity in China: Firm level evidence[J]. China Economic Review, 2015(33): 50-66.

[156] Irac, D., Lopez, J. Euro area structural convergence? A multi-criterion cluster analysis[J]. Ssm Electronic Journal, 2015(143): 1-22.

[157] Kaihatsu, S., Kurozumi, T. What caused Japan's great stagnation in the 1990s? Evidence from an estimated DSGE model[J]. Journal of the Japanese and International Economics, 2014, 34(c): 217-235.

[158] King, R., Levine, R. Finance, entrepreneurship and growth: Theory and evidence[J]. Journal of Monetary Economics, 1993, 32(3): 513-542.

[159] Krugman, P. Increasing returns and economic geography[J]. Journal of Political Economy, 1991, 99(3): 483-499.

[160] Kumbhakar, S. C., Ghosh, S., Mcguckin, T. A generalized production

frontier approach fro estimating determinants of inefficiency in U. S. Dairy Farms [J]. Journal of Business & Economics Statistics, 1991, 9(3): 279-286.

[161] Lai, T. K., Qian, Z. J., Wang, L. H. WTO association, foreign bank entry, and the productivity of Chinese manufacturing firms [J]. Journal of Comprehensive Economics, 2016, 44(2): 326-342.

[162] Lall, S. V., Shalizi, Z., Deichmann, U. Agglomeration economies and productivity in Indian industry[J]. Journal of Development Economics, 2004, 73(2): 643-673.

[163] Law, S. H., Singh N. Does too much finance harm economic growth? [J]. Journal of Banking & Finance, 2014, 41(1): 36-44.

[164] LeSage, J., Pace, R. K. Introduction to spatial economics[M]. New York: CRC Press, 2009.

[165] Levine, R. Financial structure and economic development[Z]. Washington: Federal Reserve Bank, 1990.

[166] Levine, R. Finance and growth: Theory and evidence[A]. Aghion, P. and Durlauf, S. N. eds. Handbook of Economic Growth[M]. Elsevier, 2005.

[167] Liang, Q., Teng, J. Z. Financial development and economic growth: Evidence from China[J]. China Economic Review, 2006, 17(4): 395-411.

[168] Liang, X. Y., Lu, X. W., Wang, L. H. Outward internationalization of private enterprises in China: The effect of comparative advantages and disadvantages compared to home market rivals[J]. Journal of World Business, 2012, 47(1): 134-144.

[169] Lin, H. L., Li, H. Y., Yang, C. H. Agglomeration and productivity: Firm-level evidence from China's textile industry[J]. China Economic View, 2011, 22(3): 313-329.

[170] Marta, D. I., Roman, M., Zeljko, S., Nickolaos, G. T. Bank efficiency and financial centers: Does geographical location matter? [J]. Journal of International Financial Markets, Institutions & Money, 2016.

[171] Merton, R. C., Bodie, Z. A conceptual framework for analyzing the financial system[Z]. Cambridge: Harvard Business School Press, 1995.

[172] Narayan, P. K., Narayan, S. The short-run relationship between the financial

system and economic growth: New evidence from regional panels[J]. International Review of Financial Analysis, 2013, 29(5): 70-78.

[173] Nyblom, J., Harvey A. Tests of common stochastic trends[J]. Econometric Theory, 2000, 16(2): 176-199.

[174] Peia, O., Roszbach, K. Finance and growth: Time series evidence on causality[J]. Journal of Financial Stability, 2015(19): 105-118.

[175] Rault, C., Sova, A., Sova, R., Caporale, G. M. Financial development and its effects on economic growth: A dynamic analysis[A]. Meh A. Emerging Market and the Global Economy[C], Elsevier, 2013.

[176] Pesaran, M. H., Shin, Y., Smith, R. Pooled mean group estimation of dynamics heterogeneous panels[J]. Journal of the American Statistical Association, 1999(94): 621-634.

[177] Romer, P. Endogenous technological change[J]. Journal of Political Economy, 1990(5): 71-102.

[178] Rosenbaum, P. R., Rubin, D. B. The central role of the propensity score in observational studies for causal effects[J]. Biometrika, 1983, 70(1): 41-55.

[179] Rousseau, P. L., Vuthipadadorn, D. Finance, investment and growth: Time series evidence from 10 Asian economies[J]. Journal of Macroeconomics, 2005, 27(1): 87-106.

[180] Pradhan, R. P., Arvin, M. B., Bahmani, S., Hall, J. H., Norman, N. R. Finance and growth: Evidence from the ARF countries[J]. The Quarterly Review of Economics and Finance, http; //dx. doi. org/10. 1016/j. qref. 2017-01-11.

[181] Pradhan, R. P., Arvin, M. B., Nair, M., Hall, J. H., Gupta, A. Is there a link between economic growth and insurance and banking sector activities in the G-20 countries? [J]. Review of Financial Economics, 2017b.

[182] Saint-Paul, G. Technological choice, financial markets and economic development[J]. European Economic Review, 1992, 36(4): 763-781.

[183] Scitovsky, T. Two concepts of external economics[J]. Journal of Political Economy, 1954(62): 143-151.

[184] Shahbaz, M., Hoang, T. H. V., Mahalik, M. K., Rouhaud, D. Energy

consumption, financial development and economic growth in India: New evidence from a nonlinear and asymmetric analysis[J]. Energy Economics, 2017(63): 199–212.

[185] Soedarmono, W., Hasan, I., Arsyad, N. Non-linearity in the finance-growth nexus: Evidence from Indonesia[J]. International Economics, http://dx.doi.org/10.1016.j.inteco.2016-11-03.

[186] Song, M. L., Ai, H. S., Li, X. Political connections, financial constraints and the optimization of innovation efficiency among China's private enterprise[J]. Technological Forecasting & Social Charge, 2015, 92(3): 290–299.

[187] Tsai, K. Finance and private sector development in China[Z]. Baltimore: Johns Hopkins University, 2001.

[188] Yang, C. H., Lin, H, L., Li, H. Y. Influence of production and R&D agglomeration on productivity: Evidence from Chinese electronics firms[J]. China Economic Review, 2013(27): 162–178.

[189] Yang, Z. S., Hao, P., Cai, J. M. Economic cluster: A bridge between economic and spatial policies in the case of Beijing[J]. Cities, 2014(42): 171–185.

[190] Yao, W. What are the biggest obstacles to growth of SMEs in developing countries? – An empirical evidence from an enterprise survey[J]. Borsa Istanbul Review, 2016, 16(3): 167–176.

[191] Yee, J. C. The formation of American financial centers[Z], 2006.

[192] Zhang. J., Wang, L. F., Wang, S. S. Financial development and economic growth: Recent evidence from China[J]. Journal of Comprehensive Economics, 2012, 40(3): 393–412.

[193] Zhao, S. X. B., Zhang, L., Wang, D. T. Determining factors of the development of a national financial center: The case of China[J]. Geoforum, 2004, 35(5): 577–592.

[194] Zheng, X. P. Determinants of agglomeration economies and diseconomies: Empirical evidence from Tokyo[J]. Socio-Economic Planning Sciences, 2001, 35(2): 131–144.

